F. John-Ferrer
Wo sind sie geblieben

F. John-Ferrer

Wo sind sie geblieben

Ein Soldatenschicksal im Zweiten Weltkrieg

Edition Förg

11. Auflage
© 2022 Edition Förg GmbH, Rosenheim
www.rosenheimer.com

Umschlagfotos: © Bundesarchiv, Bild 101I-596-0398-4A / Fotograf:
Ohlenbostel (vorne) und Karl Oechslein, Grafing (hinten)
Satz: Carmen Oberlechner, Rosenheim
Druck und Bindung: GGP Media GmbH, Pößneck
Printed in Germany

ISBN 978-3-96600-024-6

November 1943

Über der zerschossenen Stadt hängt ein trostlos grauer Himmel. Es hat tags vorher geschneit, doch der Schnee ist nicht liegengeblieben. Vom Fluss herüber streicht ein nasskalter Wind, der in den Trümmern herumstöbert und jammernd um schwärzliche Ruinen weht, über denen Brandgeruch liegt. Die zerwühlten Straßen bedeckt fußhoher Schlamm. Lehmfarbenes Wasser hat sich in den unzähligen Granattrichtern angesammelt und kräuselt sich unter den Stößen des Ostwindes. Die Straßen sind gespenstisch leer. Ab und zu, in unberechenbaren Zeitabständen, paukt es jenseits des träge dahinschiebenden Flusses, und wenige Augenblicke später fliegt mit hohem Rauschen der Tod heran, das Endstück seines Weges pfeifend, kreischend zurücklegend. Der Rest ist ein schwärzlich kochender Rauchpilz, den der Wind zerweht. Störfeuer auf Tscherkassy. Jeden Tag und jede Nacht. Alles Leben scheint vernichtet, die Straßen zwischen den Trümmerstätten sind unheimlich leblos.

Wo sind die Menschen, die einstmals diese Stadt bewohnt haben, die ihre Häuser bauten, die Fenstersimse mit Blumen schmückten, die das Gärtchen liebevoll bepflanzten? Wo sind jene, die einstmals froh zur Arbeit gingen und müde zu ihren Familien heimkehrten? Wo ist das Lachen geblieben? Wo ist der Nachbar, mit dem man über den Zaun hinweg schwatzen konnte? Der Krieg hat sie vertrieben, die Angst, die große Not. Was hiergeblieben ist, um lieber umzukommen als die Heimat zu verlassen; was noch lebt, hat sich in Kellerlöchern vergraben, unter den Trümmern der Häuser eingenistet. Sie wissen nicht, ob sie den nächsten Tag noch sehen werden; sie wissen nicht, wovon sie morgen leben sollen; sie hungern, frieren und bangen. Es ist eine gemarterte Stadt.

Wo sind die Verteidiger von Tscherkassy? Sie liegen zwischen geborstenen Mauern, in windgeschützten Ruinenwinkeln, in Löchern und in den zerschossenen Häusern; sie liegen am Rande der Stadt und starren zum Feind hinüber. Und die meisten liegen unter der Erde. Der Dnepr ist die Linie des Todes. Hüben und drüben ist man grimmig entschlossen, alles sich regende Leben zu vernichten. Es ist ein grausames, unerbittliches Hin und Her um diese verfluchte Stadt. Die Toten sind ungezählt, die zwischen den Trümmern liegen, im Morast, die erstarrt im Fluss treiben und irgendwo versanden und vergessen werden. Tscherkassy, die gemarterte Stadt, wird verbissen verteidigt. Da und dort kichert mit böser Hast ein deutsches Maschinengewehr. Ein Melder läuft geduckt an den zerschossenen Häuserreihen entlang und verschwindet plötzlich spurlos.

Auf dem Marktplatz, wo die Reste einer Rednertribüne stehen, geschmückt mit verblassten, roten Emblemen, liegen zwei Pferdekadaver, und unweit davon steht das Gerippe eines ausgebrannten Muni-Wagens. An der Ecke des von Maschinengewehrgarben zerfressenen Schulhauses, in dem kein Fenster mehr heil ist, in dem die Türen schief in den Angeln hängen, liegen seit Tagen vier tote Sowjets. Niemand hat Zeit sie zu begraben. Ihre Gesichter sind unkenntlich und erdfarben.

Am Westende der Stadt, in einem halb zerschossenen Haus, ist ein provisorischer Verbandplatz eingerichtet, wo ein hohlwangiger Arzt mit drei Sanitätssoldaten die schwersten Fälle betreut – diejenigen, die Tscherkassy nicht mehr verlassen werden ... Wer verwundet ist und noch laufen oder sich aufrechthalten kann, wird notdürftig versorgt, zurückgeschickt und seinem Schicksal überlassen.

Erst wenn es dunkel wird, regt sich Leben. Dann rumpeln die Nachschubfahrzeuge in die Stadt, huschen Gestalten hin und her, werden die Verwundeten von den Verteidigungsstellungen zurückgebracht; wenn es dunkel wird, klappern die Kochgeschirre der Hungrigen und hört man ab und zu einen Fluch oder einen Zuruf. Das ist dann aber auch die Zeit, die der Gegner nutzt, um Tscherkassy unter stärkeres Artilleriefeuer zu nehmen. Wahllos schießen die Sowjets herüber; mal da, mal dorthin, auf die Straße, in die Trümmer hinein, tastend, streuend; darauf bedacht, den Verteidigern dieses Ruinenfeldes das Aushalten so schwer wie möglich zu machen.

Das Grenadier-Regiment unter dem Befehl des Majors Grätz hat sich in diese Stadt verbissen und verteidigt sie mit grimmiger Entschlossenheit. Der Gegner unternimmt alles, um den Widerstand der Deutschen zu zermürben, die Wachsamkeit zum Erlahmen zu bringen, die Trümmer immer und immer wieder von Neuem zu beschießen und das Ausharren zu einer Hölle zu machen.

Das Drama von Stalingrad ist zu Ende gegangen. Stadt um Stadt wurde vom Feind zurückerobert; er wird auch Tscherkassy bekommen, denn er ist stark; dieser Gegner wird immer stärker und kann das in die Schlachten werfen, was die Deutschen nicht mehr oder nur noch in geringer Zahl besitzen: schwere Waffen, Panzer, ausgeruhte Soldaten.

Im Nordteil der Stadt, wo das alte Ziegelwerk liegt, hat sich der II. Zug der 2. Kompanie eingenistet und sichert gegen Nordosten. Wind und Wetter preisgegeben, ausgemergelt, hungrig und müde geworden, harrt der auf 21 Mann zusammengeschmolzene Kampfhaufen des Feldwebels Martin Hajek aus. Der Zug liegt in der unmittelbaren Nähe des Ziegelwerkes, auf der lehmigen Böschung; er sichert zum Fluss hin ab, dem ein flaches, sumpfiges, mit Stauden und Baumgruppen bewachsenes Gelände vorgelagert ist. Da und dort ragt ein abgeschossener Baumstumpf wie ein Schwurfinger zum Himmel empor. Der Wind weht unablässig kalt und feucht aus Osten und schlägt die starrenden Gesichter wie mit nassen Lappen. Man friert bis in die Seele hinein.

Unweit der in einer lehmigen Mulde stehenden Ziegelei, auf dem oberen Böschungsrand, ist ein MG-Stand angelegt, den man von unten her über ins Lehmreich gestochene Stufen erreichen kann. In diesem MG-Stand ist der Obergefreite Hermann Klotz auf Posten; er hat den Mantelkragen hochgeklappt und den Stahlhelm tief in die Stirn gezogen. In der Scharte steht das MG auf einem Brett, zugedeckt mit einer schmutzigen, nassen Zeltbahn. Klotz starrt in die Dämmerung, die vor der Stellung dunkle Dunstfahnen vorbeiwandern lässt. Nichts rührt sich. Nur der Ostwind winselt und raschelt im Gras, bewegt ein paar Büsche geradeaus. Seine Gedanken sind weit weg, daheim. Bei Elsa. Sie hat einen Brief geschrieben, der gestern angekommen ist. Über zehn Wochen war er unterwegs. Elsa schreibt, dass sie den Buben gut zur Welt gebracht habe; acht Pfund und 120 Gramm schwer! Ein Prachtexemplar.

»Kannst Du nicht Urlaub kriegen, lieber Hermann? Wenn ich wüsste, dass Du kommst, würde ich mit der Taufe warten. Es wäre wunderbar, wenn Du kommen könntest ...« Ja, denkt Klotz und sucht einen Zigarrenstummel aus der Manteltasche. Ja, wunderbar wäre es, aber wie hier wegkommen? Wie Urlaub kriegen?

Klotz will den Zigarrenstummel in den Mund stecken, als es nebenan beim I. Zug zu prasseln anfängt. Trr ... trr ... trrrrrr ... Dauerfeuer. Dann tritt plötzlich wieder

Stille ein. Klotz hat fest mit den Zähnen auf den Zigarrenstummel gebissen, hat die Zeltbahn vom MG gerissen und die Waffe eingezogen; er schwenkt über das weit unten schon im Dämmerlicht liegende Gelände. Nichts. Keine Bewegung. Nur der Regendunst wogt. Weit, weit drüben über dem Fluss wummert es wieder. Klotz deckt wieder die Zeltbahn über das MG und fingert in den Taschen nach dem Feuerzeug. Halb links werden Stimmen laut.

»Mensch, Greimel, was machst du für 'nen Radau mit deinem Zerstäuber?«

»Ich hab was gesehen, Herr Unteroffizier ... dort drüben, bei dem dunklen Huckel.« Unteroffizier Tischner schaut durch das Glas hinüber zum »Huckel«. Es ist ein schwarzer Wurzelstock. Daneben bewegen sich ein paar Sträucher im Wind.

»Du spinnst«, sagt der Unteroffizier. »Nischt zu sehen, mein Lieber. Wieder hundert Schuss zum Teufel, und wenn wirklich was los ist, dann ist der Bart ab.«

»Mir war's aber so, Herr Unteroffizier«, sagt Greimel und reibt sich die brennenden Augen. »Es kam mir so vor ...« Es kam ihm so vor, dem Greimel. Die Nerven haben ihm einen Streich gespielt; man sieht überall den Feind heranschleichen, ihn sich irgendwo bewegen, einen dunklen Punkt über einem Grasbüschel auftauchen. Hinter jedem Strauch. Hinter jedem Baum. Zum Kotzen ist das! Mal ausruhen müsste man können. Schlafen. Eine Woche oder einen Monat schlafen! In einem Bett. Oder wenigstens in einem warmen Stall. Von Mund zu Mund geht es, dass Greimel sich geirrt habe.

»Nischt, Kumpels! Nischt! Hat wer 'ne Kippe für mich? Mensch, wenn bloß die Nacht schon um wär ...« Der Obergefreite Klotz lehnt neben dem zugedeckten MG und hustet. Der Zigarrenstummel ist schauderhaft stark. Aber besser den als gar nichts.

Klotz sucht den vorhin abgerissenen Gedankenfaden und ist nicht mehr in Tscherkassy, sondern daheim in Oberdorf, in der Pelzergasse, wo das kleine Haus im Garten steht. Und die Elsa hat das Kind auf dem Arm und wiegt es.

Klotz möchte gern den Brief noch einmal lesen, den er in der Brusttasche trägt. Aber es ist schon dunkel, und die Taschenlampe anmachen, nein, lieber nicht. Nicht mal rauchen sollte man hier. Drüben lauern Scharfschützen. Sie sind unsichtbar. Sie lassen sich Zeit, bevor sie den Zeigefinger krümmen. Wehe dem, der den Kopf zu hoch über den Grabenrand hebt oder an der Schießscharte steht und eine Zigarette raucht.

Vor vier Tagen erst hat man den Grenadier Schorschl Blenk mit einem Kopfschuss hinter die Ziegelei getragen und in das Lehmgrab gebettet. Ohne einen Mucks fiel der Schorschl hintenüber, den brennenden Zigarettenstummel noch im Mundwinkel, als das Herz stillstand.

14 Gräber liegen im Windschatten der Ziegelei; nirgendwo anders lassen sich Gräber so mühelos ausheben wie hier am Stadtrand von Tscherkassy. Es ist also kein Wunder, wenn einem der Landser die Nerven durchgehen und ein schwarzer Wurzelstock vor der Stellung für einen russischen Scharfschützen gehalten wird. Besser einen MG-Gurt verballern als zu dösen, einzuschlafen und aufzuwachen, wenn der Iwan in der Stellung ist und Rabatz macht.

Woher er kommt? Über den Fluss, dort, wo er am seichtesten ist. Der Feind sickert durch die mehr oder weniger großen Lücken ein, die der Verteidigungsring aufweist. Nachts kommen die Spezialisten herüber, den Fluss durchschwimmend, wie Marder durch die dünn besetzten Stellungen schleichend und im Flussgelände Verstecke findend, die das moorige, oftmals unzugängliche Flussgelände ausreichend bietet. Je dunkler die Nacht, je nebeliger der Tag, umso gefährlicher ist das Postenstehen und Aufpassen. Jede Nacht, wenn es still ist, wenn der Wind schläft, kann man irgendwo nördlich jäh aufflammenden Gefechtslärm, Schüsse, fernes Geschrei und Bauzen von Handgranaten hören. Man weiß dann, dass der Russe wieder irgendwo in eine deutsche Bunker- oder Verteidigungsstelle eingebrochen ist und die Kameraden mehr oder weniger hohe Verluste erlitten haben.

Klotz raucht den Zigarrenstummel und steht seitlich neben dem MG. Er spitzt die Ohren und horcht hinaus ins sanft abfallende Vorgelände. Als er sich mit dem qualmenden Zigarrenstummel die Lippen verbrennt, ihn wegwirft und mit dem Fuß drauftritt, denkt er an das, was Elsa geschrieben hat. Ob ich vielleicht mal mit dem Leutnant rede?, überlegt er. Wenn ich ihm den Brief zeige, wenn ich ihm sage, dass ich Vater geworden bin, und dass Elsa mit der Taufe warten will, ja nun, kann doch sein, dass der Leutnant den Urlaubswisch unterschreibt. Kann sein!

Die Gedanken des Obergefreiten werden erneut unterbrochen; draußen ertönen Schritte. Eine steife Zeltbahn raschelt. Jemand kommt in den MG-Stand. Es ist der Feldwebel Martin Hajek, der die Posten seines Zuges kontrolliert.

Hajek ist Jahrgang 1918, Hesse, in Frankfurt am Main zu Hause. In seinen Papieren steht, dass er ledig und von Beruf Heizer ist. Bevor er zum Militär einrückte, war er Angestellter der Frankfurter Stadtwerke. Er ist einer der wenigen, die den Kompaniestamm darstellen. Ein alter, bewährter Kämpfer! Man hat ihn bereits vor drei Jahren mit dem EKI dekoriert. Hinzugekommen sind inzwischen die rumänische Erinnerungsmedaille, die Nahkampfspange und das Verwundetenabzeichen in Silber. Seit dem letzten Nahkampf sind Hajek und Klotz miteinander befreundet

11

und duzen sich. Klotz schlug einen Russen nieder, als dieser die Nagan auf Hajek richtete.

Der Obergefreite meldet keine besonderen Vorkommnisse. »Was war nebenan los, Martin?«, fragt er.

Hajek sagt mit rauer Stimme, ein Landser habe geschossen. »Greimel vom ersten Zug. Er hat wieder mal weiße Mäuse gesehen.« Er nähert sich vorsichtig der Schießscharte, hebt das Glas und schaut eine Weile ins Gelände hinaus. Der Obergefreite steht schweigend daneben.

»Du hast Post von daheim bekommen, wie?«, fragt Hajek und schiebt das Glas unter die klamme Zeltbahn.

»Ja.«

»Gute Nachrichten?«

»Bin Vater geworden, Martin.«

Hajek schlägt ihm auf die Schulter. »Mensch, das erfahre ich erst jetzt?«

»Ich wollte mich erst 'ne Weile ganz allein darüber freuen, Martin.«

»Was ist es denn, Bub oder Mädl?«

»Ein Bub. Acht Pfund und 120 Gramm. Die Elsa hat bestimmt schwere Arbeit gehabt.«

»Mensch, ich gratuliere dir!« Hajek schüttelt Klotz die Hand. »Darauf müssen wir einen heben, Hermann.«

»Meine Ration ist alle«, sagt Klotz.

»Dafür hab ich noch was!« Hajek lacht. »Ein Püllchen Dreistern. Dem schlagen wir den Kopf ab, das ist doch klar!« Sie reden eine Weile von dem Ereignis.

»Wie schaut's mit Urlaub aus?«, fragt Klotz dann.

»Belämmert«, erwidert Hajek. »Der Alte lässt keinen weg. Und das ist irgendwie verständlich, meine ich. Wir sind wenig geworden, Hermann, jeder Mann wird doppelt gebraucht.«

»Ja, schon«, brummt Klotz, »aber nicht jeder ist Vater geworden, Martin. Wenn ich demnächst eine verpasst kriegen sollte, ärgere ich mich schwarz, weil ich meinen Jungen nicht gesehen hab. Ich würde mich ja auch nicht vordrängeln, wenn ich schon drei oder vier Kinder hätte, aber 's ist halt das erste, Martin, und da möchte man doch ...« Klotz bricht ab.

Draußen steigt auf der Feindseite eine gelbliche Leuchtkugel hoch. »Achtung!«, ertönt es halblaut links und rechts in den Stellungslöchern. Klotz stellt sich hinter das MG, nimmt die darüberliegende Zeltbahn weg und legt sie ohne Hast zusammen. Hajek steht daneben und späht angestrengt ins Vorfeld hinaus, das vom Feindlicht erhellt wird.

»Was die bloß vorhaben«, murmelt er. »Ich wette mit dir, dass sich da was zusammenbraut.« Das Signallicht verlöscht. Die Dunkelheit gähnt wieder. Brennende Augen starren den grasigen Hang hinunter, der in Sumpf und dunkle Baumgruppen übergeht. Nichts regt sich. Auch die feindliche Artillerie schweigt. Der Feind ist immer dann am gefährlichsten, wenn er schweigt.

Hajek lehnt neben dem schussbereiten MG und sagt plötzlich: »Ich werde mal mit Warnicke reden, Hermann. Kann sein, dass ich ihn rumkriege. Du warst wann zuletzt daheim?«

»Januar.«

»Also vor knapp zehn Monaten«, murmelt Hajek.

»Du willst es wirklich probieren?«, fragt Klotz. Seine Stimme klingt heiser vor Freude, denn er weiß, dass Hajek beim Alten eine gute Nummer ist. Was Hajek sagt, gilt etwas.

»Ich werde es jedenfalls mal probieren«, sagt Hajek. Klotz tastet nach Hajeks Hand und drückt sie dankbar.

»Mensch, wenn dir das gelingt, Hermann ... wenn du wirklich ein paar Tage Urlaub für mich rausschinden könntest, dann ...«

»… tät's mich selber wundern«, nimmt Hajek ihm das Wort aus dem Mund, klopft ihm auf die Schulter und schiebt sich aus dem MG-Stand. Das schmatzende Geräusch der sich im Schlamm entfernenden Schritte verliert sich in der Dunkelheit.

Klotz lehnt sich an den MG-Tisch und ist plötzlich hoffnungsfroh gestimmt; er möchte am liebsten singen, aber das lässt man besser bleiben. Ein feiner Mensch, dieser Hajek, denkt er. Wenn er es schafft, dass ich heimfahren kann, werde ich es ihm nie vergessen. Ich werde Elsa sagen, dass wir den Jungen »Martin« taufen werden. Martin Klotz! Hm … klingt nicht schlecht. Elsa wird damit einverstanden sein.

Die Dämmerung hat sich in ein nasskaltes Dunkel verwandelt. Das ist die Zeit, in der es drüben in der Stadt zu rumoren anfängt. Verhalten nur, gedämpft. Irgendwo zwischen den Trümmern ist ein Motor zu hören. Die Russen haben ihr Störfeuer eingestellt, aber es kann jeden Augenblick wieder einsetzen. Von der Ziegelei weg führt ein Trampelpfad zum Stadtrand. Es ist der Verbindungsweg zwischen den bei der Ziegelei liegenden Kompaniezügen und dem Kompaniegefechtsstand. Letzterer ist in einem von MG-Garben und Granatsplittern zerhackten Haus untergebracht, das zwischen Ruinen und ausgebrannten Häusern kauert. Die Haustür hängt schief in den Angeln, die Fensterlöcher sind mit Zeltbahnen verhängt.

Neben dem Hauseingang steht ein langer Schatten, der manchmal hustet und ausspuckt. Grenadier Otto Friemelt vom Nachrichtenzug ist heute zur Wache eingeteilt und steht seine zwei Stunden ab.

Als in der Dunkelheit Schritte laut werden und aus dem Trümmerfeld herankommen, lässt er den Karabiner von der Schulter rutschen.

»Halt! Parole?«

»Sommernachtstraum«, erwidert eine bekannte Stimme.

»Ach, Sie sind's, Herr Feldwebel«, sagt Friemelt und schultert den Karabiner.

»Ist der Leutnant da?«, fragt Hajek.

»Jawohl. Er hat sich hingelegt und schläft.«

»Wieder voll?«

»Nicht zu knapp«, sagt Friemelt. »Hat 'n Kochgeschirr voll Kartoffelschnaps getrunken.« Leutnant Albert Warnicke, 26 Jahre alt, Sohn des Studienrats Alexander Warnicke, trinkt. Er trinkt, seit er seinen Bruder, den Hauptmann Egon Warnicke, bei Charkow verlor. Hauptmann Warnicke fiel bei einem Stoßtruppunternehmen Partisanen in die Hände. Man fand ihn und ein paar seiner Leute als massakrierte, zur Unkenntlichkeit verstümmelte Leichen. Und seither trinkt Leutnant Warnicke. Alle drei Wochen passiert es, dass er die Landser um Schnaps angeht oder verlangt, ihm welchen zu beschaffen. Ein hohlwangiges Gespenst läuft dann umher, mit dem man nicht reden darf. Dann übernimmt der Kompaniespieß Wastl Wohler die Befehlsgewalt und überlässt den Leutnant sich selber.

Hat Leutnant Albert Warnicke, im Juni 1943 mit dem Ritterkreuz dekoriert, die Flasche Kognak oder das Kochgeschirr voll Kartoffelschnaps ausgetrunken, sich hingelegt und genau zwei Stunden geschlafen, dann steht ein neuer Warnicke auf: straff, sicher, soldatisch. Er ist das, was man im Kameradenkreis ein »armes Schwein« und einen »feinen Kerl« nennt. Jeder weiß, warum er zum Quartalstrinker geworden ist, und jeder versucht, ihm dann das Betäubungsmittel zu beschaffen. Das Ritterkreuz erhielt er, als er während der Kämpfe im Donezraum mit seiner Kompanie einen Stützpunkt hielt und somit die Absetzbewegungen der ganzen Division ermöglichte. Über hundert Tote lagen vor den Stellungen, elf verkohlte Sowjetpanzer; die Höhe, die er tagelang hielt, räumte er erst, als der Befehl dazu kam.

Im Gefechtsstand brennt ein Hindenburglicht auf dem wackeligen Tisch. Höhn, der Funker, bastelt eine neue Batterie in das Gerät, die beiden Melder liegen in der Ecke auf muffigem Stroh und schlafen. Am Tisch sitzt Spieß Wastl Wohler, ein bulliger Bayer, und schreibt eine Liste. In der hintersten Ecke des trüb erhellten Raumes liegt eine Gestalt auf dem Feldbett und schnarcht. Der Raum riecht nach Spiritus oder so etwas Ähnlichem.

Als Hajek hereinkommt, schaut Wastl Wohler auf, grinst und sagt halblaut: »Servus, Martin. Was gibt's?«

Hajek wirft einen Blick zu dem Feldbett, sieht ihn an, vollführt stumm die Geste des Trinkens, worauf Wohler nickt.

»Wie schaut's bei euch aus?«, fragt er gedämpft.

»Vorläufig herrscht noch Pause«, erwidert Hajek und setzt sich auf eine Kiste. Er deutet mit dem Kopf in Richtung des schnarchenden Kompaniechefs: »Wollte mit ihm was bereden, aber das wird wohl noch 'ne Weile dauern, wie?«

Wohler schaut auf die Armbanduhr. »Er wird bald aufwachen. Schläft jetzt schon fast zwei Stunden.«

»Nachrichten eingetroffen?«, fragt Hajek.

»Ja. Das zweite Bataillon meldet verstärkte Feindtätigkeit. Bei der Furt sind Übersetzversuche abgeschlagen worden. Der Iwan macht sich wieder mausig.« Wohler grinst stoppelbärtig. »Es kommt mir vor, als gäbe es in den nächsten Tagen wieder eine Mordsschweinerei.«

Einer der beiden schlafenden Melder lallt etwas im Traum und dreht sich auf die andere Seite. Höhn klappert mit seinem Gerät, worauf Wohler »Psssst …« zischelt.

»Du, Urlaubsmöglichkeiten gibt es wohl keine?«, fängt Hajek nach einer Weile an.

»Du spinnst wohl!«, erwidert Wohler. »Oder wolltest etwa du selber ...?«

»Ich nicht, nein!« Hajek schüttelt den Kopf und holt das Päckchen Feinschnitt und das Zigarettenpapier unter dem nassen, lehmverschmierten Mantel hervor. »Klotz hat von daheim Nachricht gekriegt. Er ist Vater geworden. Ein Junge ist es. Acht Pfund und 120 Gramm schwer.«

Der Spieß verzieht sein rundes Holzschnittgesicht. »Respekt«, grinst er. »Acht Pfund sind ein schönes Gewicht. Als ich zur Welt gekommen bin, hab ich bloß sechs Pfund gewogen.«

In diesem Augenblick ertönt ein hohles Rauschen. Fast gleichzeitig wummst es, und dann ein fürchterlicher Knall, ein Luftstoß löscht das Licht. Dreck rieselt von der Zimmerdecke herab. Die Granate muss ganz in der Nähe eingeschlagen haben. Die Dunkelheit riecht nach Pulvergestank und Staub. Irgendwo prasselt etwas, als würfe man eine Handvoll Kies gegen die Hauswand. Dann folgt Stille. »Hallo!«, ertönt eine heisere Stimme. »Hallo, Jungs, ist was passiert?«

»Nix passiert, Herr Leutnant«, sagt Wastl Wohlers tiefes Organ. Ein Streichholz flammt auf. Staub wirbelt im kargen Lichtschimmer. Der Funker zündet das Hindenburglicht wieder an und geht dann hinaus.

Vor dem Feldbett steht eine lange, hagere Gestalt im zerknitterten Mantel, einen grauen Wollschal um den Hals gewürgt. Aus einem knochigen, stoppelbärtigen Gesicht schauen ein Paar helle, auffallend klare Augen. Vor zwei Stunden stierten sie noch. Jetzt sind diese Augen wach. Sie schauen unter dichten, schwarzen Brauen hervor.

»Liegt was Besonderes vor, Wohler?«, fragt Warnicke und geht zu dem winzigen Holzkohlenofen, den der Funker Höhn aus einem Marmeladeneimer gebastelt hat, und hält die knochigen Hände darüber.

»Nichts Neues, Herr Leutnant«, sagt Wastl Wohler.

An der Tür ertönt Gepolter. Der Funker Höhn kommt herein, klappt lasch die Hacken zusammen und meldet, dass die Granate schräg gegenüber in die Trümmer eingeschlagen habe. Mit einem kurzen Blick auf den Leutnant geht Höhn in die Ecke, wo ein zweiter Tisch steht, und gießt Tee in einen Trinkbecher.

»Bitte, Herr Leutnant«, sagt der Funker freundlich.

Warnicke nimmt den Trinkbecher, murmelt ein »Danke« und schüttet den kalten, dünnen Tee in sich hinein. »Aaaah …«, macht er dann und wischt sich mit dem Handrücken über den stoppelbärtigen Mund. Warnicke scheint erst jetzt Hajek zu bemerken. Er nickt ihm zu und sagt: »Ach, Sie sind ja da, Hajek. Was ist los bei euch drüben?«

Hajek steht auf. »Nichts Ungewöhnliches, Herr Leutnant.« Der Leutnant reibt sich die Hände und starrt in die Glut des kleinen Holzkohlenfeuers. Soll Hajek jetzt von Urlaub reden? Ist Warnicke schon so weit, dass man mit ihm reden kann und dass er begreift, worum es geht? Hajek wirft einen fragenden Blick auf den Spieß. Dieser nickt ihm aufmunternd zu.

»Herr Leutnant«, sagt Hajek ohne Schwung.

Warnicke blickt schief herüber. »Na? Was ist?«, fragt er und grinst.

Hajek gibt sich einen Ruck. »Der Klotz ist Vater geworden, Herr Leutnant. Das erste Kind. Seine Frau schreibt, sie will mit der Taufe warten …«

Schweigen. Einer der beiden Melder richtet sich auf und reibt sich die Augen. Leutnant Warnicke starrt in die Glut und reibt sich noch immer die langen Hände.

»Ich bin dafür, dass wir den Klotz für ein paar Tage heimschicken, Herr Leutnant«, wird Hajek deutlicher.

»Ich befürworte den Sonderurlaub. Klotz … ich meine, man sollte bei ihm eine Ausnahme machen.«

»Hm …« Mehr antwortet Warnicke nicht. Dann lässt er die vorgestreckten Hände sinken, knöpft den zerknitterten Mantel auf. Am Hals funkelt etwas, halb verdeckt von dem langen grauen Schal. Noch bevor Hajek etwas erwidert, rasselt das Feldtelefon.

Höhn nimmt den Hörer ab und meldet sich unter dem Decknamen der Zwoten.

»Jawohl«, murmelt er, und legt den Hörer wieder hin. »Ein Melder zum Bataillon«, sagt er dann. Und sich zu den beiden im Stroh liegenden Leuten umdrehend: »Max, mach dich auf die Socken zum Bataillon!«

Der Landser rappelt sich hoch und legt die graue Decke zusammen. Leutnant Warnicke hat eine Weile in die Glut des Holzkohlenofens gestarrt, ist sich einmal mit der Hand übers Gesicht gefahren. Jetzt sagt er entschlossen zum Spieß:

»Wohler, machen Sie die Urlaubspapiere für den Klotz fertig. Vom 15. November bis 7. Dezember. Sonderurlaub. Grund: Regelung wichtiger Familienangelegenheiten. Ich unterschreibe dann gleich.«

Wohler grinst, und Hajek geht zu Leutnant Warnicke, haut die Hacken zusammen und sagt:

»Danke, Herr Leutnant. Im Namen meines Kameraden Klotz!«

»Schon gut«, murrt Warnicke, geht zur Wand, nimmt den Stahlhelm und das Pistolenkoppel vom Nagel, schnallt um, stülpt den Stahlhelm auf das kurzgeschorene, bürstenartige Haar und verlässt den Gefechtsstand mit der gemurmelten Bemerkung: »Ich bin beim ersten Zug.« Die lange Gestalt geht gebückt aus dem Raum. Man hört draußen Stimmen. Friemelt meldet etwas, dann wird es wieder still.

»Feiner Kerl«, sagt Hajek. »Hätte nie gedacht, dass er den Klotz weglässt.«

»Es geschehen halt noch Zeichen und Wunder, mein lieber Freund«, erwidert Wastl Wohler. »Du kannst dem Klotz sagen, dass er morgen früh abhauen kann.« Hajek nickt, wirft die selbstgedrehte Zigarette in den Holzkohlenofen und verlässt den Gefechtsstand.

Die Nacht ist still. Kein Schuss fällt. Weit in der Ferne, nordöstlich von Tscherkassy, rumort die Symphonie des Todes, grollt die Kriegsfurie. Es nieselt, und die Dunkelheit ist kalt und feucht. Friemelt, der Posten, lehnt neben dem Hauseingang und fragt Hajek, wie spät es ist. Der sagt ihm die Uhrzeit.

»Danke, Herr Feldwebel«, erwidert Friemelt. »Das ist vielleicht ein Mistwetter, wie? Die Stunden ziehen sich wie Kaugummi.«

»Mach's gut«, sagt Hajek.

»Wünsche angenehme Nachtruhe, Herr Feld«, erwidert Friemelt.

Hajek schlägt den Trampelpfad zur Ziegelei ein. Unterwegs denkt er an den Leutnant. Das ist ein Mensch, oh ja! Ein prima Kerl! Da weiß man immer, wofür man da ist, und warum man sich mit Leib und Seele einsetzt! Nicht nur fürs sogenannte Vaterland, nicht nur für die daheim! Für den, der neben dir geht, für so einen, wie Warnicke es ist! Hut ab vor Warnicke!

Hajek stolpert über ein Hindernis und flucht halblaut. Als er das Gleichgewicht gefunden hat, ist es ihm, als patsche irgendwo geradeaus, in Richtung der Ziegelei, ein Schuss. Hajek stapft durch den Dreck zur Ziegelei zurück, vorbei an der Stelle, die von drüben eingesehen wird. Jetzt, im Dunkeln, kann man sie gefahrlos passieren. Es ist so dunkel, dass man kaum die Hand vor den Augen sieht. Und ein Sauwetter! Brrr! Hajek denkt an seine Männer, die draußen liegen. Im offenen Graben. Im Dreckloch.

Hermann wird sich vor Freude überschlagen, denkt er. Der Glückliche! Morgen kann er abhauen, fort aus dieser Hölle! Heim! Wann war denn ich das letzte Mal daheim?, überlegt er. Es ist auch schon wieder fast ein Jahr her, als ich den Beinschuss erhielt. Wenn es nur immer bei einem Beinschuss bliebe! Aber meistens kommt es schlimmer.

Die Umrisse der Ziegelei tauchen auf. Der abgeschossene Schornsteinstummel ragt wie ein schwarzer Riesenfinger zum Himmel; und dieser Himmel ist finster und vergießt Nässe. Ich werde Hermann meine aufgesparte Schnapsration mitgeben, denkt Hajek, als er auf die Ziegelei zustolpert. Für die Taufe! Ja, für die Taufe! Oder soll ich das Püllchen lieber für Warnicke aufheben, wenn er wieder seine Tour kriegt? Das wird in drei Wochen sein! Ach, was wird in drei Wochen sein! Hermann kriegt das Püllchen!

Hajek schlittert auf dem Lehmboden zur Ziegelei. Im ehemaligen Ofenraum ist es gut trocken, dort kann man einigermaßen gemütlich hausen. Hier halten sich die wachfreien Landser des II. Zuges auf. Eine Stalllaterne steht am Boden und leuchtet trübe. Ein Dutzend in Decken gewickelte Gestalten liegen da und schlafen. Nur Epel, der Gefreite und Gruppenführer, ist wach und sitzt im Lichtkreis der Stallfunzel, um einen Brief zu schreiben.

»Guten Abend, Feld«, grüßt er, als Hajek hereinkommt. »Was Neues?«

»Der Klotz fährt morgen auf Sonderurlaub«, erwidert Hajek und geht zu seinem Lager, holt das Sturmgepäck hervor, kramt darin herum und bringt eine kleine Flasche Dreistern hervor.

»Junge, Junge«, hört er Epel sagen, »so ein Schwein müsste man wieder mal haben: Sonderurlaub.« Draußen peitschen Schüsse. Die am Boden liegenden Gestalten sausen hoch.

»Los, raus!«, schreit Hajek und rennt, die Maschinenpistole an sich reißend, hinaus. Über der Ziegelei liegt kreidiges Licht. Zwei MG 42 rasen im Dauerfeuer. Geschrei in Richtung der Zugstellungen. Greift der Russe an? Oder was ist sonst los?

Hajek, gefolgt von ein paar Leuten, stolpert in den Laufgraben hinein, prallt plötzlich mit jemandem zusammen.

»Herr Feld, sind Sie's?«, keucht eine Stimme.

»Ja. Was ist los?«

»Den Klotz hat's erwischt! So ein Schweinehund von Scharfschütze hat ihn abgeknallt.«

»Was sagst du da?«, brüllt Hajek und stößt den Mann zur Seite, stolpert in den MG-Stand. Die drei Erdstufen, die hinunterführen, nimmt Hajek mit einem Satz. Er reißt die Taschenlampe vom Mantelknopf. Blaues Licht tastet über den feucht schimmernden Boden. Hinter Hajek schieben sich die anderen heran und keuchen. Am Boden liegt, vom Blaulicht der Taschenlampe erhellt, Klotz. Er stöhnt. Er windet sich hin und her und presst beide Hände gegen das Gesicht. Blut rinnt durch seine Finger. Schauderhaft viel Blut! Hajek kniet neben ihm nieder.

»Hermann«, bringt er hervor. »Du armes, armes Luder ...«

Klotz brüllt jetzt dumpf und wälzt sich hin und her. Blut spritzt auf den Erdboden.

»Sprenggeschoss«, sagt jemand und will Klotz die Hände vom Gesicht ziehen.

»Sani her!«, keucht Hajek. »Schnell, den Sani!«

»Ist schon da!«, ertönt es vom Eingang, und der Sanitäter kommt herangehastet, wirft seine Tasche hin und versucht, den sich am Boden windenden Klotz festzuhalten.

»Bleib ruhig, Hermann …« Hajeks Stimme klingt heiser. »Ich bitte dich, Hermann, bleib doch liegen, wir wollen dir doch helfen.«

Klotz liegt jetzt still. Man hat seine Hände heruntergezogen. Zwischen den Brauen klafft ein riesiges Loch, aus dem es dunkel und unaufhaltsam quillt. Schweigen herrscht. Kein Schuss fällt. Die Landser knien oder stehen mit zuckenden Gesichtern um den Sterbenden.

»Nicht mehr viel zu machen«, murmelt der Sani und öffnet seine Tasche. Hajek verspürt ein Würgen in der Kehle. Er schluckt es weg. Er nimmt Klotz' Kopf in den Arm, streichelt ihm das blutverschmierte Haar aus der zerschossenen Stirn.

»Martin«, ächzt der Sterbende, »bist du's?«

»Ja, ich bin bei dir, Hermann.« Und denkt: Stirb doch! Stirb doch schon! Das ist ja entsetzlich … das ist das Entsetzlichste, was ich in den vier elenden Jahren erlebte!

»Er liegt … liegt draußen … in der Nähe der Bachmulde«, sagt Klotz mit verlöschender Stimme. Der Sani zieht eine Spritze auf. Er wechselt mit Hajek einen Blick. Hajek runzelt die Stirn, dann nickt er.

»Komm, Kamerad«, murmelt der Sani und sticht die Nadel durch Mantel und Uniformtuch in den Oberarm des Sterbenden. Klotz liegt ganz ruhig. Er atmet stoßhaft. Das Blut rinnt und rinnt, und die Spritze wirkt so langsam. Das kreidige Licht ist erloschen. Ein MG fängt kurz und böse zu prasseln an. Stille folgt.

»Martin …« Klotz spricht so leise, dass Hajek sich tief an den flüsternden Mund beugen muss. »Martin … hörst du mich?«

»Ja, Hermann.«

Klotz' Hand krallt sich in Hajeks Arm. »Gib's dem Kerl, Martin.« Klotz richtet sich zitternd auf. Er flüstert mit geschlossenen Augen. »Schreib du es der Elsa … mein

Bub ... du, der Bub ...« Er sinkt mit einem matten Seufzer zurück.

»Aus«, murmelt der Sani und packt die Spritze ein. Die Landser stehen stumm um den Toten. Sie weinen nicht, sie ahnen, dass das Sterben die Erlösung ist. Einer bleibt am MG zurück, die anderen tragen den Toten aus dem Bunker und legen ihn hinter der Ziegelei unter das überhängende Dach. Klotz liegt in einer Zeltbahn. Vom Dach tröpfelt es leise auf das steife Tuch.

Drinnen, im Ofenraum, brennt die Stalllaterne. Die Männer reden nichts, setzen sich oder legen sich hin, doch sie können nicht schlafen. Hajek, steinern ruhig, hat das Püllchen wieder ins Sturmgepäck getan, schnürt es zusammen, verharrt ein paar Augenblicke in tiefem Nachdenken, steht dann auf und geht zum Fernsprecher. Das Surren des Apparates stört die Stille. Hajek wartet starr auf den Gegenruf. Dann kommt er.

»Hier ist Dotterblume, Hajek. Klotz ist von einem Scharfschützen abgeschossen worden. Sprenggeschoss.« Am Drahtende bleibt es eine Weile still. Dann ertönt Warnickes heisere Stimme:

»Der Klotz? Tut mir leid. Wachsamkeit erhöhen, Hajek. Feind ist durch die Linie gesickert. Es müssen ein paar Russen vor unserer Stellung liegen.«

»Möchte nachschauen, Herr Leutnant«, sagt Hajek. Die Landser heben die Köpfe und schauen erschrocken zu ihm auf.

»Kommt nicht in Frage, Hajek«, ertönt es im Hörer. »Kommt nicht in Frage, hören Sie!«

»Ich hab's Klotz versprochen, Herr Leutnant.«

Warnicke brüllt: »Nein! Sie bleiben bei Ihrem Zug! Das ist ein dienstlicher Befehl, Hajek, verstanden!«

»Ich will den Burschen haben, der Klotz umgelegt hat, Herr Leutnant.«

»Sind Sie taub?«, brüllt es im Apparat. Hajek hält den Hörer von sich weg. »Ich verbiete Ihnen, die Stellung zu verlassen und etwas auf eigene Faust zu unternehmen! Hören Sie, Hajek, ich verbiete es Ihnen!« Kurzes Schweigen. Dann Warnickes ruhige Stimme: »Lassen Sie das, Hajek, es ist zu dunkel, Sie erwischen den Kerl sowieso nicht. Außerdem könnten es mehrere sein.«

»Dann warte ich bis zum Hellwerden, Herr Leutnant.«

»Hajek, ich habe Ihnen einen dienstlichen Befehl erteilt, ist das klar?«

Hajek legt den Hörer auf den Apparat. Sein steinernes, bartstoppeliges Gesicht verrät nichts. Er steht auf, überlegt kurz, geht in die Ecke, schnürt das Sturmgepäck noch einmal auf, reißt die kleine Kognakflasche heraus, schlägt ihr den Hals ab und trinkt. Der bräunliche Saft rinnt ihm in die dunklen Bartstoppel. Und dann, ganz plötzlich und mit einem wüsten Fluch, schleudert er die Flasche an die rötliche Lehmwand.

Die Landser reagieren nicht. Sie wissen, was in Hajek vorgeht; er war mit Klotz sehr gut befreundet. Was Hajek jetzt vorhat, nun, davon kann ihn niemand zurückhalten. Auch Warnicke nicht.

»Herr Feldwebel«, sagt einer, »es schneit jetzt.«

Hajek nickt, zerrt das schmutzig-weiße Tarnhemd hervor und zieht es über; dann nimmt er vier Eierhandgranaten aus der Kiste und steckt sie ein, geht zur Wand, an der eine russische MPi hängt, schiebt ein Magazin ein und lädt durch. Der Sicherungsvorgang knackt wie ein Schuss durch die Stille.

»Jungs«, sagt Hajek, am Ausgang stehend und jeden ansehend, »ich hab's dem Hermann versprochen. Ihr wisst es doch, oder?«

»Ja, wir haben es gehört«, sagt Epel. »Kommen Sie gut zurück, Herr Feldwebel.«

»Obergefreiter Ebner!«

»Hier«, meldet sich die untersetzte Gestalt des Oberschnäpsers und nimmt, was er sonst selten tut, militärische Haltung an.

»Sie übernehmen während meiner Abwesenheit den Zug.«

»Geht in Ordnung, Herr Feldwebel.«

»Komm mit«, murmelt Hajek und geht hinaus. Der Obergefreite folgt ihm wortlos. Nichts rührt sich draußen. Es schneit dünn. Die Flocken fallen in ihre Gesichter und werden zu Wasser. Mit raschen Schritten gehen sie zum MG-Stand, zwängen sich durch den schmalen Zugang, tappen die drei Erdstufen hinunter und treten an die Schießscharte. Lange starrt Hajek in das dunkle Vorfeld hinaus, in dem sich nichts rührt. Ganz weit drüben, auf der anderen Seite des Flusses, steigt eine gelbliche Leuchtkugel hoch, bleibt ein paar Augenblicke in der Luft hängen und verlischt dann.

»Ebner, notfalls gibst du mir Feuerschutz«, sagt Hajek ruhig und nestelt an dem Tarnhemd, hängt sich die russische MPi um den Hals und schnallt den Stahlhelmriemen fester unterm Kinn.

»Jawohl«, antwortet der Obergefreite. »Aber was soll ich dem Leutnant sagen, wenn er ...«

Hajek schneidet mit der Hand durch die Luft. »Ich muss den Kerl kriegen«, murmelt er. Dann huscht ein mattes Grinsen über sein Gesicht. »Du kannst Warnicke sagen, dass er gegen mich einen Tatbericht schreiben soll. Gehorsamsverweigerung oder so ... Mir Wurscht, was er macht.« Er tritt noch einmal an die Schießscharte und späht hinaus ins Dunkel. »Bei der Bachmulde«, murmelt er und dreht sich um, nickt den beiden Landsern zu und verlässt den MG-Bunker.

»Alles Gute, Herr Feld!«, ruft ihm einer der Landser nach. Ebner tritt zum MG, prüft den eingelegten Gurt und klappt den Verschlussdeckel leise zu. Der andere steht da und starrt auf die Blutlache am Erdboden.

»Wir müssen das wegwischen«, sagt er mehr zu sich selber und scharrt mit dem Fuß den dunklen Fleck in die Breite.

Ebner schaut sich um. »Streu Erde drauf.«

Hajek hat sich über den aufgeworfenen Erdwall abgerollt und liegt jetzt still. Er hält den Atem an. Hört aber nur dumpfes Sprechen, das aus der Erde zu kommen scheint. Es sind die Kameraden in den Bunkern, die leise miteinander reden. Das Gelände senkt sich dem Fluss zu, wird etwa 200 Meter weiter unten flach und geht in buschbewachsenes Moorland über. Niedrige Bodenwellen erstrecken sich bis zum Dnepr, und ein Bach durchzieht das Gelände von Ost nach West. Büsche und Bäume wachsen verstreut, aber augenblicklich ist nichts weiter zu sehen als eine weiße Fläche, die sich sanft neigt. Hajek spürt nicht die Nässe, die seine Kleider ansaugt, spürt nicht die klamme Kälte der Nacht. Er liegt noch immer reglos und spannt die Sinne an. In der Nähe des Bachlaufes muss er liegen, denkt er, ohne dass seine Nerven beben. Der alte, erprobte Kämpfer ist in ihm erwacht. Dass er sein Leben aufs Spiel setzen will, kommt ihm nicht eine Sekunde lang zu Bewusstsein. Er schiebt sich auf den Ellenbogen und Zehenspitzen weiter, den Leib gespannt wie eine Stahlfeder. Der Neuschnee ist wässerig und verursacht beim Gleiten ein leises Schmatzen. Aber der Wind, der von Osten weht, hat die stärkere Stimme: Er winselt und jammert in der Dunkelheit.

Die Flachstelle ist erreicht. Hajek verschnauft kurz, hält den Atem zurück, stößt ihn in die Beuge des Armes hinein. Weiter vorn beginnt die erste Bodenmulde; der Bach muss gleich dahinter sein. Wo liegt der Scharfschütze? Man sieht diese Burschen nie. Sie sind Meister im Tarnen.

Gemein, mit Sprengmunition zu schießen! Das ist eine neue Einführung, die fleißig geübt wird! Hajek will nicht nur den Scharfschützen, sondern, wenn es irgendwie geht, auch dessen Gewehr. Es sollen außergewöhnlich gute Gewehre sein, mit der neuesten Zieloptik ausgerüstet. Hajek lauscht eine Weile, dann bewegt er sich schlangengleich weiter. Wenn die Russen Meister der Tarnung sind, ist Hajek ein Meister im Anschleichen. Die dahinwindende Gestalt ist kaum zu erkennen. Jetzt verschwindet sie in der Mulde. Wieder hält Hajek inne und horcht. Er hört leises Schmatzen, aber es ist nur der Bach. Er muss ganz nahe sein. Um dem Obergefreiten Hermann Klotz das Sprenggeschoss zwischen die Augen zu bringen, hat der Sowjetschütze vorher eine Leuchtkugel hochgehen lassen. Ihr Licht erreichte sein Gesicht in der Schießscharte. Dann traf Klotz das fürchterliche Geschoss. Hajek ist ein alter Fuchs, bewährt in unzähligen Gefahrenmomenten, eiskalt in seinen Überlegungen. Er weiß, wie der Gegner kämpft; er weiß aber auch, was ihm blüht, wenn er vorzeitig von ihm entdeckt wird, wenn etwas schiefgeht.

Jetzt hat er den Bach erreicht. Es ist nur ein schmales Rinnsal, das dahinschmatzt und verträumt gluckst. Hajek hebt den Kopf und späht durch den dünnen Schneevorhang, der lautlos niedersinkt. Weiter vorn ist etwas Dunkles. Eine Buschgruppe. Von dort muss der gut gezielte Schuss gekommen sein. Aber Scharfschützen pflegen ihre Stellung nach dem Schuss sofort zu wechseln. Hajek schlängelt sich langsam auf die Buschgruppe zu. Er erreicht sie, bleibt liegen, spannt die Sinne an und horcht. In der Ferne brodelt das Frontfeuer. Dort, wo die Trümmerstadt liegt, ist heute ausnahmsweise einmal Ruhe. Eine verdächtige Ruhe. Hajek denkt plötzlich an Warnicke. Das wird einen ganz schönen Anpfiff geben, oh ja! Man mag mit Warnicke gut befreundet sein, eine noch so gute Nummer bei ihm sein, aber eine Befehlsverweigerung lässt er nicht durchgehen. Niemals! Aber geht es diesmal nicht um etwas ganz anderes?

Hajeks Gedankenfaden reißt ab. Es ist ihm, als höre er ein Geräusch. Ganz nah. Hinter dem Strauch. Ja, Schnee schmatzt unter einem leisen Tritt! Hajek nimmt die Russen-MPi, legt sich halb darauf und entsichert sie, tastet in die Taschen, wo die Eierhandgranaten stecken. Er überlegt schnell: Soll er Handgranaten werfen oder Dauerfeuer in Richtung des Geräusches loslassen? Er wartet noch, schiebt sich etwas nach links, um am Busch vorbeispähen zu können. Ungefähr zwanzig Meter entfernt bewegt sich ein Hauch von einem Schatten. Jetzt ist er wieder weg. Weiter, befiehlt sich Hajek und schiebt sich ein paar Meter vor. Eine Buschgruppe erscheint. Hajek weiß, dass der Feind ganz in der Nähe ist; er spürt ihn geradezu, er wittert ihn. Zum Busch hin, denkt Hajek und legt das letzte Stück im Schneckentempo zurück. Unheimlich langsam.

Dann hat er die Buschgruppe erreicht. Er lauscht. Er vernimmt jetzt ein verhaltenes Hüsteln, das in ein krampfhaft unterdrücktes Husten übergehen will. Der Russe scheint sich erkältet zu haben. Nun ja, bei dem Sauwetter! Auch Russen kann so etwas passieren. Der da hüstelt, hat bestimmt schon oft Schießerfolge gehabt. Vorhin den Hermann, unlängst den Schorsch Blenk und vielleicht sogar auch den Alfred Rangel. Hajek nimmt zwei Handgranaten aus der Tasche, zögert einen Augenblick, zieht die erste mit den Zähnen ab, zählt in Gedanken langsam bis drei und wirft. Gleich darauf die zweite. Er schnellt hoch, krümmt den Finger und schießt Dauerfeuer durch das Buschwerk. Er schwenkt die MPi hin und her. Er hört das Krachen der beiden Explosionen. Sieht die beiden Blitze. Jetzt springt er vor und stürzt in Richtung des Pulvergestankes.

Die Leute in den Stellungen haben die Detonation und das Rattern der Maschinenpistole gehört.

Ebner hält das MG schussbereit und schreit: »Jetzt hat er ihn! Er hat ihn, Max!«

Feldwebel Hajek hat den Scharfschützen. Er liegt vor ihm. Eine zweite Gestalt, die ein paar Meter entfernt liegt, richtet sich jetzt auf und rennt davon. Mit ein paar Sätzen ist Hajek bei dem Russen und schlägt ihm die leergeschossene MPi über den Kopf. Der Russe bricht zusammen. Hajek stürzt sich über ihn, packt ihn, reißt ihn hoch und beutelt ihn wie irr.

»Du Schuft!«, brüllt er. »Du gemeines Schwein!« Hajek ist wie von Sinnen. Er weiß nicht, was er tut. Die Gestalt in seinen Fäusten gibt keinen Laut von sich. Schwankt hin und her. Ein weißvermummter Kopf wackelt haltlos nach beiden Seiten, nach hinten und vorn. Da stößt Hajek den Russen weg. Der Russe fällt aufs Gesicht, erhebt sich langsam, nimmt die Arme halb hoch und lallt:

»Kamerad … Kamerad …«

Hajek schüttelt den Bann ab, geht auf den Russen zu, versetzt ihm Püffe und Stöße und treibt ihn zu den Stellungen hinauf, laut kommandierend:

»Marsch! Vorwärts! Dawai, dawai!« Und der Russe stolpert voran, fällt hin, rappelt sich wieder hoch und wankt weiter, mit einer Hand seinen Hinterkopf haltend, den anderen Arm ergeben hochhaltend. Sie kommen an dem Toten vorbei, der im Schnee zwischen zwei dunklen Flecken liegt. Hajek hebt zwei Gewehre auf. Der Russe geht von allein weiter, mit weichen Knien, taumelnd.

Eine Viertelstunde später ist Hajek wieder in der Ziegelei. Warnicke ist da. Er sagt kein Wort, er schaut nur den Russen an, der taumelnd im Lichtschein der Stalllaterne steht und sich aufrecht zu halten versucht. Es ist ein junger Kerl mit einem gut geschnittenen Gesicht, aus dessen

Mundwinkel ein dünnes Blutrinnsal tropft. Der Russe bewegt die Lippen.

»Mama … oh, Mama«, stammelt er, und dann sinkt er zusammen. Hajek steht mit hängenden Armen da, völlig durchnässt, schmutzig; er atmet schwer. Wie gemein das alles ist, denkt er. Wie gemein! Warum ist dieser Krieg bloß so gemein? In diesem Augenblick empfindet Martin Hajek keinen Grimm für den geschlagenen Gegner. Ein Gefühl von Leere ist in ihm. Er lässt den Kopf sinken.

»Bringt den Kerl zum Gefechtsstand«, hört er Warnickes heisere Stimme. Zwei Landser treiben den Russen hoch, packen ihn und schubsen ihn hinaus. Die anderen stehen im Lichtkreis der Stalllaterne und besichtigen die beiden Beutegewehre. Warnicke geht zu Hajek und rüttelt ihm die Schulter.

»War 'ne riskante Sache«, sagt er. »Schwein gehabt, wie?«

»Ja«, murmelt Hajek. »Wieder mal Schwein gehabt.« Die beiden Männer sehen sich stumm an. Warnicke nickt unmerklich, etwas wie ein Lächeln huscht über sein knochiges Gesicht, dann murmelt er:

»Will mir alles noch überlegen, Hajek. Sie wissen, was?«

»Jawohl«, murmelt Hajek. Leutnant Warnicke verlässt den Ofenraum und schlingt den grauen Wollschal um den Hals.

Am 15. November gelingt es den Sowjets, nördlich von Tscherkassy den Flussübergang zu erzwingen und das Grenadier-Bataillon in Richtung der Bahnlinie zurückzuwerfen. Der Flussübergang bringt den roten Sturmtruppen empfindliche Verluste, denn die Deutschen weichen erst nach verbissenem Widerstand. Dieser Feinddurchbruch bedroht die linke Flanke des Grenadier-Regiments Grätz. Wenn es nicht gelingt, die Russen zurückzuwerfen, ist Tscherkassy nicht mehr zu halten.

Man zieht daher eine Batterie 15-cm-Feldhaubitzen ab und schickt sie an die Bahnlinie. Ein Zug Infanteriegeschütze muss, so schwer es auch fällt, aus der Verteidigungslinie herausgezogen und ebenfalls zur Einbruchstelle abkommandiert werden.

Östlich der Stadt, jenseits des Dnepr, drängt der Feind mit schweren Waffen heran und versucht, den Flussübergang zu erzwingen. Aber die am östlichen Stadtrand liegenden Verteidiger verhindern jeden Übersetzversuch. Dreimal setzt der Russe zu einem Gewaltstreich an, dreimal wird er blutig zurückgeschlagen. Die sowjetischen Sturmboote, in denen sich die Sturmtruppen ducken, werden durch schweres Granatwerferfeuer und im Direktbeschuss mit Pak und Maschinengewehrgarben zerlöchert. Die Schreie der Getroffenen und in den kalten Wellen mit dem Tode Ringenden geht im rasenden Gehämmer der Kleinwaffen unter. Nach diesem Übersetzversuch schicken die Sowjets Flugzeuge und decken den Trümmerhaufen Tscherkassy mit Bombenteppichen zu. Es ist, als würde die gemarterte Stadt immer wieder mit einem riesigen Spaten umgegraben, von unten nach oben. Von oben nach unten. Die Toten in der Erde finden keine Ruhe, die Lebenden erwarten den Tod. Es ist die Hölle. Kaum, dass die Bomber abgeflogen sind, setzt wieder schweres Artilleriefeuer ein.

Im Gefechtsstand der 2. Kompanie rasselt das Feldtelefon. Leutnant Warnicke, seit einigen Tagen vollkommen nüchtern und mit seiner gelichteten Kompanie aufs engste verbunden, nimmt den Bataillonsbefehl entgegen: »Alte Stellung sofort räumen und neue Verteidigungslinie nordwärts der Bahnlinie beziehen.«

Eine Dreiviertelstunde später rückt die nur noch aus 81 Mann bestehende Kompanie ab. Es schneit, es ist bitterkalt. Mit hängenden Köpfen trotten die Landser in loser

Marschordnung Richtung Bahnlinie. Niemand spricht. Gleichgültig geworden, abgestumpft gegen Not und Tod, in zerlöchertem Schuhwerk, in steif gefrorenen Mänteln, schwer beladen mit Munition und Handfeuerwaffen, so schlurft die Kompanie nach Norden zur Bahnlinie Tscherkassy-Smela. Aus dem Matschwetter ist Frostwetter geworden. Der Schnee ist zu einer harten Decke gefroren, auf der jeder Schritt dumpf poltert. Ein eiskalter Wind bläst durch die Kleider bis auf die Haut. Die Gesichter der Landser sind blaugefroren, stoppelbärtig, seit Wochen nicht mehr gewaschen. Die zugewiesene Verteidigungslinie verläuft längs der teilweise aufgerissenen, mit umgeknickten Telegrafenmasten gesäumten Bahnstrecke. Schnee bedeckt die Gleise. Im Westen erheben sich weiße Hügel. Nach Norden verläuft eine schmale verschneite Straße, die in einem Hügeleinschnitt verschwindet.

Warnicke bezieht ein trostlos leeres und halbverfallenes Bahnwärterhäuschen als Gefechtsstand. Die Strippenzieher traben los und legen Leitungen zu den Zügen und zum Bataillon, das zwischen Bahnlinie und Tscherkassy liegt. »Eingraben!« lautet der Befehl, und die Landser schnallen die Feldspaten vom Koppel und versuchen in die knochenhart gefrorene Erde so etwas Ähnliches wie ein Deckungsloch zu buddeln. Ein paar findige Köpfe zerren Eisenbahnschwellen aus dem harten Schnee und bauen damit notdürftige Unterstände. Die Arbeit macht warm und taut die Geister auf. Flüche werden laut. Da und dort lacht sogar jemand. Die Widerstandskräfte sind mobilisiert, man ist nicht unfroh darüber, sich jetzt in einer anderen Richtung verteidigen zu müssen.

Der II. Zug des Feldwebels Hajek ist an die rechte Flanke der Kompanie geschickt worden, in die Nähe der nach Norden verlaufenden Straße. Sie führt schnurgerade auf den Hügeleinschnitt zu und verschwindet dann. Rechts der Straße liegt ein kleiner verlassener Bauernhof, den Hajek als Unterschlupf bezieht. Die muffige Stube ist fast leer, zurückgelassen wurde nur ein zerbrochener Tisch, ein dreibeiniger Stuhl und, weil man ihn nicht mitnehmen konnte, der Lehmofen, der der Familie als Schlafplatz gedient haben mochte. Die Fenster sind viereckige Löcher, die Tür fehlt. Ebner inspiziert den Hof, in der Hoffnung, ein verlassenes Huhn zu finden, um es für den Kochtopf zu präparieren. Aber es ist kein Huhn da. Im Stall stinkt es nach Schimmel. Wenn man nach Osten blickt, sieht man die rauchenden Trümmer von Tscherkassy, hört man das Wummsen der Einschläge. Der Himmel ist schneeträchtig und hängt tief. Trostloses Russland!

In Hajeks Ohren klingt noch Warnickes Ermahnung: »Sie sind an einer wichtigen Stelle, Feldwebel. Sie sind die Rückendeckung. Sorgen Sie dafür, dass wir nicht vom Feind überrascht und überrollt werden. Höchste Wachsamkeit!« Als ob man nicht andauernd daran dächte, sich durch Wachsamkeit am elenden Leben zu erhalten! Wenn es den Sowjets gelänge, Tscherkassy in den Rücken zu fallen, ist alles aus! Jeder weiß das, und jeder will sein Bestes tun, um den Kameraden in der Trümmerstadt den Rücken freizuhalten.

Hajek ruft seine Leute zusammen. Er ermahnt die Gruppenführer und erklärt ihnen genau die Lage. Dann teilt er den Vorposten ein. Der Gefreite Gimmler und der Obergefreite Alsdorf werden zum Hügeleinschnitt, den die Straße durchläuft, geschickt.

»Bezieht Stellung und passt auf«, sagt Hajek. »Sobald ihr was hört oder seht, sofort zurückkommen und Meldung erstatten.« Die beiden Stammleute trotten mit einem MG und den Munitionskästen davon. Der kalte Wind schiebt sie ihrem Ziel entgegen.

Als sie am Hügeleinschnitt ankommen, sehen sie, dass die Straße in ein paar Krümmungen einem Waldstück entgegenführt. Vom Hügeleinschnitt aus kann man gut zum Wald hinüberschauen. Bis dorthin sind es etwa zwei Kilometer. Es ist nichts zu sehen. Der Wind treibt dünne Schneestaubwolken durchs Gelände. Gimmler und Alsdorf schnallen den Spaten ab und buddeln sich warm. Eine Stunde brauchen sie, bis sie ein Loch geschafft haben, in dem sie mit dem MG liegen können. Sie ziehen zwei Zeltbahnen über das Loch und schützen sich somit lediglich gegen den kalten Wind.

»So«, sagt Gimmler, als sie unter der Zeltbahn liegen, »jetzt gibt's was Spezielles für die fleißigen Knaben.« Er holt eine flachbauchige Kognakflasche aus der Manteltasche, küsst sie zärtlich und sagt: »Von meiner Emmi. Bei jedem Schluck soll ich an sie denken. Prost, Emmi!« Gimmler trinkt und reicht Alsdorf die Flasche.

»Prost, Emmi«, sagt auch er und trinkt. Danach drehen sie sich mit klammen Fingern Zigaretten aus Krüllschnitt und Zeitungspapier. Unter der Zeltbahn riecht es nach verbranntem Papier. Die beiden Landser schauen ins Gelände und schweigen. Plötzlich kichert Gimmler.

»Was lachst du?«, fragt Alsdorf.

»Ich muss daran denken, wie ich mit meinem Persilkarton eingerückt bin. Da hat man mir doch wörtlich gesagt: ›Meine Herren, mit den Russen geht's genauso ruckzuck wie mit den Franzosen. Die hauen wir genauso schnell in die Pfanne.‹« Alsdorf nickt. »Das war vor zweieinhalb Jahren«, fährt Gimmler fort. »Und so lange raufen wir uns jetzt schon mit dem Iwan rum. Er haut uns in die Pfanne, und nicht wir ihn. Oder bist du anderer Meinung?«

Alsdorf kaut auf der Zigarette und schüttelt den Kopf. »Den Krieg haben wir schon verloren«, murmelt er. »Seit

Stalingrad geht's abwärts mit der Großdeutschen Wehrmacht. Nur ein Vollidiot glaubt noch an den Endsieg.«

»Und solche gibt es noch jede Menge, mein Lieber.« Sie schweigen und klopfen mit den Stiefelspitzen den harten Boden, um die Füße warmzuhalten. Es fängt zu schneien an. Dünn. Stetig. Zwischen Höheneinschnitt und dem Waldstreifen drüben sinkt ein immer dichter werdender Vorhang nieder.

»Ich versuche mir manchmal vorzustellen, wie es wird, wenn der Iwan uns einkassiert«, sagt Alsdorf und saugt den Rest der Selbstgedrehten mit spitzen Fingern. »Sibirien soll ziemlich das Ende sein … ich meine, nicht nur das Ende der Welt.«

»Denken wir nicht daran«, murmelt der Gefreite, »sonst hau ich gleich in den Sack.«

»Wälder soll es dort geben«, fährt Alsdorf nach einer Weile fort, »die noch keiner betreten hat, richtige Urwälder. Man wird zu Holzarbeiten geschickt und geht nach einem Jahr auf irgendeine Weise ein.«

»Hör auf!«, raunzt der andere. »Wir kommen durch.«

Aber Alsdorf redet weiter: »Ich kann mir nicht mehr vorstellen, Franz, dass wir immerzu Glück haben und nichts verpasst kriegen. Irgendwann erwischt es uns auch wie den Blenk oder wie vor 14 Tagen den Klotz. Ich bin nicht zimperlich, Franz, nee, bestimmt nicht, ich bilde mir ein, eine dicke Haut zu haben, aber wenn ich an einem Stahlhelm vorbeikomme, der auf einem Astknüppel hängt, stelle ich mir manchmal vor, dass ich es bin, der da im Loch liegt … mit dem Astknüppel und meinem Stahlhelm über mir.«

»Mensch, dir ist wohl der Schnaps meiner Emmi in die Birne gestiegen?« Gimmler lacht heiser. »Komm«, sagt Alsdorf, »fahr Emmis Geschenk noch einmal her, nehmen wir noch einen Schluck.« Gimmler zieht die Flachbauchige, reicht sie Alsdorf, und der schraubt den Verschluss auf, riecht, macht »Hm« und trinkt einen kleinen Schluck. Es wird langsam dunkel und schneit noch immer dünn und stetig. Alsdorf schiebt den zerfransten Mantelärmel zurück und schaut auf die Armbanduhr.

»Sechse ist es schon«, murmelt er. Er wirft einen Blick nach draußen. »Scheint nischt los zu sein. Alles ruhig.«

»Aber der Iwan soll durchgebrochen sein«, erinnert Gimmler. »Wenn er da ist, steckt er dort drüben im Wald und wartet ab, bis es dunkel geworden ist.«

»Horchen wir mal«, schlägt Alsdorf vor. Und er nimmt den Stahlhelm vom Kopf, fährt sich mit der Hand durch das zottelige, langgewachsene Haar und macht den Hals lang. Auch Gimmler horcht.

Im Norden, fern und grollend, hört man Frontdonner. Dort, wo Tscherkassy liegt, rückwärts also, paukt es in unregelmäßigen Zeitabständen. Plötzlich vernimmt man in nordöstlicher Richtung MG-Feuer. Kurz. Dann anhaltend. Dann verstummt es abrupt.

»Bei der Ersten scheint was los zu sein«, sagt Alsdorf und seufzt. »Mensch, wie das bloß ausgehen soll! Mir ist es manchmal, als wären wir schon in einem Sack drinnen, der nur noch nicht zugeschnürt ist.«

»Du unkst heut ganz schön, mein Lieber!« Gimmler grinst herüber. »Ich werde froh sein, wenn uns die Kumpels ablösen. Mit dir ist heute einfach nischt los.«

Alsdorf schaut noch einmal auf die Uhr. »Eine halbe Stunde noch«, murmelt er, »dann kommt die Ablösung. Lausig kalt ist es.« Er pocht mit den Fußspitzen auf die Erde.

Plötzlich fährt Gimmlers linker Arm herüber. »Du, schau mal!«, ruft er erregt. »Da vorne ist doch was!«

Alsdorf späht hinaus, hebt mit der Hand den flatternden Zeltbahnzipfel hoch und kneift die Augen zu einem Spalt.

»Ich seh nischt«, murmelt er. »Wo soll was sein?«

»Ganz drüben, beim Wald«, flüstert Gimmler, als wäre der Feind schon dicht herangekommen. »Ich hab ein paar dunkle Punkte gesehen!«

»Vielleicht sind's Rehe.«

»Rehe! Du Spinner! Wo sollen hier Rehe sein?« Die beiden Landser schweigen und starren in die Dämmerung, in der das dünne Geflocke niedersinkt. Aber man kann doch ziemlich weit schauen, die Straße entlang, die ein paar sanfte Biegungen beschreibt und dann im Wald verschwindet. Die Kälte ist jetzt spürbar geworden, die beiden Landser frieren und trommeln mit den Fußspitzen auf den Boden.

»Los«, sagt Alsdorf, »stehen wir auf, sonst werden wir Eiszapfen. Ich hab kein Gefühl mehr in den Knochen.« Gimmler und Alsdorf kriechen aus dem Loch und richten sich auf. Sie tragen schmutzig-weiße, schon halbzerfetzte Tarnhemden. Ihre Stahlhelme sind gekalkt. Plötzlich stutzen die beiden Landser und horchen. Es ist ihnen, als klirre in der Dunkelheit etwas – gedämpft nur, mit dumpfen Brummtönen vermischt.

»Das sind Panzer«, stammelt Alsdorf.

»Du meine Fresse«, entfährt es dem Gefreiten, »auch das noch!« Sie horchen angestrengt. Das Geräusch ist wieder verschwunden. Ruhig fällt der Schneevorhang ins dämmerige Dunkel.

»Einer von uns beiden muss Meldung machen«, sagt Gimmler.

»Willst du …?«, fragt Alsdorf.

»Nee«, sagt Gimmler, »lauf du los. Ich bin schlecht zu Fuß.« Alsdorf fängt zu rennen an. Er rennt nicht nur wegen des verdächtigen Geräusches, sondern weil ihm endlich wieder warm werden und das gestockte Blut rascher zu kreisen beginnen soll.

Im alten Bauernhof ist Hajek gerade dabei, sich frische Fußlappen um die Füße zu wickeln, als die angelehnte Tür aufgerissen wird und Alsdorf hereinstolpert.

»Herr Feld«, keucht er, »Panzer sind im Anmarsch … auf der Straße … vom Wald her … wir haben Panzergeräusch gehört!«

Hajek beeilt sich, die Knobelbecher an die Füße zu kriegen. »Habt ihr euch nicht getäuscht, Alsdorf?«

»Nee. Ich kann einen Panzermotor recht gut von einem Sachsmotor unterscheiden, Herr Feld.« Hajek nickt nur. Höhn und Friemelt schauen verstört auf den Zugführer.

»Sollen wir das Bataillon verständigen?«, fragt Höhn.

»Seid ihr noch nicht dabei, ihr lahmen Hühner!«, knurrt Hajek und läuft hinaus. Gleich darauf trillert ein Pfiff. Längs des Bahndammes wird es lebendig. Ein paar Gestalten kommen angerannt.

»Unteroffizier Reischach, Obergefreiter Ebner – los, Leute holen und rauf zur Straßenhöhe!«, befiehlt Hajek. »Panzer sind im Anmarsch. Beeilt euch!« Dann traben Hajek und Alsdorf über den hartgefrorenen Schnee, den eine dünne Schicht Neuschnee bedeckt, durch die Dämmerung zur Straßenanhöhe hinauf. Gimmler kommt aus dem Deckungsloch gekrochen.

»Wo sind die Panzer?«, schnauft Hajek. Gimmler hat sich die ganze Zeit über die Augen ausgeschaut, hat wie ein Luchs hingehorcht, aber seit zehn Minuten ist alles still.

»Sie sind wieder weg«, sagt Gimmler etwas verlegen. »Aber es waren bestimmt Panzer, Herr Feld.«

»Ich hab sie auch gehört«, versetzt Alsdorf. Hinter ihnen poltern laufende Schritte, ertönt Gekeuche. Die erste und die zweite Gruppe kommen angerannt.

»Wo brennt's?«, schnauft Unteroffizier Reischach; er ist auch einer der wenigen, die noch zum Stamm der Zwoten gehören.

»Gimmler und Alsdorf wollen Panzergeräusche gehört haben«, sagt Hajek, und dann schickt er die beiden Gruppen links und rechts auf die Hügelkammlinie und befiehlt ihnen, in Stellung zu gehen. Hajek will selber mal nachschauen, was vorne los ist. Als er gehen will, erbietet sich Alsdorf, ihn zu begleiten. Hajek ist einverstanden.

Ein paar Augenblicke später verschwinden sie im leichten Schneetreiben. Schweigend traben sie die Straße hinunter, verfallen aber bald in langsameren Schritt. Die Straße beschreibt eine sanfte Rechtsbiegung; man kann ihren weiteren Verlauf nicht sehen, da sie um einen verschneiten Hügel herumführt. Hajek biegt nach rechts ab, und dann waten die beiden Gestalten durch angewehten Neuschnee auf den Hügel zu, wühlen sich durch eine überhängende Schneewächte hinauf und bleiben, oben angekommen, keuchend im Schnee liegen. Von dort aus kann man wohl ein Stück der Straße sehen, aber der Rest, der bis zum Wald hinreicht, wird durch das schneetreibende Dunkel verhüllt.

»Habt ihr euch auch nicht verhört?«, fragt Hajek. »Kam das Panzergeräusch – wenn es wirklich eins war – nicht aus dem Waldstück dort drüben?«

»Nee, Herr Feld, wir haben uns bestimmt nicht verhört«, erwidert Alsdorf und schleckt Schnee gegen den Durst. Hajek späht durch das Dunkel, strengt das Gehör an, vernimmt keinen verdächtigen Laut, der auf die Nähe der Panzer schließen ließe. Es ist alles still; nur der schneetreibende Wind winselt über die Hügelkuppe. Wenn es wirklich Panzer sind, denkt Hajek, wenn sie sich zum Angriff aufstellen, kommen sie heute nicht mehr. Sie werden den Tag nutzen … also morgen erst. Hajek wird von dem unbehaglichen Gefühl beschlichen, dass in der Dunkelheit irgendetwas lauert, dass die Russen sich irgendwo bereitstellen. Weiter vorn in einer Mulde oder drüben im

Wald. Hingehen und kundschaften? Nein. Hajek hat das absolut sichere Gefühl, dass dieser Erkundungsgang sinnlos wäre. Wozu etwas unternehmen, das keine Chance zum Gelingen bietet, nicht die geringste Chance!

»Los«, befiehlt er Alsdorf, »ab und zurück. Wir richten hier nichts aus.« Sie schlittern den Hang hinunter und gehen zur Straßenhöhe zurück.

»Na, was gibt's?«, fragt Unteroffizier Reischach, als Hajek und Alsdorf ankommen.

»Nichts zu hören und zu sehen«, erwidert Hajek. »Aber wir bleiben hier. Richtet euch für die Nacht ein.« Unteroffizier Tischner denkt an den vor drei Stunden erbauten Unterstand aus Schienenschwellen. Zum Teufel, das wird eine kühle Nacht werden! Aber es ist ja nicht die erste, die man in diesem lausigen Land erlebt!

In dieser Nacht, die zwei Gruppen des II. Zuges auf dem zugigen, eiskalten Hügelrücken verbringen, passiert nichts. Aber kaum dass der Morgen graut, bricht geradeaus ein dumpfes Dröhnen und Mahlen los, vermischt mit jenem rasselnden Geräusch, das fahrende Panzer verursachen. Es schneit noch immer dünn, der Morgen ist fahlgrau, und die Sicht reicht nicht bis zum Wald hinüber. Und dort drüben haben sich die Sowjets für den Angriff bereitgestellt. Die Geräusche, die am Abend vorher von den beiden Landsern vernommen wurden, waren wirklich von Panzern verursacht. Jetzt rollen sieben hintereinanderfahrende T 34 wie Elefanten heran, gefolgt von drei flacher gebauten Sturmgeschützen. Infanterie hängt wie Trauben an den Ungetümen. Infanterie trabt in den Zwischenräumen.

»Panzer!«, brüllt es auf der Straßenhöhe. »Panzer von vorn!«

»Was hab ich gesagt!«, schreit Alsdorf blass und hysterisch wütend. »Sind das Panzer oder Mistfuhren?«

Zwei MG beginnen zu schießen. Dauerfeuer. Ein paar Gestalten purzeln aus den Trauben auf den Panzern und bleiben liegen.

»Rotlicht schießen!«, brüllt Hajek. Drei Rotlichter taumeln in den grauen Himmel, flammen auf, bleiben ein paar Sekunden stehen und fallen wie verlöschende Sterne. Der Feind greift an! Die Funker brüllen in die Mikrofone, dass Panzer angreifen; die Fernsprecher kurbeln wie verrückt die Sprechapparate:

»Feind greift über Straßenhöhe an! Feind greift an!« Hajek hat eingesehen, dass zwei MG und patschendes Schützenfeuer sieben T 34, drei Sturmgeschütze und aufgesessene Infanterie nicht aufhalten oder gar zurücktreiben können. Er befiehlt Stellungswechsel. Die Leute hasten zum Bahndamm zurück. Ein Melder ist losgerannt und stürzt in das Bahnwärterhäuschen.

»Herr Leutnant, Herr Leutnant, Panzer greifen an!«

Warnicke ist vollkommen ruhig, er nickt, schlingt den grauen Wollschal fester um den Hals und geht hinaus, dem Melder auf die Schulter klopfend: »Nur ruhig Blut, mein Junge! Immer ruhig bleiben! Häng dich an mich, ich werde dich noch brauchen.« Der Gefechtslärm verstärkt sich. In das langanhaltende Rattern der deutschen Maschinengewehre dröhnen die trockenen Schläge mehrerer Panzerkanonen. Und während Leutnant Warnicke die Leute des III. Zuges zwischen ein paar rostenden, halb zerschossenen Güterwaggons in Stellung befiehlt und ermahnt, mit der Munition vorerst sparsam umzugehen, erkennt Feldwebel Hajek, dass die durch die Hügelschneise durchrollenden Sowjetpanzer nach links und rechts auszuscheren beginnen und die Infanterie dicht nachfolgt. Es ist jetzt klar, dass die Sowjets Tscherkassy von rückwärts angreifen wollen. Links, dicht hinter der Ruine des Bahnhofes, steht eine 15-cm-Batterie in Stellung. Bisher hat sie nach Osten geschossen, jetzt sind die Kanoniere dabei, die Geschütze um 180 Grad herumzudrehen und in Feuerbereitschaft zu bringen.

»Direktbeschuss!«, brüllt ein Offizier durch das Megafon. »Feuer frei!«

Hajek versucht, zwei Züge beisammen zu halten, um ein massiertes Abwehrfeuer zu haben.

»Auf die aufgesessene Infanterie halten!«, brüllt er den MG-Schützen zu und rennt von Gruppe zu Gruppe. »Auf die Infanterie halten, Leute! Das ist wichtig! Die Panzer können wir mit MG nicht aufhalten!«

In dem Augenblick, als die Sowjetpanzer und die drei Sturmgeschütze fächerartig auseinandergeschwärmt sind und den Angriff beginnen, verstärkt sich plötzlich das feindliche Artilleriefeuer jenseits des Dnepr. Lage auf Lage rauscht in die Stadt hinein, reißt schwarze Sprengpilze hoch und wirbelt Trümmer durcheinander. Schwere Kaliber schlagen auf dem Bahngelände ein. Der Morgen ist erfüllt vom Krachen und Bersten, vom Reißen der Granaten, vom wilden Hämmern der Maschinengewehre, vom Krachen der feindlichen Panzerkanonen, in dem das Schützenfeuer der deutschen Grenadiere kläglich untergeht. Der Tanz hat begonnen. Es ist das geschehen, was man allgemein befürchtet hat: Tscherkassy wird von zwei Seiten angegriffen. Und während das II. Bataillon mit zwei Kompanien nach Norden und Osten abzuschirmen versucht und sich mit verbissener Wut verteidigt, sieht sich Leutnant Albert Warnicke vor die Tatsache gestellt, mit einer dezimierten und nur mit Handfeuerwaffen ausgerüsteten Kompanie einen überstarken Gegner aufzuhalten. Sieben T 34 mit nachfolgender Infanterie und drei Sturmgeschütze sind ausgeschwärmt und greifen Tscherkassy aus westlicher Richtung an. Die 15-cm-Batterie kommt gar nicht dazu, den Feind im

Direktbeschuss abzuwehren und ein paar der heranwalzenden Ungetüme abzuschießen. Die Kanoniere packen ihre Karabiner und laufen in die Trümmer zurück, um sich von dort aus zur Wehr zu setzen. Anscheinend zu spät prescht ein Pak-Zug heran und geht hinter den Bahngleisen zwischen Ruinenmauern und Trümmern in Stellung. Die Panzerjäger sind fixe Burschen. Es dauert nur Sekunden, bis der erste Schuss das Rohr verlässt. Beim vierten bleibt der erste Panzer liegen und beginnt zu qualmen. Aber sechs andere rollen weiter und schießen wie wild. Aus dem Getöse bricht matt klingendes Geschrei. Bis auf 150 Meter sind Panzer und Infanterie herangekommen. Sie machen es nach dem Schema: Schieß du, ich fahre! Während jeweils drei Panzer stehend feuern, rollen die drei anderen mit Höchstfahrt weiter, halten und schießen, der nachfolgenden Infanterie Feuerschutz gebend.

»Feuer auf Infanterie!« Leutnant Warnicke, selber hinter einem MG liegend, schreit den Befehl. Dann drückt er den Finger auf den Abzug und visiert die beweglichen Punkte an, die hinter oder neben den Panzerungetümen laufen. Auch Hajeks Zug schießt auf die feindliche Infanterie. Als plötzlich ein zweiter Panzer mit einer grellen Stichflamme auseinanderbirst, ertönt da und dort heiseres Freudengebrüll.

»Pak! Wir haben Pak! Wir schaffen es!« Das feindliche Artilleriefeuer verlegt sich zurück. Die Panzer vor dem Bahngelände rollen weiter vor. Sie feuern zwischen die Waggons, aus denen Mündungsblitze zucken. Das Dauerfeuer eines MG verstummt jäh. Ein anderes meckert in irrem Takt weiter. Unteroffizier Reischach liegt bei der zweiten Gruppe und hilft dem MG-Schützen beim Einlegen des Gurtes. Plötzlich schmeißt sich jemand neben Reischach.

»Egon, das hat keinen Sinn. Feuer einstellen. Wir müssen die Brüder ein Stück in die Stadt reinlassen und dort packen.« Es ist Hajek. Seine hellen Augen im wettergebräunten Gesicht funkeln. Die Bartstoppeln scheinen sich gesträubt zu haben.

»Wohin?«, fragt Reischach.

»In die Trümmer! Nähe Bahnhofsgebäude!«

»Ist das Restaurant geöffnet?«, witzelt Reischach, aber Hajek rennt bereits geduckt zur nächsten, zur übernächsten Gruppe und fordert die Leute auf, sich in die Trümmer zurückzuziehen und sich die Panzer vorzunehmen. Dort, wo die Güterwaggons stehen, prasselt noch immer ein MG. Der III. Zug muss es sein. Hajek stolpert über die verschneiten Gleise, schlägt hin, rappelt sich auf und kriecht das letzte Stück auf allen Vieren. Unter dem Güterwaggon liegt Leutnant Warnicke hinter dem MG. Rechts von ihm liegt eine Gestalt auf dem Bauch. Regungslos.

»Herr Leutnant«, schreit Hajek. »Wir müssen zurück!« Aber Warnicke hört nicht, er rutscht auf dem Bauch mehr nach links, um nach rechts halten zu können – rüber, wo eben ein Schwarm Sowjets über die Gleise rennt. »Herr Leutnant!« Hajek rüttelt Warnicke am Fuß. »So hören Sie doch schon: Wir müssen zurück!«

Warnicke nimmt den Finger vom Abzug, schaut sich um. Plötzlich zuckt er zusammen und kippt zur Seite. Blut rinnt ihm von der Stirn über das rechte Auge; sein Mund steht halboffen, böse grinsend. Hajek starrt den Toten an. In Sekunden ziehen Erinnerung vorbei: Stalingrad ... finstere Nachtmärsche ... Warnicke an der Spitze seiner Kompanie ... Warnicke betrunken ... Warnicke, der von seinem toten Bruder redet ... Warnicke, Warnicke, Warnicke! Wieder einer der Besten dahin! Hajek hört das Krachen der Panzerkanonen nicht mehr, hört nicht das heisere Geschrei der Russen, hört nicht das Wüten der Artillerie in der Trümmerstadt; er dreht den Toten auf den Rücken, streichelt ihm über das stoppelbärtige, blutige Gesicht, nestelt das Ritterkreuz vom Hals frei, zerrt es mit einem wütenden Ruck vom Band, knöpft dem Toten Mantel und Uniform auf und holt die Erkennungsmarke von der warmen Haut. Da klirrt es, und ein Querschläger pfeift in das Holz des Waggons. Jetzt wieder. Hajek schiebt Warnickes Ritterkreuz in die Tasche, packt das MG und einen Munitionskasten und läuft geduckt den Trümmerhäusern entgegen.

Von diesem Augenblick an weiß Feldwebel Martin Hajek nicht mehr genau, was geschehen ist. Was immer er auch tut, er weiß es später nicht mehr oder nur ganz verschwommen. Er sieht irgendwo Gestalten, die schreien und schießt und schießt. Er ist plötzlich zwischen Trümmern und sieht ein paar Leute, denen er Befehle gibt. Er sieht Tote herumliegen, über die er hinwegspringt, das MG in der Hüfte. Schießend auf erdgraue Gestalten, die irgendwo rennen. Die Sowjets haben jetzt das Bahngelände erreicht und treiben ein paar Gestalten hoch, die einige Schritte laufen, nach vorn kippen und liegenbleiben. Panzerkanonen krachen, Motoren brüllen dumpf. Eisen klirrt auf Eisen. Die Panzer mahlen jetzt über die Gleise der Bahnanlage. Sie dringen in den Stadtrand ein, überwalzen eine Pak-Stellung, wuchten durch Häuser, die wie Kartenblätter zusammenfallen. Wo ist die 2. Kompanie? Wo sind Tischner, Ebner, Alsdorf, Reischach? Wo sind sie geblieben?

Da und dort rennt ein deutscher Landser ziellos voran, verschwindet oder fällt mit dem Gesicht auf den hartgefrorenen Boden. In der Luft rauscht und pfeift es. Schwere Einschläge reißen Trümmer hoch und bauen Rauchpilze in die Luft. Am östlichen Stadtrand wütet MG-Feuer und bauzen kleinere Geschützkaliber. Niemand weiß mehr,

wer zu wem gehört. Hajek hat kein MG mehr. Es ist leer-
geschossen und daher wertlos. Irgendwo trifft er in einem
Ruinenwinkel Gesichter, die ihm bekannt vorkommen.
Leute der Zwoten. Kameraden.

»Warnicke ist tot«, sagt er mit einer Stimme, die ihm
selber fremd vorkommt.

»Dann ist der Bart ab«, erwidert jemand. »Kameraden,
zusammenpacken und ...«

»Halt die Schnauze!«, brüllt Hajek. »Wehr dich, sonst
bist du erledigt! Oder denkst du, die machen Gefangene?«
Es ist Reischach, den Hajek anbrüllt. Der Unteroffizier
lässt das Kinn auf die Brust sinken.

»Es ist doch alles sinnlos, Martin«, murmelt er.

»Holt die Leute zusammen«, befiehlt Hajek. »Was noch
Beine und Arme hat – hierher, zu mir!« Und während
hinter dem Trümmergrundstück Panzermotoren brüllen
und Kanonenschläge krachen, versammeln sich etwa
dreißig Mann um Hajek. Möglich, dass irgendwo noch
ein paar leben, aber jetzt sind erst dreißig Mann da.

»Ich übernehme die Kompanie«, sagt Hajek. »Wir müssen die Panzer erledigen. Handgranaten sammeln! Leute,
wir haben ja noch jede Menge Handgranaten!« Er lacht
heiser, boxt Reischach in die Seite und muntert ihn auf:
»Los, alter Uhu! Wir haben unser Handwerk gelernt!«
Die Leute kriegen wieder Mut.

Reischach verschwindet mit sechs Mann zwischen den
Trümmern. Hajek winkt den Rest zu sich, gibt kurze In-
struktionen und läuft in Richtung der Hauptstraße. Dort
kurven zwei T 34 und schießen wahllos in die Ruinen und
wo immer sich etwas regt. Die Feindartillerie hat ihr Feuer jetzt zurückverlegt und bepflastert den Ostrand der
Stadt, wo ein wilder Abwehrkampf gegen übersetzende
Sturmboote im Gange ist. Zwei dieser Boote treiben kiel-
oben flussab. Ertrinkende schreien, Arme recken sich

hoch und verschwinden im lehmfarbenen Wasser. Hajek und drei Mann hasten durch die Schuttberge.

Plötzlich sehen sie die Straße. Keine zehn Meter vor Hajek feuert ein T 34 auf den Marktplatz, von wo ein MG prasselt. Ein Bündel Handgranaten fliegt dem Panzer gegen die linke Seite. Sekunden später ein reißender Knall. Die Panzerkanone schweigt. Schwarzer Rauch qualmt aus den Ritzen. Jetzt eine mächtige Stichflamme, ein ohrenbetäubender Schlag. Der wievielte Panzer ist es, der erledigt ist? Niemand weiß es. Der andere T 34 macht mit einem wilden Ruck kehrt und wackelt mit brüllendem Motor zurück.

»Weiter, Jungs!«, schreit Hajek und rennt mit ihnen in die nächste Seitenstraße. Dort wird wild geschossen. Ein Haufen Sowjets hat sich in einem Haus verschanzt und feuert aus den Fensterlöchern. Im trägen Takt hämmert ein Maxim-MG. Auf der Straße spritzen winzige Dreckfontänen hoch, wie irr hin und her hüpfend.

»Die räuchern wir aus«, keucht Hajek; sein Gesicht ist verzerrt, seine Augen glitzern. »Wer hat noch Handgranaten?« Der Grenadier Heinrichs, der mitgerannt ist und sich vor Aufregung andauernd übergeben muss, reicht dem Feldwebel drei Handgranaten. Hajek läuft an der Häuserfront entlang, presst sich an die von Einschlägen zerfressene Mauer, schiebt sich an ein Fensterloch heran, aus dem feurige Schlangenlinien zucken. Er schleudert drei Handgranaten durch das Fensterloch, wirft sich nieder. Und schon dröhnt drinnen die Explosion. Mauerbrocken fliegen auf die Straße. Dumpfes Gebrüll. Als sich Rauch und Staubwirbel legen, taumeln vier Russen mit erhobenen Armen aus dem Haus.

»Lehnert, übernimm du die Burschen!«, schreit Hajek und dringt in das rauchende Haus ein, kommt nach Sekunden heraus und besitzt eine Russen-MPi und ein paar

Magazine. Die Gefangenen traben davon, von einem Mann bewacht, der mit schussbereitem Karabiner hinterher geht.

»Jungs, wir kriegen langsam Luft«, sagt Hajek und lacht teuflisch. Halb rechts ertönt Geschrei und Geschieße. »Mir nach!« Und Hajek rennt weiter, um ein paar Ruinenecken. Erdbraune Gestalten kommen ihm entgegen. Er schießt in den Haufen hinein, bis keiner mehr läuft oder steht. So geht es zwei Stunden lang. Feldwebel Hajek und ein paar atemlose, verdreckte, zerrissene Gestalten tauchen mal da, mal dort auf, schießen, werfen sich hin, springen in die Höhe und rennen weiter. Ein dritter T 34 wird mit geballter Ladung erledigt. Eine Gruppe Russen hastet über einen Trümmerhaufen und versucht, in Richtung Bahnhof zu entkommen.

Hajeks MPi prasselt. Immer wieder und wieder. Er scheint unverwundbar, er scheint überall zu sein. Er ist kein Mensch mehr, sondern der Tod, der zwischen Trümmern feuert oder mit wildem Schwung gebündelte Handgranaten wirft. Der Gefechtslärm wird flackernd, verliert merklich an Wut und Wildheit. Von den drei sowjetischen Sturmgeschützen sind nur noch zwei da. Sie versuchen zu entkommen. Sie rammeln alles nieder, was ihnen im Weg steht. Sie schießen nicht mehr, sie haben sich verschossen. Zurück heißt ihre Parole. Raus aus dieser dreimal verfluchten Stadt, in der das Blut in Strömen fließt, und wo finstere Rauchwolken das Ende einiger Panzer kennzeichnen.

Hajek findet sich plötzlich am Bahngelände wieder. Drüben, keine hundert Meter vom Bahndamm entfernt, stirbt einsam ein Panzer, schwarz rauchend, verschmorend. Im schmutzigen Schnee liegen dunkle Gestalten. Regungslos. Deutsche und Russen. In der Stadt flackert müdes MG-Feuer, fallen Einzelschüsse. Die Feindartillerie schießt nicht mehr. Einsame Rauchwolken bäumen sich zum grauen Himmel empor, langsam zerfließend. Hajek sinkt erschöpft auf einen Erdhaufen nieder, nimmt den Stahlhelm ab und wischt sich mit der schmutzigen Hand übers Gesicht. Er dreht den gekalkten Stahlhelm in den Händen. Erwachend, erst jetzt merkend, dass er es ist, der hier sitzt und wie ein Fiebernder keucht. Kopfschüttelnd betrachtet er eine faustgroße Beule im Stahlhelm. Das also war der Schlag, der ihn vorhin einmal kopfüber in den Dreck schmiss. In Hajeks Ohren rauscht es dumpf, die Kehle ist staubtrocken, der Puls jagt.

»Saaaaniiii …«, jammert es irgendwo in weinerlicher Hilflosigkeit. »Saaaaniiii …« Hajek ist allein, er schaut sich stumpf um, sieht halb rechts jemanden liegen, steht auf und geht hin. »Ich komme schon, Junge«, murmelt er und kniet neben einem schmalen Bürschchen nieder, das matt den Arm nach ihm ausstreckt. Ein schmutzverkrustetes Gesicht schaut ihm entgegen, zwei hellblaue, weitaufgerissene Augen.

»Diestel, du bist's?«, murmelt Hajek; es ist einer vom ersten Zug. »Wo hat's dich erwischt?« Der junge Grenadier dreht sich ächzend auf die Seite. Ein aufgefetzter Rücken erscheint, rohes, blutendes Fleisch, weißliche Knochen. »Bleib liegen, Kleiner«, sagt Hajek, und der Landser lässt sich wieder auf den aufgefetzten Rücken rollen, bewegt die rissigen Lippen und sagt leise:

»Es tut nicht weh … nein, es tut fast gar nicht weh, Herr Feld.«

»Ich such den Sani, Diestel … bleib liegen … bleib liegen, Kleiner.« Hajek schlurft davon, trifft irgendwo einen Mann mit einer Binde um den Arm. Aber als sie zu Diestel kommen, ist dieser bereits tot.

Das Schießen ist verstummt. Die Luft stinkt nach Brand, nach Öl und Staub. Kraftlos setzt Hajek die Trillerpfeife an die Lippen und pfeift. Von da und dort tauchen müde, zerlumpte, verdreckte Gestalten auf und kommen heran. Keiner spricht. Ihre Gesichter sind leer und grau.

»Sammeln«, befiehlt Hajek, »hinter dem Bahngebäude sammeln. Holt alle dorthin ...« Er schlenkert mit dem Arm in Richtung des zerschossenen Bahnhofsgebäudes. Eine halbe Stunde später stehen sie da, der klägliche Rest der 2. Kompanie, die dezimierten Züge und Gruppen, Mit erloschenen Mienen, in zerfetzten Mänteln, zerbeulten Stahlhelmen, mit schmutzverkrusteten, erschöpften Mienen.

»Hat wer 'ne Zigarette?« Sie rauchen, und sie sagen noch immer kein Wort; sie starren zu den dunklen Punkten, die auf den verschneiten Gleisen liegen; sie starren den sterbenden Sowjetpanzer an. Der Höllentanz ist vorüber. Erst ein paar Stunden später weiß man Genaueres.

Um das Bahngelände herum und am Ostrand der Stadt werden 82 gefallene Sowjets, fünf erledigte T 34, ein gesprengtes Sturmgeschütz gezählt. Die 2. Kompanie hat 18 Tote, sechs Schwer- und neun Leichtverwundete. Die Toten liegen in Reih und Glied, wie sie einst in Reih und Glied auf dem Kasernenhof standen. Sie sind zugedeckt mit schmutzigen Zeltbahnen, und unten ragen Füße heraus, Füße mit zerrissenem Schuhwerk.

Feldwebel Hajek hat die 2. Kompanie übernommen. Er lässt sich die Namen der Toten und Verwundeten zurufen und schreibt sie mit müder Hand ins Notizbuch. Es ist kein Offizier mehr da. Der Kompaniechef liegt noch drüben unter dem Güterwaggon. Man holt ihn und legt ihn zu den anderen. Hajek greift in die Tasche und holt das Ritterkreuz heraus, er schaut es nachdenklich an.

»Martin«, sagt jemand neben ihm, »geben wir es ihm mit in die Grube.« Wastl Wohler, ein Heftpflaster auf der Wange, steht neben Hajek. Und Hajek nickt, beugt sich nieder, schlägt die schmutzige Zeltbahn von der langgestreckten Gestalt und legt Warnicke das Ritterkreuz in die kalte Hand. Plötzlich ertönt der Ruf: »Der Herr Kommandeur von links!« Der Haufen formiert sich lose, versucht strammzustehen, schaut nach links. Der Major kommt mit dem Adjutanten und noch zwei Offizieren. Hajek steht noch immer neben dem toten Warnicke und blickt auf ihn nieder. Wastl Wohler meldet dem Kommandeur: Der Kompanieführer stehe dort drüben bei den Toten! Feldwebel Hajek.

»Sie haben also die Zwote geführt?«, fragt der Major.

Hajek erwacht aus seiner müden Starre, nimmt die Hacken zusammen und erwidert: »Jawohl, Herr Major.«

»Ich danke Ihnen, Feldwebel …? Ich weiß Ihren Namen nicht!«

»Hajek.«

»Ich danke Ihnen, Feldwebel Hajek«, ergänzt der Major. Die beiden sehen sich an. Lange. Sehr ernst. »Sie haben durch Ihr Eingreifen unser Regiment vor dem Ende bewahrt, Feldwebel Hajek.« Hajek nickt nur; sein Blick schweift ab, irrt über die dunklen Punkte auf der schmutzig-weißen Fläche, bleibt an der schwarzen Qualmwolke des ausbrennenden Feindpanzers hängen.

»Ich danke Ihnen, Feldwebel Hajek«, sagt der Major nochmals und legt die Hand an den Stahlhelm. »Ich werde Ihre Tat der Division melden.«

Hajek scheint zu erwachen; er klappt lasch die Hacken zusammen. »Bitte, Herr Major«, sagt er, »dürfen meine Leute jetzt ins alte Quartier abrücken?«

»Tun Sie das, Feldwebel«, erwidert der Kommandeur und reicht Hajek die Hand.

Ein paar Tage später diktiert der Major dem Regimentsschreiber einen Bericht an die Division, in dem der Feldwebel Hajek als Retter der Verteidiger von Tscherkassy hervorgehoben und für die Verleihung des Ritterkreuzes zum Eisernen Kreuz vorgeschlagen wird. Seine Tat ist kurze Zeit das Gesprächsthema, aber sie verbessert die allgemeine Lage nicht.

Die Sowjets revanchieren sich für den missglückten Angriff, der sie blutige Opfer und Material kostete, mit wütenden Feuerschlägen auf den Verteidigungsring. Der Trümmerhaufen Tscherkassy raucht weiter, MG-Stöße meckern in den Atempausen, verängstigte, in Lumpen gekleidete Zivilisten, die aus den Kellerlöchern geholt werden, begraben die Opfer ihres Landes, deutsche Soldaten betten ihre gefallenen Kameraden in die fremde Erde. Der Krieg geht weiter. Was sich in diesen Tagen in und um Tscherkassy zuträgt, ist nur eine Einzelheit dieses gewaltig blutigen Ringens. Der Himmel über Russland ist grau, und der fallende Schnee deckt alles mit einem Leichentuch zu. Auf deutscher Seite versucht man mit verbissener Zähigkeit, das Drängen des in seiner Stärke wachsenden Gegners aufzuhalten, sich ihm entgegenzustemmen und das drohende Ende hinauszuschieben.

Die 2. Kompanie hat keinen Offizier; Feldwebel Hajek erhält den Befehl, sie zu führen, und hält mit dem zusammengeschrumpften Haufen den Bahndamm in Richtung Nordwest besetzt. Im Bahnhäuschen ist der Gefechtsstand eingerichtet; Trampelpfade streben von ihm weg und führen zu den in Schnee und hartgefrorene Erde gekratzten Stellungslöchern, in denen zerlumpte, graugesichtige Gestalten in dünnen Mänteln und zerlöchertem, faulendem Schuhwerk auf irgendeine Erlösung warten. Ihre Gesichter drücken Gleichmut, Stumpfsinn, Hoffnungslosigkeit aus; ihre Stimmen sind rau. Manchmal schafft ein Fluch Erleichterung. Das Lachen ist gestorben, das Leben ist nichts mehr wert. Noch klaffen die

Lücken in den Reihen der grauen Gestalten. Der erwartete Ersatz ist nicht gekommen. Ein paar Munitionswagen sind eingetroffen, haben sich nachts in die Stadt geschlichen und den klirrenden Tod ausgeladen.

»Bringt was zu Fressen«, schimpfen die Landser. Die Verpflegung ist kläglich. Fünf Mann ein knochenhartes Brot. Fünf Mann teilen sich eine Büchse Blutwurst. Täglich nur eine warme Mahlzeit, und diese besteht aus einer dünnen, fad schmeckenden Plörre, auf der die paar gelblichen Fettaugen schwimmen, die das ausgekochte Pferdefleisch hergibt. Der schwappende Inhalt der Kochgeschirre ist kalt, bis er von der Feldküche zu den Stellungslöchern gelangt.

Der Feind ist verschwunden. Niemand weiß, wo seine Reste geblieben sind; möglich, dass sie sich in den weiten, verschneiten Wäldern verkrochen haben und eines Tages irgendwo anders hervorbrechen werden – aus einem Dorf, eine Nachschubstraße überfallend, einen Trupp müder Landser in den Schnee knallend. Heute hat man der Hydra einen oder zwei Köpfe abgeschlagen, morgen sind hundert nachgewachsen. Die Sowjets haben neuerdings Salvengeschütze herangeschafft und demonstrieren jenseits des Dnepr jeden Tag dreimal ihre Anwesenheit. Wenn es drüben zu kreischen, zu fauchen und zu jaulen anfängt, wenn der Höllentanz, aus der Stille losbrechend, beginnt, verkriecht sich das Leben in Tscherkassy und wartet bang auf das Ende dieses irren Teufelstanzes. Tscherkassy ist wie ein Igel, der sich bei der leisesten Berührung zusammenrollt und die Stacheln aufstellt. Wie viele Nächte werden es noch sein, in denen man friert, flucht oder in einem Erdloch schläft?

In der vergangenen Nacht ist es Lkw-Fahrern gelungen, in die Stadt hereinzukommen. Sie bringen Verpflegung und ein paar Säcke Post.

»Post ist da!«, geht es von Mund zu Mund. »Mensch, hast du schon gehört: Post!« Diese Kunde ist plötzlich da; sie überbrückt auf geheimnisvolle Weise die Entfernungen, sie scheint vom kalten Wind herangeweht zu werden. »Post ist da!« Die Melder sind mit den Sackbündeln noch unterwegs, aber schon rennen Gestalten heran und versammeln sich vor den Gefechtsständen, wartend, Zeilen aus der Heimat zu bekommen, ein zerfleddertes Päckchen, aus dem der trocken gewordene Kuchen herausrieselt. Wastl Wohler macht aus der Postverteilung einen feierlichen Akt, er steht da wie der Weihnachtsmann.

»Meier!«

»Hier!« Der Grenadier Meier greift zitternd nach dem Brief und geht zur Seite, um ihn zu lesen. »Habersack!«

»Hier!« Der Gefreite Habersack greift mit beiden Händen nach dem Brief aus der Heimat.

»Ermes!« Schweigen. »Herr Ermes!« Aber da erinnert sich Wastl Wohler: Ermes ist ja nicht mehr da, liegt drüben bei der Ziegelei im Lehmgrab. Das Päckchen, das aus Dortmund kommt, wird dem Obergefreiten Alsdorf übergeben: »Da, verteilt es unter euch. Ermes war ja bei euch.«

Viel zu schnell ist die Post verteilt, viel zu wenig Post ist gekommen. Diejenigen, die leer ausgegangen sind, trollen mit hängenden Köpfen zur Stellung zurück. Vielleicht ist nächstes Mal was dabei! Vielleicht, vielleicht! Wenn man es überhaupt noch erlebt!

Unter der Post ist ein Telegramm. Eine Woche alt! Ein Telegramm für den Feldwebel Martin Hajek. Wastl Wohler geht damit zum Gefechtsstand hinüber. Als er ankommt, ist Hajek gerade dabei, ein schmutziges Hemd zu waschen und ein paar Fußlappen in einer Blechbüchse auszukochen.

»Für dich ist ein Telegramm da, Martin«, sagt Wastl Wohler. Hajek schüttelt sich die Hände trocken, nimmt das Telegramm und denkt: Da steht nichts Gutes drin! Telegramme bringen selten was Gutes! Er dreht es unschlüssig in der Hand, tauscht mit Wastl Wohler einen Blick und murmelt: »Na, mal schaun ...« Er reißt den Umschlag auf, nimmt das Telegramm heraus und liest. Sein Gesicht verändert sich, nimmt einen jäh erschlafften Ausdruck an; er fährt sich mit der noch feuchten Hand über Stirn und Augen. Dann wendet er sich ab, geht ein paar Schritte zu dem Fensterloch, schiebt den Zeltbahnfetzen zur Seite und liest den Text der Nachricht noch einmal.

Wastl Wohler geht zu Hajek, legt ihm die Hand schwer auf die Schulter und fragt: »Was Trauriges, Martin?« Hajek nickt nur. »Red schon«, sagt Wohler. »Was ist los?«

»Meine Mutter ist gestorben.« Drüben, in der Ecke, reden Höhn und Friemelt über irgendetwas. Der enge Raum riecht nach Seifenlauge und dem Holzkohlenfeuer, über dem die Fußlappen in der Blechbüchse dünsten. Hajek starrt abwesend zum Fensterloch hinaus über das öde, verschneite Land, den Bahndamm entlang, auf dem ein paar Gestalten gehen. Tot, denkt Hajek. Vor einer Woche schon gestorben ... schon unter der Erde ... Mutter schon unter der Erde ... während ich nichts weiß ... während ich hier Russen erledigt habe und der Major sagte: Feldwebel Hajek, ich danke Ihnen, ich werde Sie der Division melden ...

»Das ist traurig, Martin«, hört Hajek Wastl Wohlers Stimme. »Ich weiß, wie dir jetzt zumute ist, armer Kerl.« Und Hajek denkt: Schon acht Tage unter der Erde. Wann war es denn, dass ich sie das letzte Mal gesehen habe? Gestern? Vor einem Jahr? Und er begreift es einfach nicht, dass die Mutter tot ist, dass kein Brief, kein Päckchen mehr kommen wird, und dass daheim die kleine Zweizimmerwohnung verwaist und leer ist.

»Es geht schon weiter, Martin«, sagt Wastl Wohler. »Du wirst es schon verkraften ... ein Bursche wie du, Martin!« Wohler rüttelt Hajek. »Ich werde gleich mit dem Bataillon reden, Martin. Ich werde schauen, dass du heimfahren kannst.«

Hajek gibt keine Antwort; er geht hinaus, um das zerschossene Bahnhäuschen herum. Plötzlich lehnt er sich an die Mauer und birgt den Kopf in den Arm. Es ist seit vielen, vielen Jahren das erste Mal, dass Martin Hajek weint. Er weiß erst jetzt, dass er mit der Mutter einen inneren Halt, etwas, woran er sich immer geklammert hat, verlor.

Wenige Stunden später teilt Wastl Wohler dem Freund mit, dass der Bataillonskommandeur den Urlaub bewilligt hat. Zehn Tage Sonderurlaub, ausschließlich der Reisetage. Hajek nimmt noch am selben Abend von den Leuten Abschied. Sie drücken ihm stumm die Hand. Dieser und jener gibt ihm einen Gruß für die Heimat auf.

Wastl Wohler übernimmt vorläufig die Zwote und bringt Hajek bei Dunkelheit zum Marktplatz, wo in der Nähe der Bataillonsgefechtsstand liegt. Drei Lkws sind da, die gleich zurückfahren sollen. Ein kalter Nachtwind bläst durch das Uniformtuch. Mit klammen Fingern hält Hajek den Wäschebeutel in der Hand. Wastl Wohler schiebt dem Freund eine Schachtel »Juno« in die rechte Manteltasche und sagt:

»Komm gut heim, Martin, und halt den Kopf hoch. Ich schau derweil, dass hier alles beisammenbleibt. Brauchst dich um unseren Haufen nicht zu sorgen.«

Drüben, jenseits des Flusses, bauzen Abschüsse. Sekunden später haut es am östlichen Stadtrand ein.

»Es hat eigentlich keinen Sinn, Wastl«, sagt Hajek. »Was soll ich daheim? Mutter ist ja schon begraben.«

»Du fährst«, befiehlt Wohler. »Du musst heim! Es gibt gewiss allerlei zu regeln.« Hajek nickt. Ja, denkt er, es gibt einiges zu regeln. Mutters Wohnung ... Ich will auch ihr Grab sehen.

Ein Lkw brummt heran. Wohler winkt dem Fahrer mit dem Blaulicht der Taschenlampe.

»Los, los«, drängt der Fahrer, »einsteigen, Herrschaften, der Zug fährt gleich weiter! Nur keinen längeren Aufenthalt in diesem Zirkus!«

Minuten später sitzt Feldwebel Hajek neben zwei Landsern und starrt geradeaus. Der Lkw fährt fast ohne Licht. Die Straße ist verschneit und in ihrem Verlauf kaum zu erkennen.

»Mensch, du hast aber 'n Dusel«, sagt einer der Landser zu Hajek. »Kannst heimfahren! Wo bist du denn daheim?«

»In Frankfurt am Main.«

»Da war ich auch schon mal«, sagt der Fahrer. »Vor zwei Jahren. Frankfurt hat hübsche Mädchen.«

Hajek schweigt und hat den Kopf angelehnt, die Augen geschlossen. Er denkt an das, was er daheim vorfinden wird, und ihm ist dabei zumute, als zöge ihn etwas von dem fort, was als rötlicher Feuerschein, zuckend und stöhnend, als Erinnerung zurückbleibt und von der Winternacht verschluckt wird.

Die Fahrt dauert drei Tage. Als Feldwebel Hajek früh am Morgen in Frankfurt ankommt und die drei Treppen eines alten Mietshauses in der Brückenstraße hinaufgeht, fühlt er sich, losgelöst von Krieg und Frontgrauen, in die alt vertraute Atmosphäre der Heimat, des Zuhauseseins, versetzt. Die Flurnachbarin, Frau Köhler, empfängt ihn mit bewegter Miene, stammelt ein paar Beileidsworte und drückt ihm die Wohnungsschlüssel in die Hand. Die Mutter sei still und leise, wie sie gelebt hatte, davongegangen;

man habe sie erst am zweiten Tag gefunden – im Sessel am Fenster, den Strickstrumpf im Schoß, um den Finger noch den Wollfaden. Tot. Sanft entschlafen. Ein beneidenswertes Sterben!

Und dann steht Martin Hajek in der Wohnstube, wo ihn alles an die Jugend, an das Damals, an die Mutter erinnert. Es ist ihm, als wäre Mutter nur auf einen Sprung fortgegangen – ins Lebensmittelgeschäft, in die Kirche. Es ist noch alles da, was zu ihr gehörte. Eine Staubschicht nur, die über der Vitrine liegt, auf der Kommode, auf den Sesselleisten, verrät, dass die Hüterin der Ordnung und der Sauberkeit nicht mehr da ist. Hajek weiß nicht, wie viele Stunden er dasitzt und in die Erinnerung zurückschaut. Er findet sich auf dem Friedhof wieder, vor dem Grab, auf dem ein paar welke Kränze und Blumengebinde liegen.

Jemand spricht ihn an und sagt: »Sie sind der Sohn, nicht wahr? Sie kommen von der Front? Wie geht's denn so? Wir werden den Krieg doch gewinnen?« Es ist ein alter Mann, der Hajek anspricht; der Totengräber oder einer vom Friedhofspersonal. »Das Grab halten wir schon in Ordnung, Herr Feldwebel«, versichert der Mann und will wieder wissen, wie es in Russland zugeht.

Hajek verlässt den Friedhof, geht wie im Traum durch Frankfurt und spürt, dass seine Stadt nicht mehr die ist, die er in Erinnerung hat. Die Menschen scheinen sich gewandelt zu haben. Sie hasten aneinander vorbei, sie scheinen füreinander keine Zeit mehr zu haben. Wo ist ihr Lachen geblieben? Es wird dunkel, und nirgendwo wird eine Straße, eine Auslage, ein Fenster hell. Das Leben schleicht durch die Dunkelheit, der Krieg hat einen schwarzen Mantel über die Stadt und ihre Menschen geworfen.

Hajek ist wieder daheim. Er sitzt einsam in der Küche. Als es schüchtern klingelt, steht er auf und geht in den

Flur. Frau Köhler fragt sich, ob sie ihm etwas zu essen bereiten soll oder ob er zu ihr hinüberkommen wolle.

»Wir haben noch was, Martin«, sagt sie. »Kommen Sie doch mit, erzählen Sie uns was von Russland.«

»Morgen, Frau Köhler«, antwortet er, »morgen. Ich möchte heute gern allein sein.«

Frau Köhler versteht es und geht wieder. Sie verschwindet leise weinend in ihrem Flur.

Die erste Nacht daheim in einem Bett, in Mutters Bett. Martin Hajek fühlt sich geborgen. Er liegt wach und lauscht dem gemächlichen Tick-Tack der Pendeluhr. Ihn schmerzt die Erinnerung nicht mehr; er weiß, dass alles so kommen musste; dass alles vorbestimmt ist, und dass man dieser Gesetzmäßigkeit nicht ausweichen kann. Traumlos schläft er bis zum nächsten Morgen.

Das Erwachen ist für ihn wie der Blick in eine andere Welt, eine Welt, die man erst prüfen muss, ob sie wirklich besteht. Sie besteht! Sie zerrinnt nicht wie ein Gedanke.

Nebenan sind leise Geräusche zu hören. Es kommt Martin Hajek so vor, als dufte es nach Kaffee und Kuchen, als sei Mutter dabei, für ihn das Frühstück zu bereiten, so wie in seiner Kindheit.

Frau Köhler ist da. Sie empfängt ihn verlegen und irgendwie beglückt darüber, dass er sie grüßt und endlich freundlich mit ihr spricht. Frau Köhler ist Witwe; ihre Tochter wurde vor einem Jahr als Wehrmachtshelferin eingezogen und schreibt Briefe aus Dresden.

»Meinen Sie, Martin, dass Gerda auch an die Front muss?«, erkundigt sich Frau Köhler besorgt bei ihm.

Er sagt, er glaube es nicht. »Wissen Sie, Frau Köhler, wir brauchen eher gut ausgebildete Leute an der Front. Nachschub! Männer!«

»Ja, ja«, erwidert sie seufzend, »es wird halt knapp mit den Männern. Jetzt ziehen sie schon die alten Jahrgänge ein. Nebenan ist der Herr Schmidt ... Sie kennen ihn doch?« Und als Hajek nickt: »Den haben sie jetzt auch geholt. 51 Jahre ist er alt, und er hat es andauernd mit der Galle.«

Hajek verbringt den Tag in Mutters Wohnung. Er zieht Schubladen auf, liest eigene Briefe, die er Mutter geschrieben hat. Sie sind liebevoll gebündelt worden. In einigen dieser Briefe liest er, wie er anfangs über den Krieg gedacht hat: zuversichtlich, siegesbewusst. Und wie er angibt, als er am 20. Juni 1940 aus Frankreich schreibt:

»Jetzt habe ich das EK II bekommen, Mutter. Du glaubst gar nicht, was so ein Stück Eisen ausmacht: Ich bin stolz, deutscher Soldat zu sein! ...« Hajek schüttelt den Kopf, als er das liest. Und wie fühlt er sich heute? Drei Jahre nach diesem Geständnis? Mit mehr als einer Auszeichnung? Er hat jede Beziehung zu Auszeichnungen verloren; sie sind ihm gleichgültig geworden, weil er jetzt weiß, dass man Auszeichnungen nur durch Todesangst, durch zähneknirschende oder brüllende Wut und das Glück beim Überleben erhält.

Gegen Abend geht Hajek wieder in die Stadt und besucht einen früheren Arbeitskameraden. Alfons Menges freut sich riesig, als Hajek unter der Tür steht.

»Mensch, dass du noch lebst!«, lacht der bärtige Mann, der ein lahmes Bein hat und den ehemaligen Arbeitskameraden hemdsärmelig in die Arme schließt. Hajek muss mit zu Abend essen; es gibt Bratkartoffeln und hausgemachte Sülze, auch Schnaps und Wein hat Menges in der Küche.

Als Hajek sich verabschiedet, geht er auf unsicheren Beinen heimwärts. Und als er über die Mainbrücke nach Sachsenhausen hinübergeht, fangen plötzlich die Sirenen zu heulen an. Schauerlich klingt das Auf und Ab des Warngebrülls. Ernüchternd saust dieser Ton ins Gehirn, für ein paar Sekunden an Grausiges erinnernd: an herumfliegende Trümmer, fetzende Blitze, Todesschreie, Panzergeklirr und ratternde Maschinengewehre. Der Krieg ist mitten in der Heimat. Ein paar Gestalten hasten im Dunkel davon. Hajek steht auf der zugigen Brücke und starrt zum Himmel empor. Es sind noch keine Feindflugzeuge zu hören. Wie riesige Geisterfinger tasten die Scheinwerfer der Flak durch die Nacht und verlöschen wieder. Hajek geht langsam das letzte Stück, geht gemächlich die ächzende Treppe hinauf und betritt Mutters Zimmer. Er setzt sich im Dunkel an den Tisch und horcht, aber es bleibt alles still. In dieser Nacht kommen sie nicht. Erst in der dritten, die Hajek zu Hause verbringt. Frau Köhler beschwört ihn, in den Keller zu gehen, aber er geht nicht in den Keller. Als es drüben, im anderen Stadtteil, kracht und birst, steht er regungslos am Fenster, und sein vom Krieg gezeichnetes Gesicht ist steinern ruhig, abgekehrt der Wirklichkeit. Er denkt an die Toten in der Ziegelei und in den zertrampelten und zerfurchten Gärten von Tscherkassy und fürchtet das nicht, was drüben in die Stadt rauscht und Blitz und Getöse entfacht.

Als die Sirenen Entwarnung verkünden, schläft Feldwebel Hajek wieder im Bett der Mutter. Fünf Tage ist er jetzt zu Hause, und sie umgarnen ihn mit Erinnerungen an das, was nicht mehr ist. Dabei könnte er fortgehen, sich in Kneipen setzen und mit jenen reden, die gierig darauf warten, einen Frontsoldaten ausfragen zu können. Er könnte sich betrinken und die Zuhörer mit grausigen Kriegsgeschichten bekanntmachen, ihnen den letzten Rest des Glaubens an den Sieg nehmen. Nein, Feldwebel Martin Hajek setzt sich nicht unter die Leute und nimmt ihnen nicht das Körnchen Hoffnung. Daheim, in Mutters Stube, fühlt er sich geborgen und trotz der Einsamkeit in Gesellschaft. Er sitzt stundenlang in Mutters Stuhl am Fenster;

er wischt Staub von den Möbeln und schaut in den Schrank, wo Mutters Kleider hängen; und er spürt, dass diese Stille, diese Einsamkeit heilsam ist und ihn stärkt.

Am fünften Tag, es ist später Nachmittag, und draußen regnet es, kommen Schritte das Treppenhaus hoch. Braune Tellermützen tauchen im Dämmerlicht auf. Silberschnüre, Schulterstücke. Stiefelleder knirscht, Mäntel rauschen leise. Drei hohe Parteifunktionäre begeben sich in den dritten Stock des Hauses in der Brückenstraße und bleiben vor der Wohnungstür der verstorbenen Martha Hajek stehen. Als es läutet, geht Martin Hajek, hemdsärmelig, in ausgetretenen Filzpantoffeln, um zu öffnen. Die drei Herren grüßen mit der linken Hand am Koppelschloss und erhobener Rechten. Einer von ihnen stellt die höfliche Frage:

»Sind Sie Feldwebel Martin Hajek, Kompanieführer der zwoten Kompanie im Zwoten Bataillon des Grenadier-Regiments 105, das in Tscherkassy liegt?«

»Jawohl.«

»Kamerad Hajek, Sie gestatten, dass wir eintreten?«

»Bitte.« Die drei Herren gehen ins Wohnzimmer, schauen sich kurz um; dann stellen sie sich in marionettenhafter Korrektheit vor. Sie lächeln wohlwollend.

»Bitte, ziehen Sie Ihre Uniform an, Kamerad Hajek«, ersucht der mit der randlosen Brille. Hajek hat keine Ahnung, was die drei von ihm wollen. Soll er ihrer lächelnden Freundlichkeit misstrauen? Während er die Feldbluse anzieht, überlegt er, was diese drei wollen. Dann steht er vor ihnen.

»Sie wünschen?«, fragt er. Der mit der randlosen Brille klappt die Hacken seiner blanken Stiefel zusammen; die beiden anderen Herren nehmen ebenfalls Haltung an.

»Ich habe die Freude und große Ehre«, schnarrt der mit der randlosen Brille, »Ihnen die Nachricht überbringen zu dürfen, dass Sie mit dem Ritterkreuz zum Eisernen Kreuz ausgezeichnet wurden.« Der Sprecher wendet sich an einen der strammstehenden Herren: »Bitte, die Verleihungsurkunde und die hohe Auszeichnung.«

Der Angesprochene überreicht eine schwarzlederne, dünne Mappe und ein Etui. Feldwebel Hajek weiß gar nicht, wie ihm geschieht. Etwas zwingt ihn, strammzustehen, die Hände an die Hosennaht zu legen, und dann muss er den Kopf etwas senken, weil ihm der mit der randlosen Brille das Ritterkreuz um den Hals hängt. Hajek hört Glückwünsche, schüttelt krampfhaft drückende Hände, schaut in stolz lächelnde Gesichter.

»Sie sind jetzt sehr stolz und glücklich, nicht wahr, Kamerad Hajek?«

»Jawohl«, sagt er, und ihm ist es, als schnüre ihm etwas die Kehle zusammen, als sei das Band um seinen Hals eine Schlinge.

»Die Verleihung wurde uns durch Fernschreiber mitgeteilt«, sagt jemand. »Schon gestern. Heute traf der Kurier ein, der uns Urkunde und Auszeichnung überbrachte. Wir gratulieren Ihnen von Herzen, Kamerad Hajek.« Sie schütteln ihm noch einmal die Hand.

»Ihr Urlaub ist um 14 Tage verlängert worden«, verkündet der dritte Besucher. »Bitte, kommen Sie morgen um 10 Uhr vormittags ins Rathaus«, lässt sich der mit der randlosen Brille vernehmen. »Wir möchten Ihre große Ehrung in einem würdigen Rahmen feiern. Wir sind sehr stolz auf Sie, Kamerad Hajek. Sehr stolz!« Man klopft Hajek die Schulter, und er steht noch immer stramm da und weiß nicht, ob das, was er erlebt, sich wirklich vollzieht oder nur ein Traum ist.

»Bitte bereiten Sie sich für eine kurze Rede vor«, bemerkt der mit der randlosen Brille. »Oder sollen wir Ihnen einen kurzen Text dazu schreiben?«

»Ich ... ich kann nicht reden«, bringt Hajek hervor. »Ich bin Soldat ...«

»Ein guter, ein vortrefflicher Soldat. Der Führer ist stolz auf Sie!« Es kommt Hajek wie eine Ewigkeit vor, bis die Herren gehen; er bringt sie an die Tür.

Als sie sich hinter den Dreien schließt, wischt er sich übers Gesicht, als müsste er einen Spuk, eine groteske Vorstellung verscheuchen. Seine Hand berührt das Band am Hals, die Schlinge, an der etwas glitzert und glänzt. Das Ritterkreuz zum Eisernen Kreuz. Als Dank für Mut und Tapferkeit, als Dank für etwas, woran sich Hajek nur noch nebelhaft erinnern kann.

Er geht ins Wohnzimmer, schlägt die schwarzlederne Mappe auf und liest den protzig gedruckten Text der Verleihungsurkunde, und als er dies tut, sieht er im Geist Panzer über Schneeland walzen, Russen ausschwärmen; hört er das trockene Krachen der Feindkanonen und das wilde Prasseln von Maschinengewehren. Er schließt die Augen. Und er sieht viele dunkle Punkte im Schnee liegen; er hört jemand wimmern: »Sani ... Sani!« Es war der Kamerad, der schrie, und der jetzt tot im Schnee liegt! Das war die Wirklichkeit, die Feldwebel Martin Hajek erlebt hat! Und er lebt weiter, er hat für Blut und Todesschreie eine hohe Auszeichnung erhalten, und er wird morgen um 10 Uhr vormittags im Rathaus erwartet, um gefeiert zu werden, um eine Ansprache zu halten, die man ihm schreiben wird.

Hajek erwacht aus dem Traum. Draußen hat es geläutet. Er zuckt zusammen wie unter einem Peitschenhieb. Ich will niemand sehen, denkt er. Sie sollen mich doch in Ruhe lassen! Was will man denn noch von mir? Soll ich ihnen erzählen, wie der Klotz ausgeschaut hat, als ihn das Sprenggeschoss in die Stirn traf? Soll ich ihnen schildern, wie Warnicke krepiert ist? Wie der junge Diestel starb? Wie ein sterbender Russe gebrüllt hat?

Es läutet hartnäckig. Hajek springt zur Tür, reißt sie auf. Draußen steht Frau Köhler. Sie will etwas sagen, sieht, dass Martin Hajek das Ritterkreuz um den Hals hat, hebt zitternd die Hand und zeigt darauf.

»Was ... was haben Sie denn da?«, stammelt sie. »Haben Ihnen die drei Herren das gebracht?«

»Ja, sie haben!«, brüllt er sie an. »Es ist ein Ritterkreuz zum Eisernen Kreuz, Frau Köhler! Ich bin ein Held! Ein Held bin ich, hören Sie! Ein Held!« Er lacht plötzlich und schlägt vor dem verstörten Frauengesicht die Tür zu. Hajek lacht auch noch, als er sich in Mutters Stuhl setzt. Aber langsam weicht die unnatürliche Heiterkeit von ihm; er starrt zum Fenster hin, an das der Regen klatscht. Und die Gedanken krabbeln auf ihn zu wie Fliegen auf etwas Totes. Morgen um 10 ... morgen wird man mich feiern, und ich muss eine Ansprache halten ... ich muss reden! Verflucht, ich muss reden ... morgen um 10! Vor Leuten wie denen! Vor diesen Narren, die mir dieses Ding da umgehängt haben und strammstanden!

Hajek reißt das Ritterkreuz mit einem Ruck vom Hals und schleudert es in die Ecke. Er springt auf. Der Wunsch, wieder dorthin zurückzukehren, wo er hergekommen ist, ist so übermächtig, dass er am liebsten sofort aus dem Haus rennen möchte. Bloß weg! Bloß nicht zu der Feier und sich anstarren lassen! Bloß nicht reden müssen! Es ist ja entsetzlich ... es ist schlimmer als ein Rudel angreifender Sowjetpanzer!

Eine halbe Stunde braucht Martin Hajek, bis er ruhig wird und in der Lage ist, seine Gedanken zu ordnen. Er weiß, dass er vorhin die Nerven verloren hat, dass er hysterisch gewesen ist, dass er die hohe Auszeichnung nicht zusammenpacken und jenem zurückschicken kann, der diesen Krieg begonnen hat und für alles Leid, Grauen und Elend verantwortlich ist! Martin Hajek weiß aber auch, dass er morgen keine Rede halten wird. Niemals! Er pfeift auf die Feier, er will sich nicht loben und gönnerhaft auf die Schultern klopfen lassen. Sein Entschluss, sofort abzureisen, steht fest. Vielleicht, so überlegt er, als er den Wäschebeutel packt, bleibe ich irgendwo ein paar Tage … in Berlin … in Breslau … Ich habe ja noch fünf Tage, und ich werde sie vertun – in Berlin, in Breslau oder sonst wo! Kann sein, dass ich mich besaufe. Ganz sinnlos besaufe wie damals mit Leutnant Warnicke, als wir den Hauptmann Warnicke mit ausgestochenen Augen und abgeschnittenen Ohren im Partisanendorf fanden.

Hajek bricht seinen Urlaub ab, weil er morgen nicht ins Rathaus will, um eine Rede, die man ihm schreibt, zu halten. Die 14 Tage Urlaub, die man ihm zum Ritterkreuz gegeben hat, soll lieber ein armes Frontschwein, das schon monatelang auf Urlaub wartet, bekommen! Er will sie nicht! Das Ritterkreuz steckt er lose in die Tasche, die Urkunde legt er in Mutters Schublade zu den gebündelten Briefen. Dann schaut er sich noch einmal um und nimmt Abschied von der Wohnung. Fünf Tage lang war sie ihm eine stille Burg, eine Feste, in der er sich innerlich sammeln und stärken konnte. Nun will er wieder hinaus in die wilde Zeit. Er sperrt die Wohnung ab, geht zu der gegenüberliegenden Tür und drückt den Klingelknopf. Frau Köhler erscheint mit verweinten Augen.

»Ach, Martin«, schluchzt sie. Er nimmt sie in die Arme, streichelt ihr über den ergrauten Kopf, tätschelt ihr den Rücken und sagt:

»Nichts für ungut, Frau Köhler, aber es war einfach zu viel für mich.«

»Haben Sie nun das Ritterkreuz oder nicht?«, fragt sie und schaut ihn mit nassen Augen an.

Er nickt, greift in die Manteltasche, holt die Auszeichnung hervor und zeigt sie mit den Worten: »Wegen so was ist der Krieg aber noch lange nicht gewonnen, Frau Köhler, wegen so was nicht! Nee!« Er steckt das Ding ein. Ein bunter Bandzipfel schaut noch aus der Tasche.

Frau Köhler wischt sich mit dem Handrücken über die Augen. »Wo wollen Sie denn hin, Martin?« Sie versucht zu lächeln. »Übermorgen kommt meine Gerda heim. Ich meine, ihr könntet euch doch ...«

Hajek schüttelt lächelnd den Kopf. »Ich halte es nicht mehr aus hier, Köhlerin, ich muss weg.«

»An die Front?«

»Dort lande ich sowieso wieder. Aber ich will unterwegs irgendwo aussteigen und meine letzten fünf Tage dort verbringen.« Martin Hajek grinst und ist wieder der Alte. Er gibt Frau Köhler die Wohnungsschlüssel.

»Hier, passen Sie halt ein bissel auf«, sagt er zu ihr. »Leben Sie wohl, Frau Köhler. Ich schreibe Ihnen schon, bestimmt! Und schönen Dank für alles!« Er fährt ihr mit der Hand über die weichen Wangen, und Frau Köhler hascht diese Hand und drückt sie mit den Worten:

»Überlegen Sie es sich doch. Bleiben Sie daheim ...«

Er schüttelt den Kopf und geht die Stufen hinunter. Die schweren Schritte verlieren sich. Eine Tür schlägt dumpf zu. Martin Hajek tritt in den grauen Regenabend hinaus und strebt mit eingezogenem Hals der Mainbrücke zu. Auf der Brücke bleibt er stehen und starrt in das rasch dahineilende Wasser. Und aus dem Main wird für ihn, einer Vision gleich, der Dnepr, der an Tscherkassy vorbeifließt, und er muss an die Kameraden denken, an den jungen Diestel, an Warnicke, an Hermann Klotz ... Hermann Klotz! Wo war er doch zu Hause? Hajek grübelt. Dann fällt ihm die Adresse ein: Oberdorf, Pelzergasse. Sein Entschluss steht fest: Er fährt zu der Frau seines gefallenen Freundes, er will Elsa Klotz besuchen und den Buben sehen.

In der Bahnhofskommandantur ist man selbst in dieser Abendstunde eifrig bemüht, dem ritterkreuzgeschmückten Feldwebel die erforderlichen Marschpapiere auszufertigen, und schon kurz darauf sitzt Hajek in einem Urlauberzug, der nach München fährt. Das Abteil ist finster, die Luft zum Schneiden dick. Die Landser liegen wie die Heringe am Boden, in den Gepäcknetzen oder draußen, im Durchgang. Hajek kann nicht schlafen. Seine Gedanken bleiben in Frankfurt. Morgen werden sie auf ihn warten! Man wird ihm eine schöne Rede aufgesetzt haben, die er nun nicht mehr herunterzustottern braucht, weil er sich abgesetzt hat! Wenn er sich die Gesichter im Rathaus vorstellt! Schade, dass man da kein Mäuschen sein kann!

Die Fahrt ins Allgäu ist umständlich. Im Münchner Hauptbahnhof, wo Hajek sich in der Bahnhofskommandantur erkundigt, wie er nach Oberdorf weiterkommt, wimmelt es von feldgrauen Gestalten. Der Zug nach Kempten geht erst in zwei Stunden, und Hajek setzt sich in den mit Soldaten vollgepfropften Wartesaal der Frontleitstelle. Er bestellt sich einen Kaffee und sucht gerade die Lebensmittelmarken aus der Brieftasche, als ein altes, verhärmtes Mütterchen an den Tisch kommt und mit zitternder Stimme fragt, ob es erlaubt sei, den Herrn Soldat etwas zu fragen. Hajek blickt in ein welkes Sorgengesicht, in ein Paar rotgeweinte Augen.

»Was wollen Sie denn genau wissen, Mutter?«, sagt er. Ob Hajek aus Norwegen käme, fragt die Frau, und obwohl Hajek verneint, setzt sich das Mütterchen zu ihm und fängt mit zitternder Stimme an, von ihrem Sohn zu erzählen, vom Franzi, der ihr vor acht Wochen geschrieben habe, er käme auf Urlaub heim. Und seither gehe sie jeden Tag zum Bahnhof, zu jedem Zug, der ankommt.

»Aber der Franzl kommt net, Herr Soldat«, sagt sie und wischt sich über die Augen. Dann erkundigt sie sich, ob

Hajek den Franzi vielleicht kenne. »Groß ist er«, sagt das Mütterchen, »so groß wie Sie, Herr Soldat, und blaue Augen und ein gutes Gesicht hat er ... mit einer Narbe auf der rechten Wange.« Wohl zehn Minuten bleibt das Mütterchen sitzen und erzählt von ihrem Sohn, dann bedankt sie sich bei Hajek, steht auf und humpelt gebeugt davon zu einem anderen Tisch, an dem Landser sitzen.

Die Weiterreise mit der Bahn ist zeitraubend und umständlich. In Kempten angekommen, sucht Hajek eine andere Möglichkeit der Weiterfahrt. Ein Wehrmachts-Lkw nimmt ihn mit. Die beiden Landser sind lustige Burschen und die Fahrt vergeht schnell. Bis zum Ortseingang Oberdorf bringt man Hajek, dann verabschiedet man sich, und der Lkw schnurrt die verschneite Straße nach Immenstadt weiter.

Es ist kalt, eine bläuliche Dunstglocke hängt über dem weiten Tal; die weißen Berge säumen das in tiefem Schnee liegende Dorf. Kein Laut stört den Frieden; der Krieg ist nicht zu spüren. Oberdorf träumt unter einer Schneedecke. Hajek fragt einen Bauern, wo die Pelzergasse sei. Ein Gespräch kommt in Gang.

»Mein Toni ischt auch in Russland«, erzählt der Bauer. »Bei der schweren Artillerie. Gell, die schwere Artillerie ischt doch immer weit hinten?«

»Ja, meistens«, erwidert Hajek. Das Haus, das ihm gezeigt wird, liegt ein Stück von der Straße weg neben einer verschneiten Fichtengruppe. Ein kleines Haus mit kleinen Fenstern und weit überhängendem Schneedach. Ein Weg ist von der Straße zum Haus geschaufelt, gerade breit genug für eine Person. Hajek weiß plötzlich nicht mehr, ob das, was er vorhat, richtig ist. Er ist darauf vorbereitet, Jammer und Kummergesichter vorzufinden. Soll er die noch verbleibenden Tage hier verbringen? In dieser Einöde? In diesem Dorf, wo jeder zweite oder dritte Mensch irgendwie mit dem Krieg und seinen Leiden zu tun hat? Er nimmt das Ritterkreuz vom Hals und steckt es in die Tasche. Damit geschmückt in ein Haus zu gehen, in dem man um einen gefallenen Soldaten trauert, scheint ihm verkehrt zu sein.

Hajek geht auf die Haustür zu, aber noch ehe er sie erreicht, öffnet sich die Tür, und eine schlanke blonde Frau im schlichten grauen Kittelkleid und einer grauen Strickweste, steht da und schaut mit großen blauen Augen ruhig dem Manne entgegen. Sie lächelt nicht, sie blickt gelassen, und unter ihren blauen Augen sind die Zeichen des Leides als dunkle Ringe zu sehen.

»Guten Tag«, sagt der Mann. »Ich heiße Hajek ... Martin Hajek. Feldwebel und ehemaliger Zugführer in der zwoten Kompanie. Hermann war mein Freund.«

Die Frau schweigt und sieht Hajek nur an, und er ahnt plötzlich, dass es gut war, hierherzukommen. »Kommen Sie herein, Herr Feldwebel«, sagt die Frau. Sie spricht ohne Dialekt und lächelt matt.

»Sie wissen es schon, Frau Klotz?«, fragt Hajek.

»Ja«, sagt sie. »Die Nachricht, dass er gefallen ist, kam vor wenigen Tagen.«

Stumm überschreitet Hajek die Schwelle des kleinen Hauses. Und ihm ist zumute, als wäre er schon oft hier gewesen; als hätte Elsa Klotz am Fenster gestanden und ihn erwartet. Die Haustür schließt sich langsam, und drinnen weint mit hohem Stimmchen ein Kind ...

Es sind wundersame Tage, die Martin Hajek bei Elsa Klotz verbringt. Er hat ihr nicht erzählt, auf welche Weise Hermann fiel, er hat den Tod des Kameraden als schmerzloses Ende berichtet. Und Elsa Klotz hat stumm zugehört, hat das Kind, das noch nicht getauft ist, im Arm gehalten und zart gestreichelt. Die Zeit scheint stehengeblieben zu sein, und was Hajek bisher nicht empfunden hat, empfindet er jetzt: Frieden, Geborgenheit und wohltuende Häuslichkeit. Elsa Klotz hat ihm erzählt, dass sie vor sechs Jahren während eines Urlaubs nach Oberdorf gekommen sei und Hermann kennenlernte. Sie selbst stamme aus Lindau, sei Angestellte bei der Bodensee-Schifffahrt gewesen. Als Hermanns Vater starb, habe man geheiratet, und seither lebe sie hier. Sie habe keine Freunde, nur Bekannte und Nachbarn, und nun, wo Hermann nicht mehr zurückkäme, wisse sie nicht, ob sie in diesem Dorf bleiben solle.

»Bleiben Sie, Elsa«, rät Hajek ihr, »warten Sie alles ab. Gehen Sie nicht in die Stadt. Die Städte sind große Friedhöfe geworden.« Hajek hilft ihr im Haushalt, holt Brennholz herein, schichtet es unter dem Ofen auf und hilft Elsa bei der Stallarbeit. Drei Kühe stehen im Stall, ein Schwein grunzt im Verschlag. Es ist ein winziges Anwesen, in dem Elsa Klotz mit ihrem Kind lebt. Das Kind ist artig, es weint kaum und schläft viele Stunden in dem Wiegebettchen. Ein strammer Junge, der der Mutter ähnlich zu sein scheint. Wenn er die Augen aufschlägt, sind es Elsas große blaue Augen. Morgen soll die Taufe sein. Ohne große Feier. Nur der greise Dorfpfarrer wird kommen und sich an den Kaffeetisch setzen.

Am darauffolgenden Tag muss Hajek abreisen, aber davon wird jetzt nicht gesprochen. Die Stunden in diesem kleinen Haus sind kostbar, und Hajek will sie festhalten. Das gedämpfte Sprechen tut ihm, der aus dem Gebrüll des Kampfes kommt, wohl. Diese Stunden, die kurz sind wie das Licht des Tages, sind Geschenke, die der Feldwebel Martin Hajek dankbar annimmt. Elsa fragt nie; aber wenn er zu erzählen anfängt, sitzt sie mit großem, stillem Blick da und hört ihm zu. Sie nennt ihn »Martin« und er sie »Elsa«; es ist ganz selbstverständlich, und sie lächeln, wenn der Name »Hermann« fällt. Das

Bild des Toten steht, mit einem Trauerflor versehen, auf der Kommode.

Irgendwann beginnt Hajek von der Ritterkreuzverleihung zu erzählen. Er schildert den Vorfall wie einen Witz. Aber die Frau lächelt nicht, sie will das Ritterkreuz sehen, und er holt das Band mit dem daran baumelnden Kreuz aus dem Wäschebeutel.

»Sie müssen sehr mutig sein, Martin«, sagt sie und sieht ihn offen an. »Aber ich ... ich kann Sie nicht bewundern«, fügt sie leise hinzu.

»Das ist gut so, Elsa«, erwidert er und geht zum Ofen. Elsa hält ihn am Arm zurück.

»Was wollen Sie, Martin?«, fragt sie erregt.

»Das Ding in den Ofen stecken«, sagt er.

»Nein«, murmelt sie, »so war es nicht gemeint, Martin. Sie müssen es tragen. Kommen Sie, ich binde es Ihnen um.« Er steht regungslos, als sie ihm das Ritterkreuz um den Hals hängt. So nah steht sie vor ihm, dass er den Geruch ihres Haares wahrnimmt. Küchen- und ein bisschen Stallgeruch haftet ihm an. Nicht störend, nein. Dann blickt sie ihn wieder an. Lange und nachdenklich, und dann sagt sie lächelnd:

»Sie tragen es, Martin ... morgen, bei der Taufe. Nicht wahr?«

»Wenn Sie es so wünschen«, murmelt er, »dann behalt ich es um.«

Die Taufe ist denkbar schlicht und deshalb besonders eindrucksvoll. Der Dorfpfarrer vollzieht die Zeremonie in der trüb erhellten Kirche. In den Bankreihen sitzen ein paar Menschen. Als der Pfarrer die Taufworte spricht und der Name »Hermann« fällt, fügt Elsa ganz plötzlich laut hinzu: »Bitte, Herr Pfarrer ... der Bub soll auch den Namen ›Martin‹ bekommen, den Namen des Taufpaten.«

Der weißhaarige Pfarrer ist aus dem Konzept geraten, nickt und sucht den abgerissenen Faden. Es ist seltsam. Als dem Kind das Taufwasser über das dunkelhaarige Köpfchen läuft, schlägt Hermann-Martin die großen blauen Augen auf und sieht Hajek an. Dann ist alles vorbei, und Hajek trägt das dick vermummte Kind nach Hause. Der alte Pfarrer kommt mit. Er unterhält sich, oftmals hustend, mit Elsa. Danach, am Kaffeetisch, erkundigt sich der Pfarrer bei Martin, ob man an der Front auch seelsorgerisch betreut wird.

»Ich bin jetzt fünf Jahre dabei«, sagt Hajek. »Ich habe bisher noch nie einen Geistlichen an der Front gesehen.«

»Das war während des Ersten Weltkrieges noch ganz anders«, meint der Pfarrer, »da wurden wir an die Front gerufen.«

»Damals gab es noch keinen Führer, Herr Pfarrer.«

Der Pfarrer nickt nur und schaut das Ritterkreuz an. Es funkelt an Martins Hals. Bei jeder Bewegung funkelt es. Aufdringlich. »Nein«, murmelt der Pfarrer, »damals gab es noch keinen Führer, aber wir haben diesen Krieg verloren. Wir Deutsche verlieren immer Kriege. Und wissen Sie warum, Herr Feldwebel?« Hajek blickt den alten Pfarrer aufmerksam an, und dieser sagt mit ernstem Gesicht: »Wir fangen die Kriege zu hochmütig, zu zynisch an. Gott bestraft Hochmut und Zynismus.«

»Er wird uns auch diesmal bestrafen?«, fragt Hajek.

»Dachten Sie etwas anderes, Herr Feldwebel?«

»Nein.«

Der alte Pfarrer lächelt und bricht ein Stückchen Kuchen ab, schiebt es in den Mund und wirft Hajek einen Blick zu.

»Sie sind ehrlich«, sagt er, »das freut mich.«

Als der Pfarrer gegangen ist, wird es bereits dunkel. Elsa zieht die dunklen Luftschutzvorhänge zu und schaltet das Licht ein. Martin Hajek sitzt am Tisch. Das milde Lampenlicht erhellt sein Gesicht. Er lächelt der Frau zu, die sich zu ihm setzt, tastet nach ihrer Hand und streichelt sie.

»Es freut mich, dass der Junge auch meinen Namen trägt, Elsa.« Sie nickt. »Hermann-Martin«, sagt Hajek. »Er kann sich später einmal aussuchen, wie er Briefe unterschreiben wird.« Elsa lächelt weich.

»Hermann-Martin Klotz«, wiederholt sie und umspannt seine Hand. »Ich wünsche mir, dass er ein guter Mensch wird ... so gut, wie sein Vater war ... und so gut, wie Sie es sind, Martin.« Schweigen. Die Uhr tickt mit hastigem Schlag und zerhackt die fliehende Zeit in Sekunden. Hajek und Elsa halten sich an der Hand. Zwei Hände, die miteinander verwachsen und sich morgen in aller Frühe trennen müssen. Das Kind schläft friedlich. Leise steht die Frau auf und geht zu der Wiege. Schwerfällig erhebt sich Hajek und tritt zu ihr, legt den Arm um ihre Schulter und murmelt:

»Ich werde schreiben, Elsa ... ich werde versuchen, wiederzukommen. Vielleicht habe ich Glück.«

»Ich«, erwidert sie leise, »ich werde beten, dass Sie heil wiederkommen.«

Am nächsten Morgen verlässt Feldwebel Martin Hajek das Haus und geht, ohne sich umzudrehen, davon. Elsa Klotz steht unter der Haustür. Sie winkt nicht, sie weint nicht; sie lächelt wie im Traum.

Er besteigt in München den Fronturlauber-Zug, der über Leipzig-Breslau-Lemberg nach Osten rollt. Wieder sind die Abteile vollgepfercht und vermieft. Die Landser haben den im Fenstereck sitzenden Ritterkreuzträger mehr oder weniger zackig gegrüßt und versuchen, mit ihm ins Gespräch zu kommen. Hajek ist wortkarg; seine Gedanken sind in einem kleinen, verschneiten Dorf bei Elsa Klotz, die ihm für ein paar Tage das Gefühl geschenkt hat, daheim zu sein. Er ist dankbar dafür; er kehrt irgendwie gestärkt und beglückt ins Kriegschaos zurück. Das, was ringsum geredet wird, hört er kaum. Wenn er angesprochen wird, muss er sich zwingen, zuzuhören oder eine Antwort zu geben. Fragen, die sich auf die Auszeichnung beziehen, überhört er, oder er beantwortet sie so dürftig und knapp, dass man ihn in Ruhe lässt.

»Das ist vielleicht ein komischer Kerl«, sagt draußen im Gang ein Wachtmeister der Artillerie zu einem Unteroffizier. »Der kriegt ja kaum die Zähne auseinander.«

»Mir lieber, als wenn er 's Maul aufreißen und angeben würde«, lautet die Antwort.

Im Abteil sitzt ein blasser, hochaufgeschossener Soldat, dem die Feldbluse zu knapp und die Knobelbecher zu groß sind. Hajek beobachtet den Landser, der bei jedem Zug-Halt merklich unruhig auf den vollgepfropften Durchgang hinausspäht. In Leipzig besteigen Feldjäger den Zug und kontrollieren die Marsch- oder Urlaubspapiere. Sie kommen auch an Hajeks Abteil.

»Zugkontrolle! Ihre Ausweise und Urlaubsscheine!«, schnarrt der Postenführer, ein Oberfeldwebel. Er sieht wie ein bissiger Kasernenhofschreier aus. Der blasse Landser fängt zu schwitzen an, reicht Soldbuch und Urlaubsschein.

»Mensch«, sagt der Oberfeldwebel zu dem Landser, »Sie haben Ihren Urlaub um neun Tage überschritten! Sind Sie wahnsinnig, Mann?« Der blasse Landser in der viel zu engen Feldbluse und den zu großen Knobelbechern steht auf und stottert: »Herr Oberfeldwebel, ich bin … wir sind ausgebombt worden, Herr Oberfeldwebel. Alles ist hin … unser Haus … alles. Verstehen Sie bitte. Da bin ich geblieben … mein Vater wollte, dass ich noch ein paar Tage bleibe.«

»Ihr Vater!«, schnaubt der Postenführer schwer. »Ihre Dienststelle hätten Sie benachrichtigen sollen!«

»Daran hab ich nicht gedacht, Herr Oberfeldwebel.«

»Los, mitkommen!« Mitleidige Blicke im Abteil. Der blasse Landser holt seinen Rucksack, seinen Karabiner aus dem Gepäcknetz. Tränen glänzen ihm in den Augen.

»Junge, Junge«, sagt jemand, »neun Tage sind ein bisschen viel. Nun kommt er in den Fleischwolf.«

»Dalli, dalli!«, schnarrt der Oberfeldwebel.

Der Landser schiebt sich aus dem Abteil. Hajek reicht seine Papiere, bekommt einen scharfen Blick zugeworfen. Plötzlich reißt der Feldgendarm die Hand an den Stahlhelm und murmelt: »Danke, Kamerad. Geht in Ordnung.« Hajek erhebt sich, steigt über Beine hinweg und tritt in den Durchgang.

»Moment mal, Kamerad«, sagt er zu dem Feldgendarm. »Lass den Jungen in Ruhe. Unternimm nichts gegen ihn. Ich meine, du kannst ihn ja zur Bahnhofskommandantur bringen und dort veranlassen, dass er den Urlaubsschein verlängert bekommt.«

Der Feldgendarm blinzelt auf Hajeks Hals, wackelt mit dem Kopf und meint: »Es sind neun Tage, die er überzogen hat, Kamerad. Ein bisschen viel!«

»Warte«, erwidert Hajek, »ich erledige das selber … ich bringe den Burschen zur Kommandantur. Wie lange haben wir hier Aufenthalt?«

»Eine gute Stunde, Kamerad.«

Hajek will ins Abteil zurück, um sein Koppel und sein Krätzchen zu holen, als plötzlich ein Schuss knallt und lautes Geschrei losbricht. Alles springt auf, schiebt durcheinander.

Hajek drängt sich durch den Gang nach vorn, wo eine Mauer von Rücken den Weg versperrt.

»Was ist los?«

»Da hat sich einer erschossen«, sagt jemand. Minuten später schleppt man den langen, toten Landser aus dem Waggon, legt ihn draußen hin und wirft eine Zeltbahn über die leblose Gestalt.

Hajek sitzt mit steinerner Miene in seiner Fensterecke und starrt hinaus. Es schneit. Der Tag ist trostlos und grau. Während Hajek auf dem Weg zur Truppe ist und durch verschiedene Frontleitstellen geschleust wird, ist die 2. Kompanie mit dreißig Ersatzleuten, die aus Lazaretten kommen und in Frontsammelstellen zusammengetrommelt wurden, aufgefrischt worden. Einige davon haben keine Fronterfahrung und nur eine notdürftige Ausbildung hinter sich, andere bezeichnen sich als »alte Frontschweine« und prahlen mit ihren Erlebnissen bei Moskau, Smolensk, Stalingrad oder sonst wo.

Der Zwoten sind jetzt auch ein Kompaniechef und ein Leutnant zugeteilt worden. Der Kompaniechef, Oberleutnant Gustav Pretsch, ist eine soldatische Erscheinung mit einer Mensurnarbe auf der Wange und hielt, als er die Zwote übernahm, eine Antrittsrede:

»Leute, ich heiße Pretsch. Mir gefällt der Krieg auch nicht, aber ich tue meine Pflicht. Kameradschaft wird bei mir ganz groß geschrieben! Dann kommen aber gleich Disziplin und Gehorsam. Auch wenn's schwerfällt! Wer mit mir gut auskommen will, muss Kamerad sein und Gehorsam und Disziplin im Wanst haben. Meine Kompanie habe ich vor Stalingrad verloren. Ich wurde schwer verwundet, jetzt bin ich aber wieder da. Der Kampf wird immer härter, Leute. Somit müssen auch wir immer härter werden. Wenn's auch schwerfällt«, fügt er hinzu und verzieht die zerhackte Gesichtshälfte zu einem Grinsen. Dieses »Wenn's auch schwerfällt« äußert Pretsch häufig; er ist überhaupt das, was man einen »komischen Kerl« nennt. Die Zwote hat das Gefühl, einen guten Offizier zu besitzen, wenn er auch eine Mordsschnauze hat und manchmal einen Ton anschlägt, als wäre man auf dem Kasernenhof.

Leutnant von Tann, ein hochaufgeschossener Mann, hat den II. Zug übernommen und gibt sich zackig und betont korrekt. Die Stammleute machen sich über ihn lustig, sie meinen, dass er es gern dem Chef nachmachen und ihn an Zackigkeit womöglich noch in den Schatten stellen will.

Seit ein paar Tagen liegt die Zwote etwa zwanzig Kilometer nordwestlich von Tscherkassy und ist mit der Aufgabe betraut, die Durchbruchstelle vom 18. November abzuriegeln und den Verteidigungsabschnitt von Tscherkassy abzusichern. Ein jämmerliches Dorf, wie es Tausende solcher Art gibt, kauert tief verschneit, unweit eines großen Waldstreifens. In diesem Dorf liegt der Kompaniegefechtsstand. Die Verteidigungsstellungen sind in einer Linie von etwa zwei Kilometer Länge von Südost nach Nordwest angelegt worden. Der II. Zug hält den Dorfrand besetzt, die beiden anderen Züge liegen im freien, tiefverschneiten Feld vor dem Waldstreifen. Dorthinein sollen Wege führen, die jedoch unauffindbar sind, da der Schnee bauchhoch liegt. Der Abschnitt der Zwoten wird als sogenannte »Nahtstelle« bezeichnet und stellt die Verbindungslinie zwischen dem II. und dem III. Bataillon her, das die Nordwestseite des Verteidigungsringes gegen den Feind abschirmt. Hinter dem Waldstreifen liegt die große Dneprschleife, die den Fluss in einem Bogen nach Osten am Ostrand von Tscherkassy vorbeiführt. Ein Dorf soll dort liegen, in dem sich eine Kompanie des III. Bataillons befindet und den Flussbogen absichert. Das Dorf, in dem Pretsch sich mit dem Kompanietrupp eingenistet hat, ist armselig und besteht lediglich aus zwei Dutzend dürftiger Russenkaten, die fast im Schnee ersticken. Es sind nur drei Familien zurückgeblieben, meistens sind es Frauen und eine Schar Kinder, die ausgehungert um die Feldküche streunen und dort auf Abfälle warten, ein Brot oder einen Kochgeschirrdeckel voll Suppe. Der Gefreite Krummow, erst kürzlich von einem Ersatzhaufen zur Zwoten abkommandiert, aus Libau stammend, ein Lette, der besser Russisch als Deutsch spricht, wird von Oberleutnant Pretsch als Dolmetscher verwendet und leistet gleich zu Anfang seiner Tätigkeit eine wertvolle Aufklärungsarbeit. Krummow, ein breitgesichtiger Bursche mit einem ewigen Grinsen, geht in eines der noch bewohnten Häuser, grüßt auf Russisch, fängt ein Gespräch an und knöpft sich einen alten Mann vor, schenkt ihm eine alte Frontzeitung und ein halbes Päckchen Krüllschnitt und fragt:

»Wo hast du deine Felder, Towarisch? Wo fangen sie an, wo hören sie auf? Komm, zeig sie mir, damit wir dir keine Löcher in die Erde graben, in die du, wenn der Schnee weggeht, hineinfällst.«

Der weißbärtige Russe geht mit Krummow aus dem Dorf und zeigt, wo seine Felder liegen. »Dort, dort ... bis zum Wald hin«, erklärt der Alte. »Und hinter dem Wald auch, beim Wasser.«

»Können wir hinübergehen, Towarisch?«

Der Russe erschrickt und schüttelt den Kopf. »Njet«, sagt er, »njet, njet!«

»Warum nicht, Towarisch?« Der Alte will keine Antwort geben, auch nicht, als er noch ein Zeitungsblatt und noch ein halbes Päckchen Tabak versprochen bekommt.

»Die Deinen sind da drüben, nicht wahr?«, forscht Krummow. Und als er dem Alten einen Stoß in die Seite gibt und ihn anbrüllt: »Rede, sonst hängen wir dich auf!«, da gibt der weißbärtige Mann zu, dass im Wald und wahrscheinlich auch drüben beim Wasser die Landsleute liegen.

»Herr Oberleitnant«, meldet daraufhin Krummow dem Kompaniechef, »dribben sein Russki. Obacht geben, dass sie nich ribberkommen. Partisanen, Herr Oberleitnant.«

Oberleutnant Pretsch lässt sich nicht beunruhigen, er hat die Ruhe weg und instruiert seine Zugführer, dass man mit Scharfschützen oder nächtlichen Überfällen rechnen müsse. Pretsch hat sich in den paar Tagen ebenso rasch bei der Kompanie eingelebt, wie die Landser ihn mögen. Wenn er wo auftaucht, gibt es meist etwas zu lachen.

»Na, Sie unrasierter Uhu, gibt's was Neues?«

»Keine besonderen Vorkommnisse, Herr Oberleutnant.«

»Mensch, warum schreist du so? Bin ich taub? Soll der Iwan hören, dass du hier auf Posten stehst?«

»Nein, Herr Oberleutnant«, antwortet der Landser gedämpft.

»Na also.« Pretsch klopft seine Schulter. »Mach weiter! Und lass dir keine draufbrennen! Das tut oft sehr weh, und man kommt häufiger unter die Erde als ins Lazarett! Weitermachen, mein Junge!« Pretsch geht mit Krummow auch zu den Russenfamilien, streichelt die Kinder, lässt durch den Dolmetscher fragen, wo die Angehörigen der Leute sind, und verschenkt Zigaretten. Der Opa küsst ihm sogar die Hand. Eine rundgesichtige Russin, noch im besten Alter, erbietet sich über Krummow, bei dem Herrn Offizier aufzuräumen und seine Wäsche zu waschen.

»Bring ihr meine Hosen«, sagt Pretsch, »es tut ihnen not, mal ordentlich gewaschen zu werden. Lege Wert auf Bügelfalten!«

Pretsch kann aber auch verrücktspielen. Und das passiert heute. Spieß Wastl Wohler war beim Bataillon und kommt mit der Nachricht zurück, dass jede Kompanie zehn Mann für Tscherkassy abstellen soll. Mit voller Ausrüstung und Waffen.

»Die haben wohl einen kleinen Mann im Ohr!«, schreit Pretsch und haut so heftig auf den wackeligen Tisch, dass ein Bein abbricht und der Tisch samt allem darauf liegenden Schriftkram umfällt.

»Ich habe 72 Mann und soll fast drei Kilometer unsicheres Gebiet abschirmen! Kein Schwanz wird abgestellt! Kein Schwanz!«

»Es ist vom Major so befohlen worden, Herr Oberleutnant«, erwidert Wastl Wohler.

»Friemelt!«, schnaubt Pretsch. »Aber sofort eine Verbindung mit dem Bataillon! Ist sie noch nicht da?«, schreit er ungeduldig, und Friemelt kurbelt wie verrückt, stellt die Verbindung mit dem Bataillon her und übergibt ihm den Hörer.

»Hier Nachteule«, meldet Pretsch sich. Und dann geht es los: »Herr Major, wir liegen am Ende der Welt und müssen jeden Augenblick damit rechnen, vom Gegner überrascht zu werden. Ich habe, wenn es losgeht, zu wenig Leute; ich brauche jeden Mann. Kann mir nicht vorstellen, dass zehn meiner Leute ausreichen, Tscherkassy zu halten oder die Lage dort zu bessern. Aber hier sind sie wichtig! Ich bitte zu bedenken, dass …«

Er bricht ab, horcht, ballt die Faust, spreizt die Finger, dann aber beginnt er zu grinsen, sagt ein paarmal: »Jawoll … jawoll … jawoll«, legt auf und schaut sich triumphierend um.

»Na, Herr Hauptfeldwebel«, sagt er zu Wastl Wohler, »was meinen Sie, was der Alte gesagt hat?«

»Keine Ahnung, Herr Oberleutnant.«

»Er hat gesagt, ich soll mir die Zehn auf den Hut stecken; er braucht sie nicht … Spieß, er braucht sie nicht! Los, die Pulle her!«

»Nix mehr da, Herr Oberleutnant.«

»Nichts?« Pretsch steht auf, stößt sich am oberen Deckenbalken den Kopf an, flucht fürchterlich und sagt dann: »Schön, dann muss ich mal nachschauen, ob ich noch ein Labsal im Gepäck habe.« Er hat immer ein »Labsal« im Gepäck. Manchmal ist es der fürchterlichste Fusel, den er wie Wasser trinkt. In diesem Punkt scheint er mit Leutnant Warnicke Gemeinsames zu haben, sonst aber ist er völlig anders, und das ist gut so.

Es bleibt ruhig. Nur in Richtung Tscherkassy paukt schweres Artilleriefeuer. Dumpfer Frontlärm, fernes Gebrodel im Norden, wo die Abwehrkämpfe weitertoben. Die Leute der Zwoten haben sich, soweit sie im freien Feld liegen, tief in den Boden gebuddelt und sich bunkerähnliche Stellungen gebaut. Das Innere ist fast behaglich ausgestattet, mit Stroh belegt. Die wochenlang nass gewesenen Klamotten sind endlich getrocknet; man hat Zeit, die Läuse aus dem Hemd zu lesen und zu knacken, Wäsche zu waschen, sich zu rasieren, den Bart zu stutzen, Karten zu spielen oder einen Brief nach Hause zu schreiben. Der Krieg ist erträglich geworden.

»Ich trau dem Frieden nicht«, sagt Wastl Wohler zum Oberleutnant. »Alleweil, wenn der Iwan so ruhig ist, ist er am gefährlichsten.«

Pretsch stimmt dieser Meinung zu und befiehlt, die Wachsamkeit zu verdoppeln. Er inspiziert die Stellungen, schaut lange zum Waldrand hinüber, nimmt das Kartenmaterial her und studiert es mit gerunzelter Stirn. Schließlich sagt er zu Leutnant von Tann, der mit im Gefechtsstand ist:

»Ich bin dafür, dass wir mal nachschaun, was drüben los ist. Wollen Sie mal rüber?«

»Gern.«

»Dann warten Sie bis zum Dunkelwerden. Nehmen Sie drei, vier von den Alten mit, und schnüffeln Sie mal drüben herum, was da los ist. Meiden Sie aber Feindberührung.«

Leutnant von Tann geht zu seinem Zug zurück. Es melden sich drei vom Stamm: Bartels, der Obergefreite Alsdorf und Unteroffizier Tischner, der eigentlich den I. Zug führt, und der gerade da ist, als von Tann die Freiwilligen zusammentrommelt.

Es wird dunkel, als vier in Schneehemden gehüllte Gestalten den Ortsrand verlassen und zum Waldrand hinüberpirschen. Nichts regt sich. Nur da und dort poltert dumpf eine Schneelast von einem Baum. Nirgendwo sind Spuren zu sehen, die auf die Nähe von Menschen schließen lassen könnten. Wie ausgestorben liegt der Wald im Dämmerlicht. Leutnant von Tann hat seine drei Männer um sich versammelt und spricht leise mit ihnen. Er will versuchen, bis zum Dnepr-Ufer vorzudringen und über das Eis auf die andere Seite zu gelangen.

»Dazu möchte ich nicht raten«, sagt Unteroffizier Tischner. »Wir wissen ja, dass der Iwan drüben liegt.«

»Aber wir wissen nicht, was er vorhat«, korrigiert von Tann.

»Sie haben wohl Halsschmerzen, Herr Leutnant?« Unteroffizier Tischner weiß, dass er einen ungehörigen Ton anschlägt. Aber er hat etwas gegen von Tann. Vielleicht auch deswegen, weil der Martin Hajeks Zug übernommen hat und in die Reihen der Alten eine Art militärische Neuordnung und Zucht bringen will. Es ist nicht das erste Mal, dass Tischner mit von Tann zusammengerät, und mitgegangen ist Tischner nur deshalb, weil sich Alsdorf zu dem Unternehmen gemeldet hat.

»Sie sind ein Flegel, Unteroffizier Tischner«, sagt jetzt von Tann. »Sie werden für das, was Sie eben gesagt haben,

noch Rechenschaft ablegen. Ich verzichte auf Ihre Beglei-
tung. Sie können zurückgehen, Tischner.«

»Ich denke nicht daran.«

»Das ist ein Befehl, Tischner!«

»Quatsch ist das!«, schnaubt Tischner. Da steht von
Tann auf und legt die MPi auf Tischner an.

»Ich befehle Ihnen, abzuhauen!« Er schreit so laut, dass
es die drüben hören. »Verschwinden Sie«, zischt er.

Tischner steht ruhig da, nimmt den MPi-Lauf und
schiebt ihn zur Seite. »Hören Sie, Herr Leutnant«, sagt er
heiser, »ich bin schon ziemlich lange bei der Fahne, ein
bisschen länger als Sie wahrscheinlich. Wenn ich vorgeschlagen habe, die Nase nicht zu weit nach drüben zu tragen, dann hat das bestimmt einen Grund. Wir haben in
der letzten Zeit achtzig Mann verloren, Herr Leutnant,
achtzig Mann! Der Chef hat uns nicht über den Dnepr
geschickt, sondern wir sollen den Wald inspizieren und
das tun wir jetzt.«

Der Leutnant schweigt. Jemand hüstelt verhalten, und
dann kommt Alsdorfs mahnende Stimme:

»Ist doch alles Käse! Gehen wir weiter, sonst frieren
wir fest.«

Wortlos geht Leutnant von Tann weiter, und gleich darauf verschwindet die kleine Gruppe im Weiß des verschneiten Waldes. Er verläuft wellig, fällt in tiefen Mulden
ab und steigt drüben wieder empor. Alle zwanzig Schritte
bleiben die vier Gestalten stehen und horchen. Sie unter-
drücken den Atem, sie hören das Blut in den Ohren rauschen. Ungefähr 600 oder 800 Meter mögen sie sich vor-
angeschlichen haben, als der Leutnant plötzlich innehält
und den Arm hebt. Irgendwo geradeaus, in einer Mulde,
klappert etwas. Ganz leise nur. Es sind schabende Geräusche, wie wenn man etwas durch den Schnee schleift. Vorsichtig und die Maschinenpistolen schussbereit, schieben

sich die vier Gestalten ein paar Meter vor. Jetzt können sie eine schmale Schlucht einsehen. Unten bewegen sich sechs ... acht ... zehn weißgetarnte Gestalten. Russen. Ein starker Stoßtrupp scheint es zu sein. Immer mehr tauchen auf und gleiten leise durch die Schlucht.

»Die schnappen wir!«, raunt der Leutnant.

Tischner liegt neben ihm im Schnee. »Viel zu viele«, flüstert er zurück.

Der Leutnant überlegt; er scheint unschlüssig zu sein. Ihn reizt es maßlos, Gefangene heimzubringen, Waffen. Eine brillante Gelegenheit, sich als Draufgänger zu beweisen! Er springt plötzlich auf und brüllt in die Schlucht hinunter: »Stoj! Stoj! Stoj!« Und gleichzeitig prasselt seine MPi. Die Russen sind wie vom Erdboden verschwunden und haben sich in den toten Schusswinkel der Schlucht geworfen. Schüsse krachen herauf. Äste fliegen von den Bäumen. Schnee poltert nach und deckt den Leutnant und Tischner zu. Die vier Deutschen schießen aufs Geratewohl in die Schlucht hinunter.

»Zurück!«, brüllt Tischner, der eine Katastrophe hereinbrechen sieht. Mit vier Mann kann man doch den Haufen Russen nicht fangen! Halblinks tauchen schon ein paar auf und schießen. Tischner schwenkt die MPi und zieht durch. Schreie gellen. Zwei weiße Gestalten verschwinden. Rechts knallt es, und die Kugeln fetzen in die Baumstämme.

»Zurück!«, schreit jetzt auch der Leutnant und stolpert gehetzt, in geduckter Haltung zum Waldrand zurück. Die Russen sind jetzt heraufgekommen und schießen den fliehenden Deutschen nach.

»Oh Gott«, keucht der junge Grenadier Bartels, »oh Gott ...« Etwas Heißes ist ihm in den Rücken gefahren. Er bleibt stehen, wirft die Arme hoch und knickt nach hinten zusammen. Die anderen rennen um ihr Leben, erreichen den Waldrand, waten hastig ins Freiland hinaus.

Tischner denkt: Jetzt kriegen wir gleich von vorn etwas, von den Unseren ... und er reißt im Laufen die Taschenlampe hervor und winkt mit Grünlicht zum Dorfrand hinüber. Gleichzeitig brüllt er: »Wir sind's! Nicht schießen! Nicht schießen!«

Vorn bleibt es still, aber hinter ihnen peitschen Schüsse, und ein MG fängt jetzt zu hämmern an. Es ist Tischner, als ploppe etwas weiter drüben. Im Rennen hört er in der Luft ein bekanntes Zischen, und dann fetzt es in den Wald hinein. Die Kameraden schießen mit Granatwerfern! Das ist gut so, das hält die Russen davon ab, die drei rennenden Gestalten wie Karnickel abzuschießen.

Tischner stolpert ins Leere, in ein Loch, aus dem jemand ruft: »Junge, Junge, was habt ihr für Dusel! Los, schnell rein und den Kopp weg!« Dann rauscht im Takt ein deutsches MG 42, und lange Leuchtspurfäden spinnen zum Waldrand hinüber, jäh verschwindend. Die Granatwerfer ploppen noch ein paarmal, dann wird der Lärm flackernd und sinkt in sich zusammen.

Der Spuk in der Dämmerung ist vorbei. Drüben am Waldrand rührt sich nichts mehr. Der junge Bartels liegt irgendwo im tiefen Schnee. Tischner ist wütend auf den Leutnant und begibt sich sofort zu seinem Zug. Dort erzählt er seinen Leuten, wie blödsinnig sich der Leutnant aufgeführt hat, und dass er mit seinem »Stoj, stoj, stoj« eine halbe oder sogar ganze Russenkompanie fangen wollte.

»Der Mensch ist 'ne Niete!«, sagt Tischner. »So was hat uns gerade noch gefehlt!« Auch Pretsch staucht den Leutnant zusammen, als dieser den Sachverhalt meldet.

»Lassen Sie sich das Lehrgeld zurückgeben«, faucht er ihn an. »Ich habe größte Lust, Sie als Sackträger zur Feldbäckerei zu schicken, Tann!«

Leutnant von Tann nimmt den Anpfiff blass und stramm entgegen, murmelt eine Entschuldigung und ist seither bei der Zwoten eine ziemlich lächerliche Figur. Der Grenadier Bartels kommt auf sein Schuldkonto, und so etwas nehmen die Leute einem Offizier mehr übel als alles andere.

Der Küchen-Obergefreite ist gerade dabei, eine Schwinge voll sauber geschälter Kartoffeln in den Kochkessel zu kippen, als eine breitschultrige Gestalt um die Schuppenecke biegt. Martin Hajek hat endlich seine Kompanie gefunden; die Anreise war ebenso umständlich wie abenteuerlich, und das Gewimmel, das Durcheinander in den Frontsammelstellen schien ihm bezeichnend für die Gesamtlage an der Front zu sein. Beim Bataillon, wo er sich nach der Zwoten erkundigte, hat man ihm gesagt, sie läge … und bis man den Kartenpunkt fand, nicht größer als ein Fliegendreck, erfuhr Hajek alles, was er wissen wollte.

Und jetzt ist er da, bereits losgelöst von einer wundersamen Erinnerung. Der Frontdonner hat ihn in die Wirklichkeit zurückgerufen, der Anblick der Trümmer von Tscherkassy; und auf dem langen Marsch hierher ist ihm klar geworden, dass er sich irgendwie doch nach dem Kompaniehaufen, nach den Kameraden gesehnt hat. Simon Lenz, der Oberschnäpser aus Schwaben, der aus ein paar Eimern Wasser, einer Schwinge Kartoffeln, ein paar Zwiebeln und was er sonst noch alles zusammenkratzt, eine Mahlzeit bereiten kann.

Dieser Simon reißt die Augen auf, als er Hajek sieht, springt von der Kiste und läuft auf ihn zu: »Feldwebel, ischt's möglich! Was sehe meine entzündete Äugle!«

»Tag, Simon! Bin wieder da!«

»Leider oder endlich?«

»Möchte lieber sagen: Endlich!« Sie begrüßen sich wie Freunde. Simon fragt gleich, ob Hajek was zu essen haben will, zieht ihn in den Schuppen, wo er sein Quartier aufgeschlagen hat, und holt eine halbe Flasche Wodka aus dem Versteck. Von Simon erfährt Hajek, was sich in der Zwoten zugetragen hat, und was neu hinzugekommen ist.

Erst nach einer Weile entdeckt Simon, dass Hajek das Ritterkreuz um hat, unter dem Wollschal versteckt. Verklärt und stolz schaut er die Auszeichnung an und sagt dann: »Feldwebel, jetzt gewinne wir den Hundskrieg, jetzt haue wir die Russe wieder bis Sibirien zurück.« Und ernst werdend gratuliert er Hajek zu der Auszeichnung.

Plötzlich steht Tischner da. Er geht stumm auf Hajek zu, packt seine beiden Hände und sagt:

»Martin, Mensch, gut, dass du wieder da bist«. Als er das Ritterkreuz sieht: »Junge, Junge, haben sie es dir also doch umgehängt! Wir haben es um ein paar Ecken gehört. Seit du weg bist, hat sich einiges geändert.«

Simon schenkt noch ein paar Schnäpse ein, und Tischner weiht Hajek in die augenblickliche Situation ein.

»Pretsch ist ein feiner Kerl«, sagt er, »aber was den Leutnant angeht, Martin, so einen Waldheini habe ich schon lange nicht mehr kennengelernt.« Und Hajek erfährt, was gestern passiert ist.

Eine Viertelstunde später geht Hajek ins Quartier des Kompaniechefs. Pretsch sitzt auf einer Munitionskiste und badet seine Füße in einem Holzbottich. Der niedrige Raum riecht nach Kernseife und muffigem Stroh. Friemelt und Ebner sind da. Als Hajek eintritt, begrüßen sie ihn lebhaft. Hajek kann ihnen nur freundlich zunicken, da der Oberleutnant aufsteht. Es sieht recht komisch aus, wie er in dem Fass steht, die Hosenbeine bis zum Knie hochgekrempelt, die Uniformjacke offen, darunter das nicht ganz saubere Hemd, über dem Erkennungsmarke und Brustbeutel baumeln. Hajek meldet sich zurück. Der

Oberleutnant nickt und schaut ihn aufmerksam an, dann streckt er ihm die Hand entgegen.

»Freue mich«, sagt er. »Pretsch ist mein Name. Habe schon viel von Ihnen gehört.« Er setzt sich wieder auf die Kiste. »Suchen Sie sich irgendwo einen Platz, Hajek. Erzählen Sie mir: Wie war es daheim? Hatten Sie eine gute Herreise?«

Hajek ist sofort von diesem zwanglos und ein bisschen zu schlaksig wirkenden Mann eingenommen. Pretschs offene Art zu reden, in die Augen zu schauen, seine zerhackte Wange, die beim Sprechen schlaff bleibt, alles macht auf ihn den denkbar besten Eindruck. Hajek gibt knapp Auskunft, während die Landser im Hintergrund stehen und ihn freundlich angrinsen. Pretsch scheint das Ritterkreuz zu übersehen; er ist jetzt dabei, Hajek die Lage zu erklären. Plötzlich fragt er ihn:

»Sie wollen doch wieder einen Zug übernehmen, nicht wahr?«

»Wenn es irgendwie möglich ist, Herr Oberleutnant«, erwidert Hajek.

»Natürlich ist das möglich. Sie übernehmen ab sofort den II. Zug.«

»Hat den nicht Leutnant von Tann?«

»Stimmt.« Pretsch grinst schief. »Aber ab sofort übernehmen Sie den Haufen. Leutnant von Tann ...« An der Tür entsteht Gepolter. »Ah, da ist er ja!«, sagt Pretsch und trocknet mit einem Leinenfetzen einen Fuß. »Wir reden gerade von Ihnen, von Tann. Ich darf vorstellen: Feldwebel Hajek, eben vom Urlaub zurück, Leutnant von Tann.«

Hajek und der Leutnant wechseln einen Blick, und Hajek weiß sofort, dass er mit diesem langaufgeschossenen Offizier Ärger kriegen wird. Der Händedruck, den sie tauschen, ist kurz und kräftig. Von Tann wirft einen schnellen Blick auf Hajeks Hals.

»Meinen Glückwunsch«, murmelt er.

»Danke«, erwidert Hajek.

»Feldwebel Hajek übernimmt ab sofort den II. Zug«, sagt Pretsch, jetzt den anderen Fuß abtrocknend. »Herr von Tann, Sie stehen jetzt mir zur Verfügung. Übernehmen Sie den Kompanietrupp ... wenn's auch schwerfällt«, fügt er seinen Spruch hinzu und grinst noch schiefer.

Der Leutnant klappt die Hacken zusammen und sagt: »Jawohl, Herr Oberleutnant.«

»Friemelt!«

»Hier, Herr Oberleutnant!« Friemelt schießt heran.

»Flasche und Trinkbecher her! Oder ist da nischt mehr da?«

»Doch, Herr Oberleutnant ... ein Restchen, wenn ich mich nicht irre.«

»Habt ihr aus meiner Flasche genippelt?«

»Nee, Herr Oberleutnant!«

»Dann muss mehr als ein Restchen drin sein. Her damit!«

Hajek fühlt sich auf einmal wie zu Hause, geborgen wie in einer Familie, die er eine Zeit lang nicht mehr gesehen hat, und nach der er sich sehnte. Friemelt holt die Flasche und schenkt drei Trinkbecher halb voll Kartoffelschnaps ein. Man stößt an.

Pretsch ist ernst, als er sagt: »Auf gute Kameradschaft, Hajek.«

»Prost darauf, Herr Oberleutnant.« Er stößt auch mit dem Leutnant an, und der steht da, als hätte er einen Spazierstock verschluckt, klappt die Hacken zusammen, schaut Hajek halb verlegen, halb respektvoll an und murmelt: »Auf Ihr Wohl!« Dann trinken sie.

Feldwebel Martin Hajek hat sich wieder eingegliedert in jene Gemeinschaft, die auf Gedeih und Verderb miteinander verbunden ist.

Hajek hat den II. Zug übernommen, der entlang des Dorfrandes in Stellung liegt. Die drei Gruppenführer Alsdorf, Unteroffizier Willi Bertram, ein Neuer, und der Gefreite Gimmler sind glücklich, dass Hajek wieder da ist und den Haufen führt. Bertram, ein strohblonder Westfale aus der Gegend von Bielefeld, schließt mit Hajek sofort Freundschaft. Bertram ist ein erfahrener Kämpfer und hat das EK I; seine Spezialität soll Panzerknacken sein. Ungefähr ein Drittel des Zuges besteht aus Ersatzleuten, die merklich stolz darauf sind, von einem Dienstgrad, der das Ritterkreuz hat, geführt zu werden. Wie überhaupt der II. Zug jetzt, da Hajek ihn befehligt, sich als eine Art Elite vorkommt. Hajek schmunzelt, als er merkt, wie sich die jungen Leute zusammenreißen und sich Mühe geben, auf ihn einen soldatischen Eindruck zu machen.

Mit Pretsch ist Hajek öfters zusammen. Es kommt vor, dass Hajek in den Gefechtsstand gerufen und vom Oberleutnant in Gespräche verwickelt wird, die, wenn dabei getrunken wird, oft in philosophische Bahnen geraten. Pretsch zieht Hajek in jeder Hinsicht vor, und Leutnant von Tann scheint abgedrängt zu sein. Ihm hängt noch immer der blamable Fehlschlag des Erkundungsganges nach; die Leute ignorieren ihn, und das scheint von Tann mehr zu bedrücken, als er es sich anmerken lassen möchte.

Es schneit und schneit, und der Krieg scheint unter den weißen Massen, die vom Himmel sinken, zu ersticken. Weihnachten geht vorüber, ohne dass der Feind angreift. Nur seine Artillerie versucht, die weihnachtliche Stimmung zu stören, und so kommt es, dass bei einem Bunker, wo man gerade »Stille Nacht, heilige Nacht« singt, plötzlich eine schwere Granate einschlägt, deren Luftdruck die selbstgemachten, auf das Bäumchen geklemmten Talglichter löscht. Man sitzt im Dunkel, riecht Pulvergestank, und dann … ja dann singt man eben im Dunklen weiter.

Ende Januar erhält das II. Bataillon den Befehl, abzurücken. Tscherkassy wird langsam geräumt, da die Front im Norden immer mehr nach Westen eingedrückt wird und der Gegner, trotz Schnee und Kälte, seinen Druck auf die beträchtlich gekrümmten und nach innen gebogenen Frontlinien verstärkt. Hier im Süden ist der Winter nicht so grimmig wie im mittleren und nördlichen Abschnitt. Schon im März setzt das erste Tauwetter ein, und ein warmer Wind frisst die dicke Schneedecke flacher und flacher. Das Schmelzwasser sammelt sich an, die Straßen und Wege werden grundlos und morastig.

Ein qualvoller Marsch ist es, den das Bataillon und andere Teile des Regimentes bis zum Bug bewältigen müssen. Im Schneewasser, in wadenhohem Schlamm und Matsch kriecht der lange Wurm verdrossener Landser über das Land; das Schuhwerk löst sich in Fetzen auf, die Klamotten scheinen am Körper zu faulen. Beiderseits des Weges liegen zerbrochene, in Schlamm und riesigen Wasserlachen steckengebliebene Fahrzeuge; Lkws hängen schief im Straßengraben, Pferdekadaver recken ihre steifen Glieder aus trüben Tümpeln. Der Krieg hat eine andere Form des Elends angenommen, ein Krieg in Schlamm und Dreck, der jedes Lachen erstickt und die letzte Kraft aus den Gliedern saugt.

Erschöpft, stumpfsinnig geworden, kommt das Bataillon bis ans Ufer des überschwemmten Bug. Weite Teile des Ufers stehen unter Wasser, die Straßen sind versunken, ein paar Dörfer in den lehmigen Fluten ertrunken. Die Sowjets drücken dem zurückkriechenden Heerwurm nach. Weitreichende Geschütze wummsen irgendwo im Hinterland und schicken schwere Koffer auf die Reise, die mit Getöse in Schlamm und Dreck wuchten. Der Gegner hat jetzt auch seine Lufttätigkeit verstärkt. Tag für Tag dröhnt der Himmel von heranschwärmenden Martin-Bombern, die ihre pfeifende, rauschende, zerfetzende Last über Rückmarschstraßen und von Militär vollgestopften Dörfern abwerfen.

Das II. Bataillon erreicht als zerlumpter, durchnässter und dreckverkrusteter Haufen den Bug. In einem höher gelegenen und leidlich trockenen Dorf, zu dem ein paar verstreut liegende Kolchosen gehören, bezieht die Zwote vorläufig Quartier. Die Straße, auf der die deutschen Truppenteile, von der Dnepr-Front kommend, zurückmarschieren, verläuft von Ost nach West und überquert in der Nähe der Ortschaft den Fluss. Pioniereinheiten versuchen, die vom Hochwasser gefährdete Holzbrücke davor zu bewahren, zusammenzufallen oder weggerissen zu werden, man hat die so wichtige Brücke, über die ein geschlagener, mutloser Heerwurm zieht, mit Pontons und langen Seilen gestützt und befestigt.

Stundenlang schleppen sich bis zur Unkenntlichkeit verschmutzte, dem Umfallen nahe, total erschöpfte Truppenteile über diese Brücke, froh, sie überschritten und sich aus dem Bannkreis der nachschießenden Feindartillerie befreit zu haben, froh, wieder einen Fluss passiert zu haben, den andere nicht mehr überqueren konnten. Und wenn ein Landser, als er die schwankende Brücke hinter sich hat, den Stoßseufzer zum Himmel schickt: »Lieber Gott, tausend Dank, dass ich drüber weg bin«, dann haben es jene, die noch marschieren, und den Übergang noch vor sich haben, umso schwerer und meinen:

»Wenn wir nur schon drüben wären. Verflucht, warum geht es denn so langsam? Beeilt euch doch! Wir wollen nicht vom Russen kassiert werden!«

Der Gegner drückt unbarmherzig nach. Er will den kilometerlangen Heerwurm zerstückeln, zerhacken, vernichten, damit er sich drüben nicht noch einmal festsetzen kann. Und in den abgelegenen Dörfern halten sich Partisanen verborgen, die darauf lauern, einen müde daherkriechenden Landserhaufen überfallen und niederknallen zu können.

Jede Nacht knallt es irgendwo längs der Ufer, jede Nacht ertönt irgendwo rasendes Schießen, dem dann die Stille des Todes folgt. »Aufpassen auf Partisanen!« heißt der Tagesbefehl, »Gefangene Partisanen auf der Stelle liquidieren.«

So gibt es also zwei Fronten zwischen den Fronten: die eine, die nachdrückt und offiziell schießt, und die andere, die dazwischen liegt und sich der illegalen und daher der noch viel niederträchtigeren Kampfweise bedient, um das Land von den verhassten Deutschen zu befreien.

Hajeks II. Zug hat sich in einem der verstreut im Lande liegenden Kolchosen eingenistet. Die Bewohner müssen schon seit langer Zeit geflohen sein. Die stinkenden Ställe sind leer, das flache Wohnhaus mit der großen, niedrigen Stube steht vor Schmutz. Vorher müssen Landser darin gehaust haben, denn es liegen deutsche Konservenbüchsen und faulende Klamotten herum. An der schmutzstarrenden Wand hat jemand mit einem Stück Holzkohle den warnenden Hinweis geschrieben: »Partisanen und jede Menge Läuse.« Aber im Vergleich zu dem, was die Landser der Zwoten in den letzten Tagen und Wochen an Strapazen durchgestanden haben, dünkt ihnen der verdreckte Bauernhof als kleines Paradies. Endlich mal wieder ein Dach über dem Kopf, endlich mal wieder ein Feuer anzünden, um die Klamotten trocknen zu können! Dass der nachdrückende Gegner bereits herüberschießt und die Straße und das jenseitige Bugufer mit schweren Brocken eindeckt, wird nicht weiter störend empfunden.

Die Zwote hat den Befehl, gegen Osten abzusichern und die Rückzugsbewegungen gegen eventuelle Flankenangriffe der Sowjets zu schützen. Zwischen dem Hügelstreifen und dem etwa drei Kilometer vom Dorf entfernt liegenden Wald schlagen seit ein paar Stunden ziemliche Kaliber ein. Die russischen Beobachter müssen mitbekommen haben, dass sich entlang des Hügels Widerstand eingenistet hat. Drüben, wo das Dorf liegt – es besteht eigentlich nur aus ein paar kläglichen, strohgedeckten Hütten – ist der Kompaniegefechtsstand. Ab und zu schlägt eine schwere Granate in Dorfnähe ein, dann wieder steigen die Sprengpilze weiter westlich in die Höhe. Unregelmäßig schießt der Gegner über den breiten Waldgürtel herüber, aber das kann sich jäh ändern. Anscheinend kommen die nachdrückenden Sowjets doch nicht so rasch nach, wie sie möchten, und wie die Deutschen sich absetzen. Noch sind es wenige Batterien, die rüberschießen.

Hajek und seine Leute haben es sich in dem Kolchosengehöft leidlich gemütlich gemacht. Das Dach, schon halb abmontiert für Feuerungszwecke, gibt noch immer genug trockenes Holz her, um ein kleines, möglichst raucharmes Feuer anzünden zu können. Die drei Gruppen liegen unweit des Gehöftes in Stellung. An den MGs wacht je ein Mann, die anderen wärmen und trocknen sich in der dreckigen, aber geräumigen Stube des Wohnhauses. Die Landser, gleich, ob alte Frontkämpfer oder junge Ersatzmänner, sind durch die entsetzlichen Plackereien und Strapazen der letzten Zeit eine verschworene Gemeinschaft geworden. Eigentlich leben sie mehr von der Kameradschaft als von schimmeligem Brot und dünnen Suppenplörren. Wer noch einen Zigarettenstummel hat, teilt ihn; wer noch ein Stück Brot übrig hat, gibt es dem, der mit der kargen Ration nicht auskommt.

Hajek wird auf Schritt und Tritt von einem jungen, flaumbärtigen Burschen namens Enzinger begleitet. Der junge Kerl stammt aus einer angesehenen Familie und hat Hajek erzählt, dass der Vater Kunstmaler und seit einem Jahr ins Reichskulturministerium berufen worden sei. Enzinger ist trotz der aussichtslosen Kriegslage, trotz Strapazen, Not und Tod von Hitler begeistert.

Als Hajek ihm einmal antwortet: »Enzinger, was wir hier erleben, ist der Anfang des totalen Zusammenbruches«, erwidert dieser mit leuchtenden Augen: »Herr Feldwebel, der Führer weiß genau, was er tut, und warum er uns aus Russland zurückzieht: Wir werden unsere Feinde mit neuen Waffen schlagen!« Hajek hat den Jungen nur spöttisch angesehen, und Enzinger ist rot geworden und stotterte verwirrt:

»Ja, glauben Sie denn nicht daran, Herr Feldwebel?«

»Wenn ich das glauben wollte, Enzinger, würde ich mich selber belügen.«

»Warum kämpfen Sie dann?«, hat Enzinger gefragt. »Warum tragen Sie das Ritterkreuz? Der Führer hat es Ihnen verliehen!«

»Willst du es haben, mein Junge?«, entgegnete Hajek. Und als der Junge schwieg: »Ich schenke es dir.«

»Ich bin kein Held, Herr Feldwebel.«

»Doch, du bist einer.« Und Hajek lachte plötzlich. »Du bist einer, weil du an den Führer glaubst.« Damit war das Thema zu Ende. Seither fragte Enzinger nicht mehr, blieb aber nach wie vor in Hajeks Nähe.

Es wird dunkel. Die Essenholer machen sich fertig, um zum Dorf zu traben und die Kochgeschirre und Kanister zu füllen. Simon Lenz wird schon wieder was zusammengekocht haben. Auch Enzinger macht sich bereit, nimmt Hajeks Kochgeschirr und verschwindet mit vier

Mann. Die Sowjets scheinen es jetzt auf das Dorf am Hügelbuckel abgesehen zu haben. Lage auf Lage rauscht von drüben heran und schlägt im freien Feld oder dicht beim Dorf ein.

Hajek steht draußen und horcht in die unruhige Nacht. Hinter dem Wald blitzt es, und der Himmel wird für Sekunden hell. Wie gemein diese Dinge jaulen, denkt Hajek, als er die Granaten heranfliegen hört. Was kostet so ein Schuss? Wie viel Rubel? Wie viel kostet überhaupt dieser Krieg? Was könnte man mit diesen Irrsinnssummen alles machen: Häuser, Städte bauen ... Schulen ... Krankenhäuser ... Hier wird das Geld buchstäblich verpulvert, um zu töten! Wie viele wurden schon getötet? Hajek spürt, dass er vor etwas Ungeheuerlichem steht, dass er von dieser Ungeheuerlichkeit selbst erdrückt werden kann. Wer wird einmal seine Fragen beantworten? Wer wird für all das, was Hajek gesehen und erlebt hat, zur Verantwortung gezogen werden? Er schüttelt den Kopf. Vielleicht wir alle, denkt er.

Und in diesem Augenblick jault es in der Dunkelheit. Die Granate fliegt zwischen Dorf und Kolchosgehöft in die Erde. Ein Blitz zuckt hoch, verlöscht wieder. Eine halbe Stunde später kommen die Essenholer zurück. Sie schleppen den jungen Enzinger mit. Ein Granatsplitter hat ihm den rechten Oberschenkel aufgeschlitzt.

»Herr Feldwebel«, ächzt der Junge, als man ihn aufs Stroh legt und ein paar zitternde Hände Verbandspäckchen aufreißen. »Herr Feldwebel, es ging alles so schnell. Ich habe die Granate gar nicht kommen gehört.«

»Sei still, Junge«, murmelt Hajek und hilft Alsdorf, das sprudelnde Blut mit Verbandsstreifen aufzuhalten. Junges, warmes Blut. Überall Blut.

»Schlagader durch«, flüstert Alsdorf. »Er schafft's nicht, Martin.« Nein, Karl Enzinger, dessen Vater an einem Schreibtisch im Reichskulturministerium sitzt, wird die nächste Stunde nicht mehr erleben. Hajek schaut in ein totenblasses, flaumbärtiges Gesicht. Enzinger hält die Augen geschlossen. Der Mund ist zu einem Strich zusammengepresst. In den Ecken sitzen die Landser und löffeln die Kochgeschirre leer. Jemand kommt heran, wirft einen Blick auf den Schwerverwundeten, geht wieder weg. Hajek kauert neben dem Sterbenden und streicht ihm zart über die Stirn.

»Schmerzen, Enzinger?« Der Junge schlägt die Augen auf, verneint mit einer kaum merklichen Kopfbewegung. Zehn Minuten später ist er tot und man trägt ihn hinaus, hinter das Haus, in den Garten; und zwischen faulen Kohlstrünken findet der junge Grenadier Karl Enzinger seine Ruhe in der klebrigen Erde.

Zwei Tage liegt die Kompanie auf dem Hügel, den die Sowjets mit Ausdauer beschießen. Am Abend des zweiten Tages kommt der Befehl zum Abmarsch. Die letzten Truppenreste sind über den Bug gezogen, und drüben wird eine neue Verteidigungslinie ausgebaut. Bevor Hajek seinen Haufen abmarschieren lässt, geht er noch einmal in den aufgeweichten Garten, nimmt den Stahlhelm ab und blickt eine Weile auf den anderen, der auf einem primitiven Kreuz aus Bretterstücken hängt. Mit Tintenstift ist der Name des Toten auf das Querholz geschrieben. Hajek hat schon viele sterben sehen und zu Grabe gebracht, aber diesmal geht es ihm besonders nah. Enzingers Tod ist mehr als ein gewohntes Ereignis; Hajek kommt es vor, als hätte er einen Sohn verloren und müsste jetzt von ihm Abschied nehmen, ihn einfach hier liegen lassen, wie ein Gepäckstück, mit dem man sich herumgeschleppt hat, und von dem man sich nur schwer trennen kann. Warum wird nicht endlich Schluss gemacht?, denkt Hajek. Wozu noch diese Opfer, die sinnlos geworden sind? Wann bin ich dran? Drüben erst, auf der anderen Seite? Ich kann's einfach nicht glauben, dass mich kein Granatsplitter, keine Kugel umwirft.

Irgendwo ertönt ein Signalpfiff. Hajek setzt den Stahlhelm auf und stapft davon, seinem Zug nach, der bereits im nebeligen Grau des Abends in Richtung der Straße trottet. Ein paar Nachzügler passieren die Holzbrücke, und als Hajek sie überquert, bleibt er einen Augenblick stehen und schaut in das schmutzige, lehmige Wasser des Flusses, das an die Pontons schlägt und die Halteseile zittern lässt. Immer wenn Hajek eine Brücke überquert, sagt er sich, es müsste die letzte sein. Aber bis nach Deutschland sind es noch viele Brücken.

Sie sind drüben. Trotz Schlamm und feuchter Kälte kommt etwas wie heitere Stimmung auf; da und dort wird gelacht.

»Junge, Junge, bin ich froh, dass wir rüber sind! Wenn ich jetzt Schnaps hätte, würde ich darauf trinken!« Eine halbe Stunde später kracht es, und die Holzbrücke segelt in Trümmern durch die Luft. Die Pioniere haben sie gesprengt. In den nächsten Tagen, in denen es andauernd regnet und das Land immer tiefer in morastigen Seen versinkt, tritt etwas wie eine Atempause ein. Auch die Sowjets scheinen den Gegner »Schlamm und Dauerregen« überwinden zu müssen; sie ziehen aber trotzdem ihre Kampfeinheiten heran und beurteilen Lage und Absichten der Deutschen, die entlang des Bugs in Verteidigungsstellung gehen. Das Regiment wird anfangs etwa zwölf Kilometer weit zurückbefohlen, aber die allgemeine Freude, endlich einmal aus dem unmittelbaren Dunstkreis Sowjetischer Massenartillerie und MG-Nester gelangt und beim nächsten Westmarsch einigermaßen vorneweg zu sein, währt nicht lange. Kaum einen Tag lang. Dann kommt wieder der Befehl: »II. Bataillon vor! Stellung nördlich der Straße beziehen und sich auf Verteidigung einrichten!« Fluchend, missmutig oder gleichgültig geworden, trottet das Bataillon dem zugewiesenen Abschnitt entgegen.

Die 2. Kompanie bekommt den nördlichen Flügel zugewiesen und soll Verbindung zu einem Infanteriebataillon halten. Das Land ist grau und trostlos einsam. Die Landser durchwaten streckenweise ausgesprochenes Sumpf- und Überschwemmungsgebiet. Einsame, kahle Bäume stehen in trüben Seen, Buschwerk kauert zwischen Schilf. Auf niedrigen Erhebungen liegt manchmal eine verlassene Russenkate, steht ein faulender Schilfhaufen, ragt das galgenähnliche Gerüst eines Ziehbrunnens in die Höhe. Würde eine Mutter ihren Sohn sehen, wie er, völlig nass, schlammverschmiert, schwer mit Gerät und Ausrüstung bepackt, durch Wasser und grundlosen Morast watet, sie würde sich die Augen ausweinen, würde aufschreien, wenn sie sähe, wie ihr Einziger stolpert, ins Wasser fällt, sich aufrappelt und dem weitertrottenden Haufen nachstolpert, der einem ungewissen und vielleicht schon entschiedenen Schicksal entgegenläuft. Und je weiter die durchnässten Gestalten gegen Norden laufen und sich von der Straße entfernen, je stiller es im Lande wird, desto banger wird diesem oder jenem zumute, dessen Gedanken noch nicht im Morast, im Stumpfsinn ertrunken sind.

»Mensch, was soll das bloß?«, sagt einer zum Nebenmann. »Was hat denn das alles noch für einen Zweck? Warum sollen wir dieses gottverfluchte Land verteidigen? Was gibt es denn hier überhaupt noch?«

Am Nachmittag erreicht die Kompanie einen verlassenen Abschnitt, um in Stellung zu gehen. Der Kompaniegefechtsstand liegt in einem winzigen Dorf, das nur aus strohgedeckten Katen und ein paar kegelartig gebauten

Schilfhaufen besteht. Kein Mensch ist zu sehen. Die Katen stehen leer, sind ausgeräumt bis auf den Lehmofen. Kein Huhn flattert davon, keine Ziege meckert, und irgendwo weiter drüben, hinter einer Kulisse hoher Bäume, rauscht der Fluss – vom Dorf getrennt durch einen Streifen von streckenweise überschwemmtem Gelände. Die drei Züge sind links und rechts der Häuser in Stellung gegangen, haben sich, da der Boden zu nass ist, MG-Nester gebaut, Hütten aus Ästen und Bretterstücken, die man irgendwo aufgesammelt hat. Die Einsamkeit, über die sich die Schatten der Nacht senken, riecht plötzlich nach Rauch. Gestalten bewegen sich im Dunkel. Da und dort ertönt ein Klirren, ein Fluch, ein raues Lachen. Dann wird es still. Man schläft in den nassen, dreckigen Klamotten. Der Krieg hält den Atem an, die Bestie grollt nicht mehr. Aber wie lange noch? Und der Regen fällt monoton in der Nacht, und nirgendwo ist ein Licht. Finster ist alles, finster wie die Zeit und das Schicksal derer, die in ihr ruhen.

Es ist wieder kälter geworden. Es hat geschneit, und die Seen sind verschwunden unter einer weißen Decke. Seit gestern lebt das feindliche Artilleriefeuer wieder auf, und am frühen Morgen ist irgendwo südlich Gefechtslärm losgebrochen. Kurz nur. Wahrscheinlich ein Geplänkel mit sowjetischen Spähtrupps, die auf abenteuerliche Weise über den Fluss gekommen sind. Von der Infanterie, die sich an die linke nördliche Flanke der 2. Kompanie anschließt, ist nichts zu hören und nichts zu sehen. In der vergangenen Nacht, die frostklar und windstill war, hat man von drüben her verdächtige Geräusche vernommen: Motorbrummen, gedämpftes Klirren und Rumoren, und dann sind plötzlich gelbliche Signallichter über den Baumsilhouetten aufgestiegen, die verraten, dass drüben etwas im Gange ist. Manchmal dringt das Rattern eines MGs in die Stille oder ein paar nervöse Schüsse auf deutscher Seite.

Erkundungsgänge bekräftigen den Verdacht, dass der Gegner an verschiedenen Frontstellen mit Spähtrupps eingesickert ist, sich im unwegsamen Flussgelände versteckt hält und jede Bewegung der Deutschen beobachtet. Spuren im Schnee verraten die Anwesenheit von Erkundungstrupps.

Bei der 1. Kompanie erwischt man ein paar Russen und verhört sie. Einer von ihnen gibt offen zu, dass die Seinen starke Sturmbrigaden zusammengezogen haben und einen Angriff vorbereiten. »Leute, Ohren steifhalten!« heißt die Parole. Keiner schläft; alle haben das ungute Gefühl, dass irgendwann der Tanz losgehen wird. Man spürt es geradezu, dass der Feind jeden Augenblick den Fluss überqueren und mit Massen gegen die dünn besetzte Verteidigungslinie anrennen wird.

Bei der Zwoten, die den nördlichen Flankenschutz und die Verbindung zum Nachbarbataillon bewerkstelligen soll, ist alles ruhig. Die Monturen sind getrocknet, die Waffen gereinigt und einsatzbereit. Man hockt auf engstem Raum zusammen, aber das Leben ist etwas erträglicher geworden. Die Landser, soweit sie nicht auf Posten stehen, vertreiben sich die Zeit mit Kartenspiel oder pennen. Feldwebel Hajek hat sich in einem morschen Holzschuppen eingenistet, der inmitten zaghaft sprießender Birkenbäume und rutschigen Sträucherwerkes liegt. In der Hütte hängt ein unbrauchbar gewordenes Fischernetz, stehen ein morscher Tisch und ein rostiger, gusseiserner Kanonenofen, in dem ein winziges Feuerchen matte Wärme spendet. Plötzlich rasselt das Feldtelefon. Hajek nimmt den Hörer ab.

»Hier Nachteule«, meldet er sich. Am anderen Drahtende ist »Edelmarder«, der Kompaniegefechtsstand.

Friemelts hohes Organ antwortet: »Bitte sofort zu Edelmarder kommen.«

Hajek schlingt seinen Schal um den Hals, instruiert den Obergefreiten Alsdorf und begibt sich zum Kompaniegefechtsstand hinüber, der einen Kilometer weiter südlich unter den hohen Bäumen liegt. In der verräucherten Stube der schilfbedeckten Russenkate findet Hajek die anderen Zugführer versammelt. Oberleutnant Pretsch hängt über dem Kartenblatt und kaut auf einer zerbissenen Pfeife herum. Die lange Gestalt des Leutnants steht neben dem Kompaniechef. Von Tanns steifes Benehmen hat sich in den letzten Wochen merklich gelockert; er hat die seinerzeitige Schlappe wieder gutgemacht und bei den Leuten allmählich wieder an Vertrauen gewonnen. Mit rötlichem Stoppelbart und in seinem verschlissenen Tarnanzug sieht er jetzt wie ein alter, erprobter Frontkämpfer aus. Keine Spur des früher so herausfordernden Auftretens ist ihm mehr anzumerken. Er begrüßt Hajek mit Handschlag.

»So«, lässt sich dann Pretsch vernehmen, »sind wir alle da?« Seine Augen überfliegen die versammelten Männer. Er nickt Hajek zu, mit dem er seit Wochen enge Freundschaft hält. »Also, meine Herren«, setzt er in seiner schnarrenden Sprechweise fort, »die wunderschönen Tage von Aranjuez sind zu Ende. Es liegen Meldungen vor, dass Freund Iwan sich zu neuen Taten rüstet. Wir müssen das Flussufer auskundschaften und rumhorchen. Außerdem muss die Verbindung zum nördlichen Nachbarn kontrolliert werden; dort ist es auffallend still geworden. Wer meldet sich für einen Flussspaziergang?«

Von Tann hebt kurz die Hand und murmelt: »Ich.«

»Gut so«, nickt Pretsch. »Jeder Zug stellt zwei Freiwillige ab, die mit Leutnant von Tann gehen.« Pretsch wendet sich an Hajek: »Und Sie, Hajek, ersuche ich, mal einen Ausflug zum Nachbarn vorzunehmen und nachzuschauen, was bei ihm los ist.«

»Jawohl, Herr Oberleutnant.«

»Wie viel Mann wollen Sie mitnehmen?«

»Nur einen.«

»Ein bisschen wenig«, erwidert Pretsch, »aber Sie müssen es ja wissen.«

»Ich nehme Alsdorf mit, Herr Oberleutnant.«

»Gut.« Er wendet sich an den Leutnant. »Sie gehen bei Anbruch der Dunkelheit los. Falls was passiert, Rotlicht schießen. Vermeiden Sie aber in jedem Falle eine direkte Feindberührung. Beobachten ist wichtiger. Verbindung zu mir wird durch einen Melder aufrechterhalten.« Pretsch winkt den Leutnant heran und bespricht mit ihm den Plan. Der Spähtrupp, den Leutnant von Tann führen soll, hat einzig und allein die Aufgabe, die Bewegung des Feindes im Auge zu behalten. Sechs Mann sollen den Leutnant begleiten; als er die Zugführer ersucht, je zwei Mann abzustellen, meldet sich der Unteroffizier Reischach, der den I. Zug anführt.

»Weißt du, Martin«, sagt Reischach später zu Hajek, »es ist besser, ich gehe mit, sonst kommt Tann wieder auf die Schnapsidee, mit sechs Mann eine russische Brigade zu fangen.«

»Ich glaube nicht, dass er sich noch einmal auf so was einlässt«, bemerkt Hajek. »Ihm ist die Sache bei Tscherkassy eine Lehre geblieben.«

Etwa eine Stunde dauert die Zugführerbesprechung. Wastl Wohler zaubert eine Feldflasche mit Kartoffelschnaps herbei, die dann die Runde von Mund zu Mund macht.

Als Oberleutnant Pretsch sich von den Stützpfeilern seiner Kompanie verabschiedet, zieht er Hajek zur Seite und sagt: »Sei vorsichtig, Hajek. Ich trau dem Frieden nicht. Es sind Iwans eingesickert, die im Gelände umherschleichen. Nimm lieber ein paar Mann mehr mit – es ist besser so. Es würde mich beruhigen.«

»Wir brauchen jeden Mann«, erwidert Hajek, »außerdem reicht es vollkommen, wenn ich Alsdorf mitnehme. Wir sind aufeinander bestens eingespielt.« Hajek grinst; er spürt, dass Pretsch in Sorge ist, und dass sich irgendetwas zusammenbraut. Pretsch bleibt ernst; sein kantiges Offiziersgesicht scheint in den letzten Wochen beträchtlich gealtert zu sein; zwei tiefe Runen ziehen sich von den Nasenflügeln zu den Mundwinkeln. Ein schmutziges, graues Bartstoppelfeld bedeckt die eingefallenen Wangen und das kantig vorspringende Kinn.

»Was wir hier machen«, murmelt Pretsch, »sind alles schizophrene Zappelversuche. Wir rutschen längst abwärts, Hajek. Eines Tages werden wir uns fragen, warum wir so gehorsam und feige gewesen sind, an diesem Welttheater, das ein blutrünstiges Stück aufführt, teilgenommen und nicht dagegen protestiert zu haben. Ich sage das so offen, lieber Hajek, weil ich niemanden in den Tod schicken will. Jeder Befehl, den ich kriege und weitergeben muss, ist mir zuwider! Glaube mir!« Hajek schaut in ein von Sorgen und schlaflosen Nächten gezeichnetes Gesicht, in schiefergraue Augen, die nervös blicken. Dieser Pretsch ist keine Gehorsamsmaschine; er sieht in die Zukunft; er weiß, dass der Krieg verloren ist, und dass jeder Befehl, den er gibt, einem Verbrechen gleichzustellen ist.

»Machen Sie sich keine Gedanken, Herr Oberleutnant«, sagt Hajek. »Wir sind im Sog, und nur wer kräftig schwimmen kann, der wird nicht hineingezogen. Die Verantwortung über die, die umgekommen sind und noch umkommen werden, die, Herr Oberleutnant, tragen nicht Sie, sondern andere Herren.« Pretsch nickt und geht mit Hajek hinaus. Stumm begleitet er den Feldwebel ein Stück. Unter einem Baum, von dem ein Lufthauch winzige Reifkristalle rieseln lässt, bleibt Pretsch stehen.

»Hajek«, sagt er eigenartig versonnen, »wer immer hier heil herauskommt, muss später den Kindern berichten, wie wir uns geschunden haben. Ich weiß nicht, ob Sie oder ich es sind, die einmal davon reden, die uns und unsere sogenannten Heldentaten der nachwachsenden Generation erzählen werden, wie stumpfsinnig wir Gehorsam geleistet haben. Weiß Gott, Hajek, ich möchte anders handeln … ich möchte euch alle heimschicken, aber ich kann es nicht. Es kommt mir manchmal vor, als wäre ich hypnotisiert, als wäre ich ein Karnickel, das die Schlange auf sich zukriechen sieht und sich fressen lassen wird, ohne zurückzuspringen und davonzurennen, wie man vor etwas Ekelhaftem oder Furchterregendem davonzulaufen pflegt.«

Ist es der Schnaps, der den Offizier so offen reden lässt? Hat Pretsch Gefühle, die er vor Hajek ausspricht? Soll es eine Rechtfertigung sein?

»Hajek«, fährt er fort, als dränge ihn etwas, alles zu sagen, was er denkt, was ihm im Kopf herumgeht. »Hajek, ich weiß, dass ich irgendwo hier verrecke und den Heimweg nicht schaffe. Verdammt, ich weiß es jeden Augenblick – und das Komische ist dabei, dass ich es erwarte. Ja, Hajek, Sie werden es mir nicht glauben, ich erwarte es. Ich will nicht mehr heim, um mich später für irgendwas zu rechtfertigen! Ich bin ledig, ich habe keine Frau, keine Kinder. Wem soll ich davon erzählen, wie erbärmlich und elend dieser Krieg war, wie gemein und niederträchtig! … Schauen Sie mich nicht so an, Hajek. Ich bin nicht besoffen! Bestimmt nicht! Aber ich habe Lust, mit Ihnen darüber zu reden. Sie sind einer, der diesen Mist überleben wird. Merkwürdig, Hajek: Als ich Sie das erste Mal sah, da wusste ich irgendwie: Der überlebt! Der wird alles überstehen! Der hat die nötige Ruhe weg und prahlt nicht damit, dass er ein Held ist. Ich muss Ihnen das mal sagen, Hajek. Heute, jetzt, wo ich Sie wegschicke. Nicht, um irgendwo zu verrecken, Hajek, nee, ich möchte …« Er bricht jäh ab, wischt sich mit der Hand übers Gesicht. Und Hajek ist es, als wolle Pretsch ihn und noch ein paar Mann absondern, ausklammern aus dem, was kommt. Weiß Pretsch mehr, als er vorhin bei der Zugführerbesprechung gesagt hat? Hajek ist sich unschlüssig, will fragen, aber irgendetwas sagt ihm, den Mund zu halten. Er streckt Pretsch die Hand hin.

»Ich muss jetzt gehen, Herr Oberleutnant. Sobald ich zurück bin, melde ich Ihnen das Ergebnis.« Pretsch übersieht die ausgestreckte Hand, er legt seine Hände Hajek auf die Schultern, wie einem Sohn. Er schaut Hajek eigenartig ernst in die Augen, schraubt die Stimme zu einem Gemurmel herunter und sagt:

»Hajek, Gott möge mit Ihnen sein … wie es auf unserem Koppelschloss steht!« Die Hände klopfen Hajeks Schultern und sinken herab.

»Wiedersehen, Herr Oberleutnant«, sagt Hajek und knallt die Hacken zusammen. Nicht vor dem Offizier, sondern vor dem Menschen Pretsch, der ein paar Augenblicke lang sein Inneres geöffnet hat und ihn hineinschauen ließ.

»Machen Sie es gut, Hajek«, sagt Pretsch, und jetzt grinst er wieder sein altes Grinsen: ein bisschen ironisch, ein bisschen aufmunternd. »Kommen Sie heil zurück … wenn's auch schwerfällt!«

Hajek geht. Ihm ist zumute, als schöbe ihn eine unsichtbare Hand davon, mit sanftem, aber energischem Druck. Was ist bloß mit Pretsch los?, denkt Hajek. So habe ich ihn noch nie erlebt. Ist alles schon zu Ende? War das ein Abschied für immer? Ist das, was ich machen soll, eine Auszeichnung oder eine Aufgabe, die allen dienen soll? Drüben, im bläulichen Kältedunst, am Rande des Uferwaldes, rieselt der Neuschnee von den Bäumen und entfacht eine weiße Staubwolke. Feldwebel Hajek sieht es nicht, er geht mit nachdenklicher Miene weiter und verschwindet zwischen weißen Buschgruppen.

Eine Viertelstunde später sagt Hajek zum Obergefreiten Alsdorf: »Willst du mitkommen, Walter? Wir unternehmen einen Erkundungsgang zum linken Nachbarn.«

»Klar komm ich mit«, sagt der Oberschnäpser. Hajek und Alsdorf machen sich fertig. Hajek überträgt dem Unteroffizier Willi Bertram das Zug-Kommando. Mit Beute-MPi und Handgranaten bewaffnet, mit der Kartentasche und Marschverpflegung ausgestattet, verabschieden sich Hajek und Alsdorf von den Kameraden und verlassen am Nachmittag, der Schneefall bringt, die Kompaniestellungen. Sie verschwinden im leise niedersinkenden Schneevorhang in nördlicher Richtung. Das Gehen macht die beiden warm.

»Junge, Junge«, sagt Alsdorf, »was bin ich froh, dass ich mir mal ein bisschen die Beine vertreten kann. Es geht doch nischt über einen hübschen Spaziergang.«

»Abwarten, ob es einer bleibt«, sagt Hajek.

Der Karte nach müsste das Dorf, in dem das Bataillon liegt, nur etwa einen Kilometer weit nördlich, hinter einem ausgedehnten, jetzt zauberhaft verschneiten Birkenwald liegen. Kein Weg führt hindurch.

Unter der Schneedecke kracht dünnes Eis, und als Hajek kurz nach Betreten des Birkenwaldes gleich bis an die Knie in ein dünn zugefrorenes Wasserloch einbricht, beschließt man, das Waldstück in einem westlichen Bogen zu umgehen. Das Gelände ist mit Büschen bewachsen, weiße Flächen liegen dazwischen. Felder wahrscheinlich, die zum Dorf gehören. Da und dort ragen noch ein paar Sonnenblumenstängel aus dem Schnee. Alles ist still. Nur weit südöstlich tackert manchmal ein MG. Die Feindartillerie schweigt. Schon seit Tagen. Und gerade das ist es, was Unruhe und Sorge schafft. Immer wenn der Feind nichts unternimmt, ist er am gefährlichsten, dann kann jeden Augenblick die Hölle losbrechen. Die beiden Gestalten umgehen den Birkenwald in einem weiten Bogen. Nach einer halben Stunde taucht ein einsamer, in einer Mulde liegender Hof auf.

»Wir schauen mal nach«, murmelt Hajek und strebt dem im Schnee kauernden Anwesen zu. Es ist unbewohnt. Die Haustür ist verschlossen. Bei näherem Hinsehen stellt Hajek fest, dass die Haustür zugenagelt ist. Mit dem Seitengewehr lässt sie sich aber rasch öffnen. Drinnen riecht es muffig und ungelüftet. Das Mobiliar – ein hellblau gestrichener Küchenschrank, ein rauer Tisch, drei Stühle – ist in ordentlichem Zustand. Der Küchenschrank ist ausgeräumt, an den schmutzig-weißen Stubenwänden sieht man Flecke, die verraten, dass ein paar Bilder dort hingen, Geschirr, ein Regal.

Alsdorf begibt sich sofort auf die Suche nach etwas Essbarem, aber es finden sich unterhalb einer Bodenluke, in einem feuchten Kellerloch, nur ein paar bleich keimende Kartoffeln. Immerhin, Alsdorf bringt sie erfreut zu Tage.

»Du, daraus machen wir uns ein feines Abendessen«, sagt er. Aber Hajek will weitergehen und seinen Auftrag erledigen. Sie verschließen die Haustür und stapfen davon. Ab und zu bleibt Hajek stehen und orientiert sich mit dem Kompass. Der Schneefall ist jetzt dicht geworden. Eine unwirkliche Stille herrscht und drückt in den Ohren.

»Wir sind zu weit westlich geraten«, stellt Hajek fest, »wir müssen in diese Richtung weiter.« Und er deutet mit dem Arm nach Nordosten. Es schneit so dicht, dass man kaum zehn Meter weit sieht. Hajek und Alsdorf erreichen einen Wald. Mischwald ist es, in dem verschneites Gesträuch wuchert.

»Haben wir uns verlaufen?«, fragt Alsdorf. »Die Kollegen von der Nachbarkompanie liegen doch nicht so weit von unserm Haufen entfernt.«

»Hier kommen wir unmöglich durch«, stellt Hajek fest und beschließt, den Waldrand entlangzugehen. Alsdorf watet in der Neuschneespur. Ihm macht das Laufen gar nichts aus. Im Gegenteil. Besser, als im Stellungsnest zu hocken und sich zu langweilen. Inzwischen wird es dunkel. Es schneit in Massen; der Winter scheint noch einmal da zu sein und sich hartnäckig an die Zeit zu klammern. Martin täuscht sich eigentlich nie, denkt Alsdorf, als noch immer kein Dorf auftaucht, kein »Halt« ertönt, keine Stellung sich zeigt, aus dem deutsche Stahlhelme gucken. Martin hat sich verlaufen! Na ja, mal sehen. Solange keine Russen auftauchen, macht der Ausflug ja Spaß. Nein, keine Russen. Der Krieg scheint überhaupt eingeschlafen zu sein.

Nach kurzem und erneutem Orientieren meint Hajek, nach Osten zeigend: »Wir müssen da lang … irgendwo müssen die Kumpels ja liegen.«

»Vielleicht sind sie schon abgerückt«, gibt Alsdorf zu bedenken. Hajek meint, das sei unmöglich. Dann muss doch die Zwote etwas davon erfahren haben. Fast zwei Stunden sind die beiden schon unterwegs, ohne das Dorf zu finden. Die Dunkelheit und der dichte Schneefall lassen keine Orientierung zu, und Hajek, der sonst über den Instinkt eines routinierten Waldläufers verfügt, muss schließlich eingestehen:

»Walter, wir haben uns im schönen Russland verlaufen. Jetzt bleibt nichts anderes übrig, als uns eine möglichst trockene Übernachtungsstelle zu suchen.« Im dichten Schneefall, von der Dunkelheit verwirrt, stolpern die beiden weiter, bis sie endlich in einer weißen Bodensenke ein paar Schilfhaufen entdecken, in denen man eine Nacht verbringen kann. Die beiden wühlen sich in das faulende

Geraschel und machen es sich bequem. Sie holen ein Stück Brot aus dem Beutel und essen es.

»Der Pretsch war heute ziemlich seltsam«, sagt Hajek.

»Wieso?«, fragt Alsdorf. »Hat er wieder Witze erzählt?«

»Nee, nichts von dem. Anders war er ... ganz anders als sonst. Ich habe das Gefühl, der Pretsch hat die Nase gestrichen voll, Walter.«

»Wer hat sie nicht voll«, grunzt Alsdorf und wühlt sich zurecht. Eine Weile herrscht Schweigen. Es ist feuchtwarm in dieser Behausung, die üppig nach Moder und Schlamm riecht, aber man liegt trocken. Die Gedanken wogen durcheinander. Warum hat Pretsch mich abkommandiert?, denkt Hajek. Dieser Erkundungsgang ist doch eigentlich kaum zu was nütze. Jetzt haben wir uns schon ganz verlaufen ... Wenn bei der Zwoten was passiert ..., denkt Hajek noch, dann fühlt er sich von einer angenehmen Müdigkeit übermannt und schläft ein.

Draußen schneit es stetig. Lautlos und dicht. Wie hinter einem dicken Filzvorhang hört man fernes Wummern und Grollen. Irgendwo beginnt die Feindartillerie zu schießen. Im dichten, dämmerigen Schneefall sind auch die sieben Mann untergetaucht, die zum Fluss geschickt wurden, um ihr Ohr in Feindnähe zu bringen und dessen Tätigkeit abzuhorchen. Leutnant von Tann führt den kleinen Trupp an; geht vorneweg, bleibt oft stehen und winkt dann zum Weitermarsch in Richtung des Flusses. Im Waldstreifen angelangt, knackt verschneites Eis unter den vorsichtigen Tritten. Leise Flüche ertönen. Die Herzen schlagen schneller, die Nerven spannen sich immer mehr. Der Waldstreifen, der dem Fluss vorgelagert ist, scheint feindfrei zu sein. Unbehindert gelangen die sieben in Schneehemden dahingleitenden Gestalten ans Flussufer. Der Bug ist offen. Das Wasser schiebt mit leisem Schmatzen und Gurgeln an den Blicken vorbei. Es schneit immer dichter, man sieht nur ein paar Meter weit bis zum Uferrand und einer dunklen Masse, die sich an ihm vorbeischiebt. Das Hochwasser ist beträchtlich zurückgegangen. Der Geländestreifen zwischen der niedrigen Uferböschung und dem Flussufer ist unter der Schneedecke vereist. Sich weiter vorzuwagen, ist zu riskant und könnte Geräusche verursachen, die drüben gehört werden.

»Bei dem Sauwetter unternehmen die nischt«, flüstert ein Gefreiter, der bäuchlings im weichen Schnee liegt.

»Vielleicht gerade«, erwidert leise Unteroffizier Reischach, der mit einem Mann seines Zuges dabei ist. Er wendet den Kopf nach links, wo der Leutnant liegt und hinüberstarrt. »Wollen wir es uns hier gemütlich machen, Herr Leutnant?«

»Von hier aus können wir ein ziemlich breites Stück überwachen«, sagt Tann leise. »Nehmen Sie Schmidt mit und postieren Sie sich fünfzig Meter weiter links. In Rufweite. Dahmann, Sie und Weber, ihr verzieht euch nach rechts. Ihr anderen bleibt bei mir. Los, haut ab!« Von Tann gibt seine Anweisungen rasch und sicher. Er hat die MPi vor sich liegen. Am Koppel hängt die Tasche mit der Leuchtpistole, in den weiten Taschen der schmutzig-weißen Tarnjacke stecken Handgranaten und ein paar knochenharte Kekse. Die vier Gestalten huschen nach links und rechts davon. Der Schneevorhang lässt sie verschwinden. Zwei Mann, der Obergefreite Lorenz und der Grenadier Nestler, schieben sich neben den Leutnant. Man schweigt. Die Stille wird nur durch das gedämpfte Schmatzen und Gurgeln des Flusses belebt. Man horcht mit angespannten Sinnen. Sollten die Russen mit Landungsbooten rüberkommen, würde man das rechtzeitig hören. Weniger lärmend vollzieht sich allerdings das Übersetzen mit Schlauchbooten. Es ist durchaus möglich, dass die Sowjets den dichten Schneefall nutzen und heute kommen. Es liegt so etwas in der Luft! Scheußlich, dieses Schneien! Die Gesichter werden wie mit nassen Lappen geschlagen. Das Schuhwerk ist längst durchweicht, die Nässe dringt jetzt auch durch die Klamotten.

So liegen die Sieben auf der niedrigen Uferböschung und werden zugeschneit. Rasch wird es dunkel. Auf die Augen kann man sich jetzt nicht mehr verlassen, nur noch auf die Ohren. Und sie horchen, und sie hören ihr eigenes Blut in den Ohren klopfen. Wie gut, dass die Nacht nicht mehr so kalt ist! Mit dem Schnee ist der Frost gewichen.

»Herr Leutnant, ich höre was«, flüstert es links neben von Tann. »Da hat was geplätschert!« Der Leutnant hebt den Kopf und sperrt den Mund auf, um besser zu hören. Nichts. Nur der Fluss gurgelt leise hinter dem Schneevorhang. Er kann keine verdächtigen Geräusche vernehmen.

»Ich höre nichts«, raunt der Leutnant dem Grenadier zu, der links von ihm liegt.

»Ich bin sicher, Herr Leutnant«, flüstert der junge Kerl, der sich für dieses Unternehmen freiwillig gemeldet hat. Von Tann richtet sich auf, kniet und horcht. Wenn der Feind übersetzen würde, sähe man ihn erst, wenn er zehn Meter vor den Augen auftaucht! Verfluchter Schnee!

Da nähert sich von rechts jemand. Der Gefreite Dahmann kauert sich hin und ruft unterdrückt:

»Herr Leutnant, bei uns muss was los sein. Wir haben Stimmen gehört.« Weiter kommt er nicht. Die Russen tauchen plötzlich aus dem Schneevorhang auf. Sie müssen in Schlauchbooten herübergekommen sein. Lautlos. Alles vollzieht sich in wenigen Sekunden. Tann reißt die MPi hoch und schießt das Magazin leer. Links und rechts von ihm prasselt es. Ein paar der aufgetauchten Gestalten sacken zusammen. Der Rest, oder was immer nachfolgt, muss die Schrecksekunden erst überwinden. Schreie werden laut. Kommandos. Schrille Pfiffe. Dann geht der Tanz los. Der Leutnant hat kniend geschossen. Als er das nächste Magazin einschieben will, trifft ihn ein harter Schlag gegen die Brust und wirft ihn um.

»Zurück ... zurück«, gurgelt von Tann nur noch, dann rollt er müde zur Seite und rührt sich nicht mehr. Spukgestalten sind es, die heranspringen. Blitze zucken. Schüsse peitschen. Der Grenadier Nestler rennt bereits geduckt zurück, als ihn ein paar Kugeln hinwerfen. Reischach und Schmidt brechen bereits durchs Sträucherwerk des Unterholzes. Nur fort! Zurück zur Stellung! Die müssen doch schon hören, was los ist! Vieren gelingt es, durch den verschneiten Wald zu jagen und das freie Feld zu erreichen.

»Nicht schießen, wir sind's!«, brüllen sie keuchend. »Wir sind's, Kameraden!« Und hinter ihnen peitscht und knallt es, und die Kugeln zirpen dicht über die eingezogenen Köpfe hinweg. Die schussbereiten MG warten.

Wie aus dem Boden gewachsen ist plötzlich Oberleutnant Pretsch da; er packt gerade noch rechtzeitig einen MG-Schützen, der den Finger krümmen will, und brüllt ihn an: »Hören Sie nicht, das sind die Unsern, Sie Idiot!« Reischach, Schmidt, Weber und der Obergefreite Lorenz stürzen keuchend in die Stellung.

»Leutnant Tann ist tot«, schnauft einer, dann beginnen die MG zu rasen und Dauerfeuer zu schießen. Für die Zwote beginnt eine schwere und entscheidende Stunde zu schlagen.

»Martin! Steh auf!« Hajek wird heftig gerüttelt. Er erwacht und weiß im ersten Augenblick nicht, wo er sich befindet. Er rennt mit dem Kopf gegen etwas Niedriges, Weiches. Alsdorf kriecht schon hinaus. Draußen hört er, halbrechts, Gefechtslärm. Es schneit noch immer in dichten Flocken. Das Geschieße klingt fern und gedämpft. Jetzt ist auch Hajek aus dem Schilfhaufen heraus und horcht.

»Ist das bei uns?«, fragt Alsdorf. »Oder ist das beim Nachbarn?«

»Das kann beim Nachbarn sein«, meint Hajek. »Es ist leicht möglich, dass wir ums Dorf schon herum sind, und dass es dort drüben liegt.«

»Ich weiß nicht recht, Martin«, unkt Alsdorf. »Mir kommt es vor, als wäre bei uns was los ... Hör doch! Jetzt ballern Granatwerfer! Da muss ganz schön was fällig sein!« Der ferne Gefechtslärm steigert sich jetzt; man hört deutlich das Krachen krepierender Granaten. Die beiden stehen kniehoch im lockeren Neuschnee.

»Wir müssen rechts weiter«, sagt Hajek und setzt sich in Bewegung. Hinterher folgt der Obergefreite. Noch während sie laufen und die Glieder wieder biegsam werden, flaut das Geschieße ab. Noch ein paarmal rummst es, dann wird es still. Nur noch vereinzelte Schüsse patschen. Die beiden bleiben wieder stehen. Sie horchen. Nichts rührt sich mehr.

»Vielleicht haben sie einen Spähtrupp gestellt«, schnauft Alsdorf. Aber Hajek schüttelt den Kopf. »Nee, dabei geht es nicht so laut zu, mein Lieber. Das waren ziemlich viele. Schätze, dass der Iwan rübergekommen ist.«

»Dann gute Nacht, Marie«, murmelt Alsdorf. »Und wir zwei Sportsfreunde waren nicht dabei!« Sie traben weiter in Richtung des erloschenen Kampflärms.

Als sie ein schmales Stück Wald durchquert haben, sehen sie plötzlich im lichter gewordenen Schneetreiben ein paar Häuser liegen.

»Mensch«, sagt Alsdorf, »ich fress einen Besen, wenn das nicht das Russendorf ist, in dem unsere Infanteriekumpels liegen!« Hajek schnuppert in die Nacht. Es ist ihm, als röche er Brand. Ofenbrand! Dann bellt plötzlich ein Hund. »Wollen wir rüberschaun?«, erkundigt sich Alsdorf.

»Na klar«, grunzt Hajek. »Wenn wir schon mal da sind, müssen wir auch nachschaun, was da los ist. Ohne Tritt. Marsch!« Es ist finster, und es schneit jetzt nur noch dünn.

Als die beiden das in einer Mulde liegende Dorf erreichen, ist alles still. Kein Licht schimmert. Unheimlich leer liegen die verschneiten, niedrigen Hütten in der Senke. Hajek steht starr und beobachtet die Handvoll Häuser, in denen sich nichts regt.

»Walter«, sagt er, »entweder ist das ein anderes Dorf, oder unsere Kameraden sind schon abgerückt. Versteh das nicht«, murmelt er.

»Ziemlich schleierhafte Angelegenheit«, bemerkt Alsdorf. »Aber schaun wir doch mal nach, Martin. Vielleicht findet sich was zu fressen. Ich hab ganz schönen Kohldampf.«

Sie gehen weiter. Das erste Haus, das sie erreichen, ist anscheinend unbewohnt. Die Haustür fliegt nach innen. Hajeks Taschenlampe leuchtet in die Stube. Es ist ein niedriger Raum, in dem Unrat liegt. In der Mitte steht ein Tisch. In der Ecke ragt ein Bett in einem Bretterverschlag.

»Jetzt möcht ich wissen, ob es das Dorf ist, das wir suchen, oder ob wir uns in ein anderes verlaufen haben.« Alsdorf hat es gesagt. Hajek gibt keine Antwort. Er knipst die Taschenlampe aus, schweigt.

»Gib Antwort, Martin«, drängt die Stimme des anderen. »Da stimmt doch was nicht!«

»Vorhin hat doch irgendwo ein Hund gebellt«, erwidert Hajek gedämpft.

»Hab ich auch gehört«, bestätigt Alsdorf. »Ich schlage vor, wir verdünnisieren uns, Walter.«

»Mir ist auch so, als gäbe es hier Gespenster«, erwidert der Oberschnäpser und will zur offenen Tür. Da packt ihn eine krallige Hand. Alsdorf bleibt jäh stehen und wirft einen Blick zu einem der winzigen Fenster. Dort taucht für Sekunden ein Kopf auf. Verschwindet blitzschnell. Leise Schritte sind zu hören, die sich entfernen.

»Es sind welche da«, flüstert Alsdorf.

»Partisanen«, raunt Hajek, und plötzlich ist es ihm, als sei man in eine Falle gelaufen, als käme man hier nie wieder heil heraus. Hajek hält die schussbereite MPi umspannt und nähert sich dem Fenster; er stolpert über etwas, knirscht einen Fluch durch die Zähne und presst sich an die Wand. Auch Alsdorf ist bereit zu schießen, und lehnt in der Stubenecke, die offene Tür im Auge behaltend. Finsternis gähnt ringsum. Der Raum riecht nach Schimmel und irgendetwas Saurem. Minutenlang stehen die beiden in der Dunkelheit und lauschen, aber es bleibt alles still. Nichts regt sich.

»Da war doch einer«, flüstert Alsdorf, herankommend. »Oder haben wir Gespenster gesehen, Martin?«

»Nee, nee, mein Lieber«, raunt Hajek, »das war ein Mensch. Ich bin sicher, dass wir in ein Partisanennest geraten sind. Sehen wir zu, dass wir weiterkommen!«

»Warte«, sagt Alsdorf, »ich will mal rumschnuppern, was hier los ist.«

»Nischt, wir gehen zusammen«, knurrt Hajek. Alsdorf stolpert durch die Stube zur Tür hin, geht hinaus, will den Fuß ins Freie setzen, als plötzlich schräg gegenüber ein Schuss kracht. Heiß fährt es Alsdorf in den Leib, lähmend, ein stählernes Klingen entfachend. Er spürt, dass ihm die Knie weich werden, dass ihn jemand unter den Armen packt und ins Haus zurückschleift, in die Finsternis und ihn auf den harten Boden legt. Dann hört Alsdorf

Schritte, die weggehen … hört, wie aus weiter, weiter Ferne, wie eine MPi prasselt.

Und dann ist wieder eine bekannte Stimme da, die sagt: »Walter. Wo hat's dich erwischt?«

»Im … im Bauch … irgendwo im Bauch«, hört Alsdorf sich antworten; seine Zunge ist eigenartig schwer. Im Leib erwacht ein Brennen, das immer wilder wird. »Martin, hau ab«, sagt der Obergefreite mit Anstrengung. »Lauf weg, sonst machen sie dich auch fertig.«

»Ich trage dich, Walter. Komm, leg den Arm um meinen Hals.«

»So lass doch den Blödsinn«, ächzt Alsdorf. »Mit mir geht es sowieso gleich zu Ende. Verschwinde … tu mir den Gefallen und hau ab, Ma… Martin …« Die Stimme verändert sich, geht in ein wehes Winseln über.

Hajek hält den Sterbenden fest in beiden Armen und presst ihn an sich. Hajek ist nicht fähig, an etwas zu denken. Er ist jetzt eins mit Alsdorf … mit dem Walter, der überall dabei war, der immer einen Witz zur Hand hatte, wenn es gar nicht lustig zuging. Wieder einer weniger, wieder bleibt einer zurück! Für immer!

Alsdorf kann nicht mehr reden. Noch ein paar Minuten dauert der Todeskampf, dann hält Martin Hajek den Leichnam in den Armen, rührt sich nicht, presst die erschlaffte Gestalt wie ein Kind an sich. Käme jetzt jemand herein, würden Schüsse krachen – Martin Hajek empfände es wie eine Wohltat. Aber es kommt niemand, es nahen keine Schritte, es bleibt dunkel ringsum, und Alsdorf wird so schwer in den Armen. Hajek weiß nicht mehr, wie lange er neben dem Toten kauert. Zeit und Umgebung sind versunken. Mit geschlossenen Augen sieht Hajek eine Vision: Einen Talkessel im blauen Winterdunst, verschneite Straßen, ein kleines Haus, und vor der Tür steht eine blonde Frau und schaut herüber. Elsa!

»Komm gut heim«, sagt sie. »Ich bete für dich, Martin!«
Hajek erwacht. Er schüttelt den seltsamen Bann, in dem er, wer weiß wie lange, verharrte, von sich. Wut steigt in ihm hoch, Grimm und finstere Entschlossenheit. Er steht auf, packt die MPi, schiebt ein frisches Magazin ein, wirft das leergeschossene an die Wand und geht laut hinaus. Es schneit nicht mehr. Nichts regt sich. Und es sind doch Menschen da! Hajek spürt ihre Blicke auf der Haut. Sie starren aus dem Dunkel auf ihn, sie lauern. Ohne dass Hajek es will, schreit er plötzlich:

»Lasst mich ihn mitnehmen! Ich will den Kameraden mitnehmen! Oder schießt mich ab! So schießt doch schon! Zeigt euch!« Hajek erschrickt über sich selber. Bin ich verrückt?, denkt er. Die verstehen mich doch nicht! Denen ist es doch egal, und jetzt wird es gleich krachen, und ich liege auch da … Aber es kracht nicht. Martin Hajek hängt sich die MPi um den Hals, tastet sich in die Stube zurück zu Alsdorf, hebt die schlaffe Gestalt auf, wuchtet sie über die Schultern und balanciert damit hinaus ins Freie … geht und geht und geht … und es fällt kein Schuss. Ein kleines Wunder vielleicht! Ein Wunder inmitten des Grauens, inmitten einer irren Zeit.

Unbehelligt stapft Martin Hajek, den Kameraden über der Schulter tragend wie einen Mehlsack, den sanft ansteigenden Hang hinauf über freies Feld zum Wald hinüber. Erst dort lässt er die traurige Last langsam in den Schnee sinken und verschnauft keuchend, wischt sich mit den Händen übers Gesicht und begreift nicht, was geschehen ist. Der Schnee leuchtet. Ein bartstoppeliges Gesicht schaut mit halboffenen Augen, mit schläfrigem Ausdruck, starr zum Himmel empor. Und langsam, behutsam, drückt Hajek dem Kameraden die Augen zu. Das Dorf weit drüben ist leblos. Kein Laut flattert herüber, und doch sind Menschen dort drüben, die einen kurzen Augenblick lang und aus irgendeinem Grunde Menschen waren. Lange hockt Hajek im Schnee am Waldrand; er weiß die Richtung nicht, die er einzuschlagen hat. Mechanisch nimmt er den Kompass zur Hand, orientiert sich, steckt den Kompass ein, hebt den Toten auf, legt ihn behutsam über die Schultern und geht weiter. Ein breiter Schatten verschwindet im Wald.

Was geschah in dieser Nacht? Die Sowjets hatten mit starken und zahlenmäßig weit überlegenen Kräften den Bug überquert und griffen die 2. Kompanie mit derart verbissenem und blitzschnellem Elan an, dass der Zwoten nichts anderes übrig blieb, als den Verteidigungsabschnitt zu räumen. Unter Zurücklassung von acht Toten zog sich die Kompanie bis zu einem Waldstreifen zurück, in dem man erneut in Abwehrbereitschaft ging. Die Sowjets waren also in den verlassenen Stellungen der Deutschen. Sie hatten einen raschen Sieg errungen, und am Flussufer herrschte reger Übersetzbetrieb, den kein deutsches MG-Feuer, keine deutsche Granate störte. Immer mehr Schlauchboote, vollbesetzt, paddelten über den Fluss; man rief sich zu, lachte und freute sich über den raschen Erfolg. Sicherungstrupps schwärmten aus und tasteten die noch intakte Flanke des Nordflügels der 1. Kompanie ab. Ab und zu prasselte ein MG-Stoß in der Dunkelheit.

»Feind hat die 2. Kompanie zurückgedrängt und die Stellung besetzt«, hieß es bei den Deutschen. »Wir brauchen Artilleriefeuer!«

Noch ist es Nacht. Das Schneien hat aufgehört, die Wolkendecke reißt auf, und ein paar Sterne blinzeln auf die unruhige Welt herab. Martin Hajek schleppt noch immer den toten Kameraden durch den Wald. Das gelegentlich aufflackernde MG-Feuer hält er für ein leichtes Geplänkel mit irgendeinem feindlichen Spähtrupp. Keuchend stapft er durch den knietiefen Schnee, oftmals innehaltend, horchend, in die Richtung witternd, aus der verworrene Geräusche kommen. Nach einer Stunde Marsch in südlicher Richtung erreicht Hajek mit seiner traurigen Last den Waldrand. Schwer atmend schaut er geradeaus, erkennt weiter drüben eine Baumgruppe und weiß, dass er im Verteidigungsbereich der Zwoten angelangt ist. Aber warum ist man so laut? Was ist los? Ist Verstärkung eingetroffen? Hajek hört ferne Rufe, einen Trillerpfiff. Und plötzlich zischt etwas zum Himmel empor. Mit mattem Knall zerplatzt ein Magnesiumlicht und streut kahle Helle hernieder. Hajek sieht weit drüben dunkle Punkte über das Weiß laufen. Er starrt hinüber, bis das flackernde, bleiche Licht jäh erlischt und die Augen mit Schwärze geblendet werden. Russen, schießt es ihm durch den Kopf. Es sind Russen! Sie sind durchgebrochen. Sie sitzen in unseren Stellungen! Alles voller Russen! Aus! Jetzt ist wirklich alles aus!

Hajek macht kehrt, keucht ein Stück in den Wald hinein und lässt den Toten in den Schnee sinken. Still und schmal liegt er da. Hajek setzt sich, lehnt den Kopf an einen Baumstamm und lässt den Atem verflachen. Die Gedanken kreisen müde, die Glieder sind bleischwer. Hajek hält die Augen geschlossen. Ist es das Ende? Was tun? Soll ich hier sitzen bleiben und warten, bis die Russen mich finden, erschießen oder gefangen nehmen? Oder soll ich mir eine Kugel durch den Kopf jagen? Was ist denn das Bessere? Gibt es überhaupt noch so etwas Ähnliches wie ein »Besseres«? Ist nicht alles das Gegenteil?

Seine Gedanken verschwimmen; er schläft an den Baumstamm gelehnt ein, erwacht, als ihm die Kälte in die Knochen kriecht. Sein Blick fällt auf den schmalen, dunklen Schatten im Schnee. Der hat es gut, denkt Hajek. Der hat es überstanden! Zum Teufel, warum sitze ich noch hier? Warum liege ich nicht wie Walter da, mit einem Loch im Bauch?

Hajek spielt mit der Maschinenpistole, und einen Augenblick lang ist er nahe daran, sich deren Lauf an die Schläfe zu drücken und den Finger zu krümmen; aber da schwebt ein Bild heran, eine Vision: das weite Tal im bläulichen Kältedunst, ein kleines Haus im Schnee, eine Gestalt vor der Tür, die die Hand hebt: Elsa!

Hajek lässt die MPi sinken, steht auf und geht zu Alsdorf. Der Tote ist bereits steif. Ich kann ihn doch nicht so liegen lassen, denkt Hajek. Ich muss ihn begraben. Aber wie? Mit den Händen? Mehr mechanisch als bewusst geht Hajek von der Stelle weg und sucht etwas. Er findet einen verschneiten Haufen, schiebt mit den Händen den Schnee weg. Reisig liegt da, faules, nasses Astzeug. Er räumt es weg. Dann holt er den Toten und legt ihn auf die nasse Walderde, durchsucht Alsdorfs Taschen, sammelt alles und schiebt es in seine eigenen: ein paar Briefe, die Brieftasche, das Soldbuch, einen Kamm aus Aluminium, Krimskrams, wie ihn jeder Landser mit sich herumträgt... Eine Viertelstunde später liegt der Obergefreite Alsdorf unter einem Haufen aus Reisig und faulenden Ästen. Darauf liegt ein weißgekalkter Stahlhelm. Still und dunkel ist es im Wald.

Hajek hat sich die beiden Maschinenpistolen wieder umgehängt und geht ziellos weiter. Er meidet das freie Feld. Etwas wie ein Funken Lebensbejahung ist in ihm, der unter einer Schicht dumpfer Interesselosigkeit schwelt. Halbrechts drüben liegt der Birkenwald. Hajek erreicht ihn, dringt in das Buschwerk ein und kommt bald an das andere Ende des Wäldchens. Die Stellungen liegen in Rufweite: Dort drüben lag der I. Zug. Wo ist er geblieben? Fremde Laute dringen herüber. Die Russen sind in der geräumten Stellung. Man gibt sich ungeniert und fühlt sich sicher. Jetzt flattert rauer Gesang herüber! Nun ja, die haben gut singen; es ist ihr Land, das sie säubern und vom Feind befreien! Sie haben alles, was sie zum Sieg brauchen!

Hajek irrt noch ein paar Stunden durch die Gegend; und als im Osten der Tag graut, kriecht er irgendwo auf freiem Feld in einen modrigen Heuhaufen, wühlt sich zurecht und schläft ein.

Ein Geräusch weckt ihn. Von irgendwo ertönen Stimmen. Lachen. Hajek ist sofort munter; er horcht. Er wagt es nicht, sich zu rühren. Ein Trupp Russen streunt durch die Gegend; es ist schon Tag geworden, die Sonne schaut schüchtern aus wandernden Wolkenfetzen hervor. Die Russen trotten weiter, Gewehre und Maschinenpistolen lose umgehängt, in langen, warmen Mänteln, in gutem Schuhwerk.

Aus dem schneebedeckten Heuhaufen schaut ein Gesicht. Hajek schämt sich plötzlich. Er schämt sich in Grund und Boden. Wie eine Ratte kommt er sich vor, die von Hunden aufgestöbert und durch einen Biss ins Genick getötet werden soll. Und wieder überfällt ihn der Gedanke, mit einer Kugel Schluss zu machen, sich aus dieser verrückten, aus den Fugen geratenen Welt zu flüchten. Er tut es nicht. Er kriecht zurück, fingert in den Taschen herum, findet einen Kanten Brot und verzehrt ihn. Dann schläft er wieder. Traumlos. Oh, könnte man immer so schlafen!

Am späten Nachmittag – Hajek weiß nicht wann – zittert plötzlich die Umgebung, dröhnt es dumpf und fern. Artilleriefeuer. Es wächst, es reißt die Erde auseinander. Krachende Einschläge in der Nähe. Immer wieder. Hajek ist aus dem Heuhaufen gekrochen und sieht östlich, dort wo früher die Kameraden lagen, schmutzige Rauchpilze aufsteigen. Viele. Und das dumpfe Krachen, es kommt aus dem Westen! Deutsche Artillerie! Ja, deutsche Artillerie schießt wütendes, massives Feuer!

»Weitermachen, Kameraden! Macht weiter!«

Als es plötzlich ganz nah zu jaulen anfängt, lacht Hajek und wirft sich hin. Die Granate schlägt etwa hundert Meter von ihm entfernt ein und reißt Dreck und schwärzlichen Rauch hoch. Hajek trommelt mit den Fäusten in den Schnee. Er brüllt, er lacht. Ist er irre geworden? Sein verzerrtes Gesicht schaut auf, grinst. Er lacht, es ist ein idiotisches, einsames Lachen. Tränen rollen ihm übers schmutzverkrustete Gesicht. Er hört eine Granate heranzischen. Als die fetzende Detonation an seine Ohren prallt und ein heißer Luftstoß ihn fortzufegen scheint, blitzt ihm der Gedanke auf: Hier bleibe ich ... hier erwischt es mich ... durchs eigene Feuer. Und dann spürt er einen klirrenden Splitterschlag irgendwo am Kopf. Kein Schmerz, kein heißes Zucken, nur ein klirrender Schlag, der durch den ganzen Körper klingt, so, als knalle ein kleiner Hammer auf den stählernen Amboss. Hajek spürt nur noch ein sattes Müdigkeitsgefühl, das ihn schwebend macht, dann weiß er nichts mehr.

In dieser Stunde steigert sich das Artilleriefeuer, und die Deutschen versuchen, die Einbruchstelle des Feindes sturmreif zu schießen. Vom Wald drüben lösen sich dunkle Punkte, die rasch näherkommen. Fächerförmig ausgeschwärmt, verstärkt durch jene Restkompanie, die Hajek in dem Partisanendorf zu finden hoffte, beginnt die 2. Kompanie den Angriff auf die Einbruchstelle. Das deutsche Artilleriefeuer wühlt jetzt den Geländestreifen des vom Feind besetzten Westufers um. Maschinengewehre beginnen zu hämmern. Mit verbissenem Schwung greifen die Deutschen an. Eine MG-Gruppe rennt geduckt übers Feld und stolpert auf den Heuhaufen zu.

»Hierher!«, schreit eine Stimme. Es ist ein Unteroffizier vom III. Zug. Seine Leute werfen sich neben dem Heuhaufen hin und bringen das MG in Stellung. Drüben, wo die Sowjets liegen, flackert Widerstand auf. MG-Garben pfeifen durch die Luft.

»Mensch, da liegt einer«, keucht einer der Landser, der sich mit den Munitionskästen an den Heuhaufen schmeißt. »Der Hajek ist's!«, schreit er außer Atem und dreht die Gestalt auf den Rücken.

Plötzlich steht die Gestalt auf. Hajek steht auf! Er grinst, schwankt wie ein Betrunkener hin und her.

»Kameraden«, sagt er, dann schlägt er seitlich hin.

»Feuer frei!«, brüllt jemand, und das MG beginnt Dauerfeuer zu schießen.

Unteroffizier Herletz kniet neben Hajek. »Martin, wo hat's dich erwischt?« Das MG rast. Schüsse peitschen. Das deutsche Artilleriefeuer schlägt jetzt in den Fluss und aufs gegenseitige Ufer. Von den Russenkaten herüber hämmern einige Maschinengewehre im Dauertakt.

»Wa… was ist los?«, hört Hajek sich fragen. »Wo kommt ihr her? Die Artillerie, wo kommt sie her?«

»Wir greifen an«, erwidert jemand. Er scheint weit weg zu stehen und zu rufen. Hajek kriegt jetzt die Augen nicht mehr auf. Und seltsam dabei ist, dass er keinen Schmerz verspürt. Nur diese Müdigkeit, dieses schwere Schlafbedürfnis. Dann weiß er nichts mehr. Das Geschieße und Krachen versinkt in einer schwarzen Woge, die weich und sanft über ihn hinwegrollt.

Hajek erwacht erst wieder, als ihm jemand das rechte Augenlid hochhebt. Für Sekunden sieht er ein stoppelbärtiges Gesicht, einen Stahlhelmrand, unter dem zwei helle Augen hervorschauen.

»Hajek, nichts reden«, sagt eine bekannte Stimme. »Sie kommen gleich weiter … Sie … Mensch, wo waren Sie überhaupt? Ist egal. Ist total Wurscht! Da, zieh an … rauch.« Dieser Jemand, den Hajek kennt und doch wiederum nicht definieren kann, steckt ihm eine angebrannte

Zigarette zwischen die Lippen, und die hellen Augen unter dem Stahlhelmrand, an dem Erdklümpchen kleben, blicken so väterlich herab.

»Herr … Herr Oberleutnant«, krächzt Hajek.

»Schon gut, Hajek«, sagt Pretsch. »Nichts reden … wenn's auch schwerfällt …« Er nickt und tätschelt mit kräftiger Hand Hajeks Wange.

»Was war los?«, gelingt es Hajek zu fragen.

»Wir sind aus dem Kaff rausgeschmissen worden«, sagt Pretsch, und Hajek erkennt jetzt noch ein paar andere Gesichter, die auf ihn schauen: Friemelt, Ebner, Wastl Wohler. Hajek will reden, aber er kann nicht, sein Genick ist genauso taub, wie seine Zunge schwerfällig ist, wie gelähmt.

»… Artillerieunterstützung …«, hört er Wortfetzen, »Verstärkung durch Infanterie … Gefangene …«

»Bürscherl«, sagt jetzt eine andere Stimme, »jetzt kommste heim, jetzt haste die Fahrkarte schon in der Tasche! Mach's gut, Freund …« Das Weitere erlebt Hajek wie in einem Traum: Man trägt ihn weg, man drückt ihm die Hand, man steht da und schaut, und der Wastl Wohler ist noch einmal da, legt etwas über den gefühllosen Leib; und dann liegt Hajek in einem Wagen, der langsam losfährt. Die dunkle Umwelt ist voller Geräusche, irgendwo paukt noch etwas, dann wird es still wie in einer Kirche.

Feldwebel Martin Hajek kommt zu sich in einem der ratternden Lazarettzüge, die aus Viehwaggons bestehen, in denen das Stroh plattgelegen und blutgetränkt ist. Sie rollen, oft genug von Bomben eingeholt oder von Partisanen angegriffen, nach Westen. Man hat Hajek gesagt, dass er einen kleinen Granatsplitter im Genick stecken habe, irgendwo im Nervensystem. Aus der tauben Gefühllosigkeit sind irre Kopfschmerzen geworden, die er mit Tabletten loszuwerden versucht; er kann zwar stehen, aber seine Beine sind wackelig; er muss sich auf einen aufgelesenen Knüppel stützen, wenn er ein paar Schritte machen will. Aber er ist immer noch besser dran als der mit dem Bauchschuss, der in der hintersten Ecke des grässlich wackelnden und rüttelnden Viehwaggons liegt und alle paar Minuten jammernd aufschreit: »Wasser ... Wasser ... Durst!« Er ist auch besser dran als der mit dem Lungenschuss, der nach Luft japst und nicht sterben will.

Zwanzig mehr oder weniger schwer Verwundete liegen auf dem feuchten Stroh, das Mist geworden ist. Der Elendszug soll nach Krakau rollen. Der Zug besteht aus 45 Wagen. Ein hohlwangiger, gegen Leid und Jammer abgestumpfter Oberarzt und ein halbes Dutzend Sanitäter, die gleich ihm sich abmühen, oft genug vergeblich, fahren mit. Die Verpflegung ist ebenso knapp, wie es die Medikamente sind. Kein Neuverband! Täglich einmal Kaffee, der nach Chemikalien schmeckt, zehn Mann, ein knochenhartes Brot. Das ist alles. Oft hält der Zug mitten in einem Wald oder an einer elenden Bahnstation; dann heißt es: »Leichtverwundete heraus, Holz sammeln!« Die Lok wird mit Holz geheizt. Sobald der Vorrat zu Ende geht und ein Wald auftaucht, eine Station, muss Holz gesammelt werden. Auf diese Weise sind unzählige kleine Bahnhäuschen buchstäblich verheizt worden. Verheizt, um das jammernde Elend weiterbringen und irgendwo abladen zu können. Immer sitzt, neben Hunger und Elend, die Angst vor Fliegerangriffen im Nacken. Der oftmals geflickte Schienenweg ist streckenweise mit ausgebrannten Waggongerippen gesäumt; da und dort liegen verbogene Gleisstücke neben dem Damm.

»Hoffentlich kommen wir gut durch ... Hoffentlich kommen wir gut durch«, flüstert alle Augenblicke ein junger Panzerfahrer, der mit schmutzstarrendem Kopfverband und verbundenen Händen in der Wagenecke liegt. Verbrennungen zweiten Grades hat er. Er sagt nichts anderes als alle Augenblicke: »Hoffentlich kommen wir gut durch …«

Überall wird von Partisanen gesprochen, dem zweiten Übel, das sich in den Weg stellen kann: das Gleise sprengt, den Zug beschießt und das bisschen Leben, das sich heimwärts retten will, niedermacht. Waffenlos ist man solchen Überfällen ausgeliefert. Die paar Pistolen, die paar rostigen Karabiner, die man mitführt, nützen wenig, wenn die Partisanen ihr blutrünstiges Handwerk verrichten. Diese Sorge hält auch den Verwundetentransport, der an diesem Tag, der kaum hell werden will, Richtung Westen rollt, in Atem. Es regnet in Strömen, das Land, das langsam vorbeizieht, ist grau und dunstig. Jeden Augenblick kann der Zug halten oder beschossen werden. Aus dem Wald heraus oder durch Bomben der Flieger. Dass im vordersten Waggon ein MG 34 postiert ist, dass ein paar Kästen Munition vorhanden sind, wirkt wenig beruhigend auf die ängstlichen Gemüter.

Hajek liegt zwischen dem ächzenden Panzerfahrer und einem Landser, der einen schweren Schussbruch am rechten Bein hat; der Mann schläft andauernd. Wenn er aufwacht, stößt er Hajek in die Seite und fragt: »Haste 'n Stäbchen für mich, Kumpel?«

Hajek hat keine Zigaretten; er hat auch keinen Hunger, nur unerträgliche Kopfschmerzen. Das Stoßen und Rütteln des monoton rollenden Zuges ist eine Qual. Zeit und Umgebung sind kaum mehr festzustellen; man liegt da und dämmert in einem Zustand des Wachseins und dumpf empfundener Müdigkeit dahin.

Sobald der Zug irgendwo anhält, heben sich struppige Köpfe und unrasierte, ausgemergelte Gesichter aus den Decken und erwarten irgendetwas, sinken zurück, wenn die Fahrt weitergeht. Drei Tage! Drei Nächte! Eine schier endlose Fahrt.

Irgendwo wird ein Toter aus der finsteren Waggonecke hinausgebracht. Noch einer und noch einer! Ihre Gräber liegen neben dem Bahndamm. Im Waggon des Sanitätspersonals liegt ein kleiner Berg von halbierten Erkennungsmarken und abgewetzten Brieftaschen und Uhren auf dem Klapptisch des Sanitätsfeldwebels, der die Toten registriert.

Hajek muss immer wieder an die Kameraden denken, die er zurückgelassen hat; er versucht sich vorzustellen, wo sie jetzt sind, was die Leute des II. Zuges machen. Er wird diese Gedanken nicht los; sie kleben wie Fliegen an einem Fliegenfänger. Dann wieder tauchen jene Nebel auf, in die er nur zu gern versinkt, und in denen Ruhe ist. Dunkle Ruhe. Ein seltsamer Friede, der sich jäh in ein lautes Stoßen und Poltern verwandelt. Ab und zu tasten sich die Gedanken zu einer Traumgestalt, die mit blondem Haar und ruhig lächelndem Antlitz unter einer Haustür steht: Elsa. Warum wohl Elsa so oft aus dem wogenden Dunkelgrau ins helle Licht tritt? Eine Erscheinung, die er fassen und mit der er reden will, die aber vor seinen ausgestreckten Händen zurückweicht und stumm bleibt. Nur das Lächeln, das ruhige Gesicht ist da … ein gutes Gesicht, oh ja! Ein Traumbild, das die Qual der Fahrt und der Schmerzen zu lindern scheint. Die hier in qualvoller Enge und Dunkelheit liegen, kennen einander nicht und sind doch eine Gemeinschaft. Sie fragen nicht, wer der Nebenmann ist, sie sprechen mit ihm, sie wimmern um eine kleine Hilfe oder sie brüllen auf, wenn die Schmerzen unerträglich sind.

Und wieder tastet eine bandagierte Hand zu Hajek herüber, und der Panzerfahrer fragt mit ächzender Stimme: »Kamerad, was meinst du, kommen wir durch?«

»Ja doch, mein Junge, wir kommen durch«, tröstet Hajek.
Und dann meldet sich wieder die heisere Stimme von
links, wo der Landser mit dem schweren Schussbruch
liegt.

»Du, hast 'n Stäbchen für mich? ... nur 'n Schluck Tabak, du ...« Hajek hat keine Zigarette, und eine Zigarette
würde hier vielleicht ein kleines, nur kurz anhaltendes
Wunder bewirken: für ein paar Augenblicke die Schmerzen vergessen lassen.

Die dritte Nacht hat begonnen, in der die polternde
Wagenschlange Richtung Westen rollt. Der Himmel ist
klar und voller Sterne. Das Land, das vorbeizieht, ist weit
und grenzenlos einsam. Hajek kann nicht mehr schlafen.
Der Kopf dröhnt, in den Schläfen und im Genick, wo der
Granatsplitter steckt, pocht es, sticht es hartnäckig aus-
dauernd. Mit geschlossenen Augen liegt er im Finstern,
und er sieht sein Leben vorbeiziehen: die Jugend, die so
sorglos war ... den Vater, den er nie sah, da er 1918 im
Westen gefallen war ... Muttern, die ihn großzog und einen anständigen Beruf erlernen ließ ... die Lehrjahre in
der Kesselschmiede, dann die Zeit als Heizer im Stadt-
werk. Wie gleichmäßig und ruhig das Leben damals da-
hinfloss ... bis, ja, bis der Einberufungsbefehl kam! ...
Kaserne. Drill. Gehorsam. Und wie hat man auf Hitler
vertraut! Wie hat man sich als Deutscher gefühlt! Die
schnellen Siege am Anfang des Krieges, der Rausch der
Begeisterung! Und jetzt? ... Alles ist anders geworden!
Hin ist die Begeisterung, verloren die Siegeszuversicht!
Wo sind die vielen, die mitmarschiert sind? Wo endet dies
alles? Ist das der Lohn für Mut und Blutopfer?

Hajek hat nicht die Kraft, zu fluchen, die Fäuste zu bal-
len und jene zu verdammen, die dieses Unglück über Mil-
lionen Menschen gebracht haben. Leer fühlt er sich, zer-
brochen, gleichgültig. Er, der einstmals verbissen gekämpft

hat, der sich nie als Held, sondern nur als pflichterfüllender Soldat gefühlt hat, er ist jetzt ausgelaugt und würde, fiele der Feind über ihn her, kaum die Hand zur Abwehr heben. Wie einschläfernd die Räder poltern ... wie endlos diese Fahrt ist!

Aber da ... jäh legen sich die Bremsen an die Räder. Ein wilder Ruck geht durch den Transportzug. Erschrockene Aufschreie! Gewimmer! Köpfe fahren aus Decken hoch.

»Was ist los? Partisanen?« Schiebetüren poltern zur Seite. Struppige Gesichter starren in die sternklare Nacht. Der Zug steht in einem Wald. Vorn bricht Lärm los. Geschrei. Rufe. Im letzten Augenblick hat der Lokführer, ein Eisenbahner in grauer Wehrmachtsuniform, die aufgerissene Gleisstelle gesehen, die zum Himmel ragenden Silhouetten verbogener Schienen. Die Strecke ist gesprengt! Wieder einmal gesprengt! Gleich wird es aus dem Wald zu knattern und zu prasseln beginnen! Die Partisanen sind bestimmt nicht weit. Oder schießen sie deswegen nicht, weil sie in dem Transport einen Verwundetenzug erkannt haben? Krümmen die im Wald liegenden MG-Schützen deswegen nicht den Finger um den Abzug, weil sie weiße Verbände in der Dunkelheit schimmern sehen, weil sie das Ächzen und Wimmern der Verwundeten hören? Kein Schuss fällt. Das MG auf dem Dach des vordersten Wagens schwenkt hin und her, sucht nervös ein Ziel.

»Wenn die Partisanen über uns kommen, machen sie uns zur Schnecke, mein Lieber«, orakelt jemand.

Und eine andere Stimme schreit hysterisch: »Ich will raus! Ich will raus! Fahrt doch weiter!«

»Halt 's Maul, Kumpel! Die Strecke ist gesprengt!«

Stundenlang steht der Zug. Und da kein russisches MG zu schießen beginnt, keine Partisanen aus dem Wald gerannt kommen und Handgranaten in die offenen Türen werfen, flaut die Welle der Angst ab. Ein Kommando aus Freiwilligen, die gerade noch gehen und die Hände rühren können, macht sich unter der Führung des Arztes daran, die Sprengstelle zu reparieren. Die Nacht vergeht ohne Zwischenfall.

Im frühen Morgengrauen nähert sich aus der Fahrtrichtung des stehenden Transportes ein rollendes Geräusch. Eine Diesellok klirrt heran und zieht zwei Loren hinter sich her und einen Personenwaggon. Eine Abteilung SS-Leute kommt dem haltenden Zug zu Hilfe. Man bringt Bahnschwellen und Ersatzgleise. Etwa ein Dutzend Russen werden von den Loren gescheucht und zur Reparaturarbeit befohlen.

»Los, bringt das schnellstens in Ordnung, sonst machen wir euch Beine!« Die SS-Leute, die ein gertenschlanker, drahtiger Offizier anführt, sind ausgeruht und bestens ausgerüstet. Keine zerlumpten Gestalten, die von den Kleiderläusen aufgefressen werden! Gesunde Gesichter! Frische Stimmen!

»Na, Kameraden, euch haben sie ganz schön fertiggemacht!« Zigaretten und Tabakpäckchen werden verteilt. Es gibt sogar Brot und pro Wagen eine Büchse Schmierkäse.

»Wo die das bloß herhaben?«, fragt man sich.

Der schlanke Offizier geht von Wagen zu Wagen, unterhält sich da, fragt dort, nickt, verteilt Zigaretten. Als er zu dem Wagen kommt, vor dem Hajek auf wackeligen Beinen steht, auf einen Astknüppel gestützt, um in der frischen Morgenluft die rasenden Kopfschmerzen zu lindern, bleibt der SS-Mann stehen. Er sieht an Hajeks Hals das Ritterkreuz.

»Kamerad, wie heißen Sie?«

»Feldwebel Hajek.«

»Wo haben Sie es bekommen?«, fragt der Offizier und zeigt auf Hajeks Hals.

»Tscherkassy.«

Der SS-Mann streckt Hajek die Hand hin. »Respekt. Und wo hat es Sie erwischt?«

Hajek drückt dem Mann die Hand. »Granatsplitter im Genick. Lähmungserscheinungen«, sagt er. Sie unterhalten sich eine Weile. Hajek bekommt den Rest Zigaretten in die Manteltasche geschoben.

»Ich werde schaun, dass Sie auf schnellerem Weg weiterkommen«, sagt der SS-Offizier. »Bei der nächsten Bahnstation halten wir den Zug an, und Sie fahren mit einem unserer Lkws nach Krakau.«

»Danke«, erwidert Hajek. »Aber ich habe mich jetzt langsam an die Fahrt gewöhnt. Nehmen Sie lieber einen Schwerverwundeten mit.« Der Offizier wechselt mit Hajek einen eigenartigen Blick, dann geht er weiter.

»Bist 'n ganz schöner Dussel«, sagt jemand zu Hajek. »Warum lässt du dich nicht mit dem Lkw von der SS weiterbringen?« Hajek gibt keine Antwort. Im Grunde genommen weiß er selber nicht, warum er lieber in diesem Elendszug weiterfährt, als den Vorzug in Anspruch zu nehmen, in einem Lkw und womöglich noch auf weichen Decken gebettet, nach Krakau zu gelangen.

Kurz bevor der Zug abfährt, kommt es noch zu einem Zwischenfall. Einer der Zivilisten fehlt. Vier SS-Männer verschwinden, einen deutschen Schäferhund an der Leine führend, im Wald. Ein paar Minuten später hört man Bellen, und dann fallen schnelle Schüsse. Die Russen sitzen mit steinernen Mienen auf den Loren. Ein weißbärtiger Alter bekreuzigt sich. Eine Stunde später rollt der Transportzug weiter gegen Westen, voraus die kleine Zuggarnitur mit den SS-Leuten. Hajek liegt zwischen den beiden Kameraden und hält die Augen geschlossen. Wieder einmal vorübergegangen, denkt er. Wieder heil davongekommen. Es hätten ja auch Partisanen auftauchen können, solche wie jene, die dem Hauptmann Warnicke die Augen ausgestochen und die Ohren abgeschnitten haben, damals vor Stalingrad. Und der Zug rollt, und die Räder poltern ihren monotonen Rhythmus. Noch einen ganzen Tag dauert die Fahrt, dann taucht Krakau auf. Schon unterwegs hat sich das Leben in den Wagen um eine Kleinigkeit gebessert: Frauen mit Schwesternhauben sind aufgetaucht und haben warmes Essen gereicht; die Schwerverwundeten sind zum Teil ausgeladen und zu Verbandsplätzen gebracht worden.

In Krakau scheint die Sonne, als Feldwebel Martin Hajek mit tauben Gliedern und auf unsicheren Beinen aus dem Wagen klettert. Eine Schwesternhaube erscheint vor seinen Augen, ein mitleidiges Gesicht. Zwei blaue Augen.

»Elsa ...«, lallt Hajek, und dann sinkt er zusammen. Es bleibt lange Nacht um Martin Hajek, und die Schwester, die dabei ist, als man ihn fortträgt, ist gar nicht Elsa Klotz, sondern sie heißt ganz anders.

Der Krieg frisst sich weiter durch die Zeit und verschlingt die Menschen wie ein unersättlicher Moloch. Es wird Nacht über Deutschland, Glanz und Gloria sind verloschen wie die zuckenden Lichter und Frontfeuer in Afrika. In Sizilien landen Engländer, und Amerikaner kämpfen verbissen um jeden Zoll des betretenen Landes. Das Blut fließt weiter in Strömen, und das Elend wächst; die deutschen Waffen sind stumpf geworden, aber scharf klingt noch die Stimme aus den Lautsprechern und verspricht den verdienten Sieg, die große Wende im Geschehen. Wer glaubt noch daran? Wer kann noch daran glauben, als man vernimmt, dass an der Nordküste Frankreichs die Alliierten gelandet sind? Dass die alliierten Bomberpulke in Deutschland einfliegen und immer mehr Städte zertrümmern? Wie kann der noch an den Sieg glauben, der seinen einzigen Sohn, der mehrere, der alle seine Söhne verloren hat?

»Kinder, genießt den Krieg! Der Friede wird furchtbar!« So sagt der Soldat in bitterer Selbstironie, weil er das finstere Ende nahen sieht und ihm nicht entkommen kann. Noch immer beugen sich die Marschälle und Generäle über die Kartenblätter und erteilen Befehle, die Leid und Jammer nicht enden lassen. Die Reste der Heere stolpern und schwanken den Weg, der ihnen befohlen ist, zu Ende und niemand gibt Antwort auf die verzweifelten Fragen: »Wofür bin ich marschiert? Wofür habe ich gekämpft? Wofür habe ich geblutet, gehungert, gedürstet?«

Am 12. Januar 1945 beginnen die Sowjets ihre Durchbrüche an der Weichsel. Vor dem roten Heer fliehen die Menschen mit ihrer letzten und einzigen Habe. Noch setzen die deutschen Truppen dem Feind Widerstand entgegen, aber es sind kraftlose Versuche, die gewaltige Dampfwalze aufzuhalten, die gegen Deutschland auf die Grenzen zurollt.

Im Westen stehen die Alliierten bereits in Belgien und Holland und schicken ihre zahllosen Bomber über die deutschen Städte. Das Rheinland ist nur noch ein Trümmerhaufen, Berlin und Dresden haben ihre Gesichter verloren, sind zerpflückte, rauchende Ruinenstädte, unter denen zahllose Tote liegen.

Martin Hajek weilt seit acht Tagen in Oberdorf. Seit seiner Verwundung, von der er nach geglückter Entfernung des im Nervensystem sitzenden Granatsplitterchens genesen ist, hat er einige Stationen seines militärischen Daseins durchlaufen. Er ist nicht mehr an die Front zurückgeschickt worden, da er seit der Operation an zeitweilig ganz plötzlich auftretenden Schwindelanfällen leidet. Irgendein Nerv scheint bei der Entfernung des Granatsplitters in Mitleidenschaft gezogen worden zu sein, jedenfalls ist er nur noch für den Garnisondienst in der Heimat zu gebrauchen. Ein halbes Jahr lang ist er in Magdeburg als Listenschreiber bei der Kommandantur tätig gewesen, bis man ihn wegen seiner hohen Auszeichnung und Fronterfahrung eines Tages als Ausbilder in ein Infanterie-Ersatzregiment nach Ulm abkommandierte. In Ulm, beim Ersatzhaufen, der nur noch über ein paar betagte Reserveoffiziere verfügt, und wo der Dienst kaum noch mit jenem, den er aus seiner früheren Dienstzeit kennt, etwas gemein hat, fühlt Hajek sich wohl. Er genießt höchste Anerkennung bei den Vorgesetzten und ist vor drei Wochen ganz unerwartet zum Leutnant befördert worden.

Diese Beförderung und einige Gründe mehr sind der Anlass, warum Martin Hajek bereits zum dritten Mal in Oberdorf bei Elsa Klotz weilt. Zwischen den beiden Menschen ist es zu einer festen Bindung gekommen. Elsa hat in Martin einen Halt, einen verständnisvollen und aufrichtigen Freund und Beschützer gefunden. Er ist für Hermann da, dessen Bild noch immer am selben Fleck steht, mit dem dunklen Flor, ein Väschen mit drei roten Strohblumen als Schmuck davor. Oft sprechen Martin und Elsa von dem Toten; und er ist dann bei ihnen, er ist da, und Martin Hajek wundert sich darüber, dass Hermann Klotz ihm jetzt, da er schon so lange in der lehmigen Erde bei Tscherkassy liegt, noch näher steht als damals, als Lebender. Elsa hat immer auf Martin gewartet, auf einen Brief, auf ein Lebenszeichen, und als er in Magdeburg war, hatte sie die Absicht, ihn dort zu besuchen, aber er wollte es nicht.

»Bleib, wo du bist«, schrieb er ihr, »dort bist du sicherer!« Und jetzt ist Martin schon das dritte Mal bei ihr. Er kann bereits melken, er badet den Jungen, er hackt Holz und er trägt nie die Uniform. Er trägt eine blaue Leinenhose und die alte Joppe, die Hermann anhatte, als er noch daheim war und als Bauer arbeitete. Dass Martin Hajek Leutnant geworden ist, hat Elsa erst am zweiten Tag seines Aufenthalts gemerkt. An den Silberlitzen der Mütze.

»Was hat das zu bedeuten?« hat sie gefragt. Er wollte es erst nicht sagen, er ist rot geworden und hat weggeschaut, bis er endlich zugegeben hat, dass er befördert wurde. Herr Leutnant Martin Hajek.

»Ich war selber ganz überrascht«, hat er gesagt. Und so war es ja auch.

Es ist Abend. Martin fegt den Stall sauber, klatscht den Kühen, deren Schwänze er mit Seifenlauge gewaschen und mit einem alten Aluminiumkamm gestriegelt hat, freundlich auf die Hinterteile und füttert noch die Karnickel, die im Stall herumflitzen.

Als er aufschaut, sieht er Elsa unter der Stalltür stehen, die in den Hausflur führt. Es ist noch hell genug, dass er ihr Gesicht erkennen kann: Es lächelt still; ihre blauen Augen sind groß und glänzen. Da geht Hajek zu ihr hin und sagt: »Warum lachst du, Elsa?«

»Weil ich mich freue, Martin. Du bist wie Hermann.«

Hajek nickt. Irgendwie tut es ihm weh, wenn sie von Hermann spricht. Und sie spricht so oft von ihm.

»Wo ist der Junge?«, lenkt Hajek ab.

»In der Stube«, sagt sie und legt ihm plötzlich die Hand auf den Arm. »Martin, wann heiraten wir?«

Hajek blickt die Frau betroffen, fast bestürzt an. Hat er recht gehört? Hat sie es wirklich gesagt? Er kennt sie jetzt schon über ein Jahr; er ist zum dritten Mal in diesem kleinen Haus, und er hat immer den toten Freund zwischen sich und Elsa stehen gespürt.

»Elsa«, sagt er rau, »du willst mich?«

Sie nickt nur, und dann tritt sie lächelnd an ihn heran, legt ihm die Arme um den Nacken, drängt sich sanft an ihn und flüstert: »Ja, Martin.«

Für Martin Hajek ist es ein Wunder, ist es der Lohn für alles, was er getan, ertragen und im Kriegschaos erlebt hat. Dieser Augenblick in einem dunklen Stall, diese kurzen Minuten erheben ihn aus Schmutz und Grauen. Unter dem warmen Kuss fühlt sich Martin Hajek, der gleichgültig gewordene Frontkämpfer, als Mensch. Krieg und Zeit sind vergessen.

»Komm, Martin«, sagt leise die Frau, nimmt ihn an der Hand und geht mit ihm in die Stube hinüber. Die kleinen Fenster sind verdunkelt, das Licht über dem Tisch zaubert einen trauten hellen Kreis, in dem ein Kind sitzt. Der strohblonde Junge spielt mit alten, in den Farben schon verblichenen Bausteinen. Ein Holzpferdchen, dem Schwanz und ein Bein fehlen, hat einen Stall gebaut bekommen. Das Kind redet vor sich hin, selbstvergessen, mit wirrem Haarschopf und pausbäckigen, glänzenden Wangen.

»Haus bauen …«, lallt der Junge, »Pferd … hüh … hüh …« Und er nimmt das Holzpferdchen und lässt es um die aufgebauten Holzklötzchen traben. Wortlos geht Elsa zu dem Kind hin, nimmt es auf die Arme, trägt es zu Martin Hajek.

Sie schaut ihn lächelnd an und fragt noch einmal: »Willst du uns … uns beide?« Und Hajek nickt nur, nimmt ihr den Jungen ab, küsst ihn auf die Stirn und denkt: Herrgott, bitte mach, dass ich diesen Krieg überlebe, denn die zwei da brauchen mich.

Das Kind schläft. Martin und Elsa sitzen am Tisch und halten sich an den Händen.

»Morgen rufe ich Hauptmann Reger an und bitte ihn, dass er meinen Urlaub verlängert.«

»Wird er es tun, Martin?«

»Sicher. Ich verstehe mich gut mit ihm. Meine Papiere sind in Ordnung, ich denke, dass wir nächsten Sonnabend heiraten können.«

Sie lehnt sich an seine Schulter und lächelt. »Ich bin wieder glücklich, Martin«, sagt sie versonnen und leise. »Nach allem, was ich durchgemacht habe, bin ich wieder glücklich.«

Er legt den Arm um sie. »Wenn der Krieg aus ist, werde ich Bauer, Elsa. Mir macht das Spaß. Ich hätte nie gedacht, dass ich einmal Bauer sein würde.« Martin Hajek lächelt.

»Komm bald heim«, murmelt sie und lehnt sich fester an ihn. Ein Zittern überkommt sie – Angst, die schon so oft auftauchte … damals, als Hermann noch lebte.

»Ich brauche nicht mehr an die Front zu gehen«, sagt er, weil er spürt, was sie denkt und fühlt. »Ich bin nicht mehr tauglich, Elsa. Ich hab einen Knacks weg, schau her.« Er hebt den linken Arm, streckt ihn aus und der Arm zittert, die Hand bebt wie bei einem Greis. »Und ich mag auch nicht mehr, Elsa«, sagt er. »Ich mach den Wahnsinn nicht mehr mit.«

»Martin … lauf weg. Hier bist du sicher. Ich verstecke dich, dass dich niemand findet … kein Mensch wird dich finden, bis alles vorbei ist.«

Hajek schweigt. Die Uhr tickt. Im Ofen knistert Holz. So still ist es, dass man den eigenen Herzschlag zu hören meint. »Sorg dich nicht, Elsa«, sagt Martin Hajek, »ich habe gelernt, wie man überlebt … ich riskiere nichts mehr.«

»Sie haben dich zum Offizier gemacht, Martin. Was willst du machen, wenn sie dich wieder rausschicken?«

»Abhauen.«

»Schwörst du mir das?«

»Schwören?« Er wischt sich mit der Hand übers Gesicht. »Ja doch, Elsa, aber verlang es nicht, bitte. Ich weiß nur, dass ich überleben will, aber wie ich es machen werde, das ... das ist mir noch nicht klar.«

Das Haus ist dunkel. In der Geborgenheit dieses Dunkels keimt Hoffnung und seufzt Sehnsucht. Und die Uhr tickt, frisst die Zeit, zerhackt sie in Sekunden.

Am nächsten Tag, gerade als Martin zum Postamt gehen will, kommt der hinkende Postbote ihm entgegen und winkt: »Kamerad, für dich ist ein Telegramm da. Dienstliches.« Der grauhaarige Postbeamte, der schon längst pensionsreif ist, holt ein Telegramm aus der abgewetzten Tasche, reicht es Hajek und meint: »Wird nix Gutes drinstehen, Kamerad. Telegramme bringen selten Gutes.«

Hajek öffnet das Telegramm. »Sofort Urlaub abbrechen und rückkehren zum Standort. Hauptmann Reger.« Hajeks Miene bleibt unbeweglich, und der Postbote sieht ihn neugierig und auch mitleidig an.

»Musst gleich weg, ha?«, fragt er.

»Ja«, murmelt Hajek und macht kehrt, geht langsam zum Haus zurück und zerknüllt das Telegramm in der Faust. Nein, denkt Hajek, ich gehe nicht zurück ... ich bleibe hier. Ich verstecke mich, bis alles vorbei ist. Der Teufel hole alles! Ich desertiere! Ich mach nicht mehr mit. Für mich ist der Wahnsinn zu Ende! Aus! Vorbei!

Elsa steht unter der Haustür. Sie blickt ernst und runzelt die Stirn, in den Augen ein ängstliches Flackern. Beide sehen sich an. Lange. Und dann fragt sie: »Du musst fort?«

»Ja«, sagt er, »ein Telegramm.« Wortlos gehen beide in die Stube. Sie setzen sich. Hajek öffnet die Faust und lässt das zerknüllte Telegramm fallen. Die Frau nimmt es, streicht es glatt und liest. Sie nickt, als habe sie so etwas erwartet, und dann blickt sie hilflos den Mann an.

»Martin«, sagt sie mit leisem Zittern in der Stimme, »geh nicht fort. Ich weiß viele Plätze, wo du dich aufhalten und alles abwarten kannst.«

Er schweigt und starrt vor sich hin. Er sieht plötzlich den alten Hauptmann vor sich, der ihm vor zehn Tagen zur Beförderung gratulierte und sagte: »Leutnant Hajek, keiner verdient es mehr als Sie, Offizier geworden zu sein. Ich freue mich, ich bin stolz darauf, Sie in meiner Kompanie zu haben.« Ja, das hat Hauptmann Reger gesagt und Hajek die Hand gedrückt und ihm ernst und feierlich in die Augen geschaut. Hajek sieht den Kasernenhof vor sich, die Reihen der blutjungen Soldaten, die halben Kinder, die in Uniform gesteckt sind, in viel zu große Uniformen, und Kindergesichter schauen unter den Stahlhelmen hervor, und Stimmen hört Hajek, die beim »Jawohl, Herr Leutnant« umkippen, weil sie im Stimmbruch begriffen sind.

»Ich bringe dich zu einer alten Jagdhütte, Martin. Niemand kommt rauf. Ich versorge dich mit Essen. Der Krieg ist doch bald aus. Die Russen marschieren schon auf Berlin zu, und die Amerikaner sind am Rhein … Martin, du darfst nicht mehr fort … du musst bleiben!« Elsa rüttelt ihn am Arm, und Hajek erwacht, schaut sich verwirrt um, blickt in ein flehendes Frauengesicht.

»Ich weiß nicht, Elsa«, murmelt er. »Ich kann doch nicht … Ich bringe es nicht zustande, Elsa.« Sie lehnt sich zurück, lehnt den Kopf an die Wand und schließt die Augen. Und um ihren blassen Mund irrt ein weinerliches Lächeln. »Ich wusste es ja«, murmelt sie, »ich spüre es, dass du zur Kompanie zurück willst.«

»Elsa, gestern wollte ich bleiben, auch heute früh noch, bis das Telegramm kam. Aber jetzt … weißt du, jetzt kann ich nicht mehr. Ich schäme mich.« Er steht auf und geht unruhig in der Stube auf und ab. Die Frau rührt sich nicht;

ihr blonder Kopf lehnt mit geschlossenen Augen an der Wand. Ihre Hände liegen matt im Schoß. »Gestern, weißt du«, sagt Hajek, »da dachte ich, ich hätte es satt bis obenhin. Aber wenn ich mir vorstelle, wie sie auf mich warten, wie der Hauptmann darauf wartet, dass ich komme … Elsa, ich kann nicht bleiben.« Er sagt es rasch und entschlossen. »Ich bin kein feiger Hund! Andere haben es schlechter als ich. Ich muss an die denken, die noch draußen sind …«

»… und nicht mehr zurückkommen, Martin«, murmelt die Frau. Da geht er zu ihr hin, nimmt ihre Hände, zieht sie sanft hoch und schließt sie in die Arme.

»Elsa, glaub daran, dass ich heil zurückkomme … Und schau, es kommt noch etwas hinzu: Sie würden mich suchen. Bestimmt kommen sie, um mich zu suchen. Und es gibt immer ein paar, die wissen, wo ich mich versteckt halten könnte. Überall sind Augen und Ohren, die herumhorchen und herumspähen. Und vergiss nicht: Wenn sie mich erwischen, dann …« Sie legt ihm die Hand über den Mund und blickt ihn stumm und bittend an.

Zwei Stunden später betritt Leutnant Martin Hajek den Bahnhof in Kempten und erkundigt sich nach dem nächsten Zug nach Ulm.

Ulm-Münzing. Die Kaserne liegt außerhalb der Ortschaft im schwäbischen Forst: Baracken mit hässlichen Tarnanstrichen, sandige Exerzierplätze und zerfurchte Waldwege zeugen davon, dass hier noch gedrillt und für das Kriegshandwerk geübt wird. Auf den Übungsplätzen brüllen die Unterführer ihre Kommandos. Die Jüngsten des deutschen Volkes sind unter die zerfetzte Fahne gerufen worden, um das heranrückende Unheil aufzuhalten und einen hoffnungslos gewordenen Kampf verlängern zu helfen. Es sind noch halbe Kinder, die auf den Übungsplätzen herumgescheucht werden. Zum Strammstehen und Grüßen hat man ihnen das Marschieren eingedrillt und das Zielen auf Pappkameraden beigebracht. Ausgerüstet sind sie mit langen französischen, mit kurzen italienischen und nur vereinzelt mit deutschen Gewehren. Platzpatronen haben sie weitaus mehr als scharfe Munition verschossen, weil mit scharfer Munition genauso gespart werden muss wie mit neuen Monturen und Stiefeln. Viele der jungen Burschen, die mit zu großen Uniformen und auf dem Kopf hin und her rutschenden Stahlhelmen das »Marsch-Marsch« und »Schieß du, ich springe« üben, wissen nicht, was die dunklen Flecken auf ihren Feldblusen und in den chemisch gereinigten Hosen zu bedeuten haben, dass es jedem Reinigungsvorgang widerstehendes Soldatenblut ist. Sie wissen auch nicht, welche Vergangenheit die von Frauenhänden gestopften Risse und Löcher in den Klamotten haben, dass es Granatsplitter oder Kugeln waren, die das Tuch und den darin steckenden Menschen zerfetzt, durchlöchert und umgeworfen haben.

»Rrrreeeechts um ... Eins, zwo, drei, vier ... Eins, zwo, drei, vier!«, schreit der Ausbilder, der hierher kommandiert worden ist, nachdem seine Verwundung auskuriert ist. »Die Nasen hoch, meine Herren! Gremscher, Sie Waldheini! Reißen Sie Ihre Knochen zusammen! ... Liiiiiiinks um, eins, zwo, drei, vier ... Eins, zwo, drei, vier ...!«

Der Posten am Lagertor ruckt das Gewehr höher und gähnt. Von der teerfarbenen Küchenbaracke her weht Essensgeruch. Ein paar Lkws laden Verpflegung aus. Und über Münzing scheint eine warme, freundliche Frühlingssonne. Wäre nicht das Gebrüll auf den Exerzierplätzen, man könnte das Singen der Vögel im nahen Walde hören. Die Straße herauf summt ein Lkw. Der Posten hebt den Sperrbalken. Wenig später hält das Fahrzeug drüben am Kommandanturgebäude.

»Danke, Kameraden«, sagt Hajek, als er ausgestiegen ist, und gibt den beiden Landsern eine Schachtel Zigaretten. »Macht's gut!«

»Geben wir uns immer Mühe, Herr Leutnant«, grinst der Obergefreite und tippt an die Feldmütze. Hajek sieht ernst und gleichgültig aus. Der Abschied von Elsa, ihr Kuss, ihre nassen Augen, ihr mutiges Lächeln haften ihm noch immer in der Erinnerung. Die Fahrt hierher, langweilig und umständlich, hat er in widerstreitenden Gedanken und Überlegungen verbracht. Je weiter die Berge zurückgeblieben sind, desto mehr bedauerte er es, sich nicht in ihnen versteckt zu haben. Aber da war das Gefühl, das mit dem anderen stritt: das Pflichtgefühl, das Kameradschaftsdenken! Zum Teufel, man kann sich doch nicht irgendwo verstecken, wenn die Kameraden noch ihre Köpfe hinhalten! Ein Lump, wer sich versteckt! Und Leutnant Martin Hajek ist kein Lump.

Darum geht er auch zu einer der Baracken, marschiert einen nach Karbol stinkenden Gang entlang und öffnet eine Tür, hinter der eine Wolke Tabakrauch hängt und Stimmen schwirren.

»Na also, Leutnant Hajek, da sind Sie ja!« Aus dem grau-blauen Dunst tritt eine untersetzte Offiziersgestalt. Hauptmann Reger hat die Fünfzig schon lange überschritten, besitzt ein gutmütiges Gesicht und trägt eine Hornbrille, hinter der ein Paar ernste, blaue Augen hervorschauen. Reger ist von Beruf Schulrat, ist Hauptmann der Reserve; das EK I und ein paar Ordensbändchen mehr am Uniformtuch hat er schon im Ersten Weltkrieg bei Verdun und Douaumont bekommen.

»Melde mich zurück, Herr Hauptmann«, sagt Hajek und drückt dem Kompaniechef, der selten eine Strafe ausspricht und noch seltener jemanden anschreit, die Hand.

»Gute Reise gehabt?«

»Was man so gut nennen kann, Herr Hauptmann.« Der Spieß begrüßt Hajek, auch der Kompanieschreiber, und noch ein paar, die herumwimmeln. Hajek folgt dem Hauptmann ins Dienstzimmer. Auf dem Tisch steht eine Flasche Kognak; sie ist halb leer.

»Erst mal einen trinken, Leutnant Hajek«, sagt der Hauptmann und schenkt zwei Gläschen voll. Sie stoßen an, trinken. Dann setzen sie sich. Der Hauptmann nimmt die Mütze ab und legt sie auf die Schreibtischecke. Volles, stark ergrautes Haar zieht Hajeks Blick an.

»Tut mir leid, dass ich Sie zurückrufen musste«, sagt Reger. »Aber wir müssen jeden Augenblick damit rechnen, in Marsch gesetzt zu werden. Sobald der Transportzug zusammengestellt ist, geht's ab.«

»Schon das Marschziel bekannt, Herr Hauptmann?«

»Nein. Ich glaube aber, dass wir den Krieg in der Nähe der holländischen Grenze gewinnen wollen.« Reger grinst ironisch. »Hatten Sie einen angenehmen Urlaub?«, fragt er dann.

Hajek erwidert, er hätte um Urlaubsverlängerung nachfragen wollen, um zu heiraten.

Hauptmann Regers Gesicht drückt Bedauern aus, als er sagt: »Herr Leutnant, nicht ich habe den Befehl gemacht. Ich musste alle, die in den Urlaub gefahren sind, auf schnellstem Wege zurückbeordern. Warten Sie halt noch«, seufzt er. »Es gibt schon genug Kriegswitwen. Ob wir überleben oder liegenbleiben, das entscheidet aber letzten Endes die allerhöchste Instanz. Wenn ich mich klarer ausdrücken dürfte, würde ich sagen, es liegt beim Herrgott, aber den hat man ja aus dem Vokabular der deutschen Sprache nahezu gestrichen. So bleibt mir nichts anderes übrig, als … Aber lassen wir das«, unterbricht er sich und schenkt einen zweiten Kognak ein. Die beiden Offiziere trinken ihn mit der üblichen Zeremonie. Dann sprechen sie kurze Zeit über die allgemeine Lage. Hauptmann Reger macht aus seiner Meinung, dass der Krieg die letzten Runden tanzt, dass er verloren ist, keinen Hehl.

»Wissen Sie, Hajek«, sagt er, als dieser schon die Türklinke in der Hand hat, »ich möchte wissen, wer einmal das Protokoll der großen Anklageschrift, die gegen uns alle gerichtet sein wird, unterschreiben soll.«

»Wahrscheinlich wir alle«, erwidert Hajek und geht. In seiner Stube, die ihm trist und fremd vorkommt, packt er seine paar Sachen aus und hält einen Augenblick lang den in Seidenpapier eingeschlagenen Napfkuchen in der Hand. Elsa hat ihn gebacken. Oh Elsa!, denkt Hajek. Liebste Frau! Und er streichelt mit der Hand über das Kuchenpaket und legt es behutsam in das Spindfach. Die Rückkehr zur Truppe ist für ihn irgendwie erzwungen. Früher war das ganz anders … da freute man sich; da hatte man das Gefühl, zu einer Familie zurückzukehren. Aber jetzt? Bröckelt auch schon der Gemeinschaftssinn auseinander? Entfremdet man sich, je näher der Schluss dieses Dramas rückt? Ist man nur noch beisammen, weil es ein Befehl so will?

Hajek trödelt noch ein paar Minuten in der Stube umher, legt seine wenigen Sachen zurecht, um sie rasch in den Rucksack packen zu können, nimmt noch einen Schluck Wein aus der Flasche und geht dann auf den Exerzierplatz hinaus. Die 1. Kompanie, bestehend aus überwiegend jungen und nur notdürftig ausgebildeten Leuten, gammelt am äußersten Rande des Platzes herum. Man macht Entfernungsschätzen.

Als Hajek auftaucht, ertönt ein Trillerpfiff und der grauhaarige Oberfeldwebel ruft: »Achtung! Der Herr

Leutnant kommt!« Dann meldet er Hajek den strammstehenden Haufen. Der Zahl nach wäre es eine vollzählige Kompanie, aber dem Aussehen nach gewinnt man den Eindruck, halbwüchsige Burschen, Pennäler, Lehrlinge in viel zu große Uniformen gesteckt zu haben.

»Danke. Weitermachen.« Einige der Leute sind neu, und Hajek lässt sie sich von dem Feldwebel vorstellen. Junge Gesichter, teils flaumbärtig, teils glatt und noch nicht voll entwickelt, starren Hajek an. Das Ritterkreuz ist für viele der jungen Leute etwas ganz Großes und Sensationelles.

»Herr Leutnant«, sagt eine junge Stimme, »darf ich fragen, wofür Sie das Ritterkreuz bekommen haben?« Der Fragende ist zierlich gewachsen, die Feldjacke schlottert ihm um die schmalen Schultern, die Hosen, von Gamaschen zusammengeschnürt, und auch das Krätzchen scheinen für den Burschen zu groß zu sein. Sie sind eben noch nicht hineingewachsen in das graue, chemisch gereinigte Tuch, in den Krieg.

»Bei Tscherkassy«, sagt Hajek. »Weißt du mit dem Namen etwas anzufangen?«

Der junge Kerl wird knallrot und zuckt hilflos die Schultern. »Nein, Herr Leutnant.«

»Macht nichts«, erwidert Hajek und klopft dem Burschen auf die Schulter. »Sind eben zu viele Namen genannt worden, zu viele Orte, die wir wieder an die Russen verloren haben.«

Plötzlich bleibt Hajeks Blick auf einem zernarbten, mit bläulichen Schatten bedeckten Gesicht hängen. Es grinst ihn an. Es gehört zu einem untersetzten Unteroffizier, der schon längere Zeit neben seiner Gruppe steht. »Mensch ...«, entfährt es Hajek, und er macht ein paar Schritte auf den Unteroffizier zu. »Tischner! Bist du's, oder bist du's nicht?«

»Ich bin's, Herr Leutnant«, sagt Unteroffizier Tischner. Und dann streckt er Hajek die Hand hin: »Tag, Martin! Bin seit drei Tagen hier. Ich dachte, ich sehe nicht recht, als du herkamst! Hast es ja zu etwas gebracht.« Trotz des Händedrucks klingen die Worte zurückhaltend, irgendwie fremd und auf Abstand bedacht.

»Komm«, sagt Hajek zu Tischner, »gehen wir in die Kantine.« Und zu dem Feldwebel ruft er: »Kompanie wegtreten lassen. Putz- und Flickstunde!«

Wortlos gehen die beiden ehemaligen Kompaniekameraden zu der Baracke, in der die Kantine ist. Es gibt nur Dünnbier. An den Tischen sitzen ein paar Dienstgrade herum. Sie schauen kurz auf, als Hajek vorübergeht, und erweisen Blickgruß, als sie das Ritterkreuz sehen. Hajek setzt sich an den hintersten Tisch.

»Erzähle, Helmut«, sagt er. »Wie ist es dir ergangen? Was ist aus der Zwoten geworden? Wo sind die alle geblieben?« Tischners zernarbtes Gesicht zuckt. Er fingert erst eine halbzerdrückte Packung Zigaretten aus der Feldblusentasche, bietet Hajek eine an. Sie rauchen. Hajek wirft einen mitleidigen und irgendwie verlegenen Blick auf den ehemaligen Führer des I. Zuges seiner Kompanie.

»Tja«, fängt Tischner an und stößt den Rauch durch die Nase. »Wo sie geblieben sind? Die meisten dort, wo man sie hingeschickt hat.«

»Und Pretsch? Und Reischach? Und der Gimmler? Und wie sie alle geheißen haben, Helmut? Was ist aus ihnen geworden?«

»Will von oben anfangen«, erwidert Tischner und mustert Hajek noch immer mit fast verächtlichem Blick. »Den Pretsch hat es bei Winniza erwischt. Die Granate hat so gut wie nichts von ihm zurückgelassen. Reischach ist mit sechs Leuten von Partisanen umgebracht worden, der

Friemelt und Ebner sind mit dem Krummow ... du kannst dich noch an ihn erinnern?«

»Das war doch der Halbrusse?«

»Ja, genau der, und mit dem sind Friemelt und Ebner verschwunden. Denke, dass es den Dreien jetzt recht gut geht.« Tischner verzieht das verunstaltete Gesicht zu einer Grimasse. »Als ich weg bin, war von der Zwoten nicht mehr viel übrig ... der Wohler noch, und 'n paar.«

»Und du?«, fragt Hajek, mit dem Kopf auf Tischners Gesicht deutend. »Dich hat es ganz schön erwischt.«

»Granatwerfer«, grinst Tischner. »Direkt vor mir nieder. Ich mag mich nicht mehr im Spiegel anschauen.«

»Lass gut sein«, murmelt Hajek. »Jeder von uns hat seinen Teil weg. Der eine so, der andere andersrum.«

»Aber dir geht es ganz gut. Bist Leutnant geworden.«

Hajek sieht Tischner offen an. »Kannst du was dafür, dass du noch lebst, Helmut?«

»Nee.«

»Na, siehst du. Und ich bin Leutnant geworden, ohne dass ich was dafür kann.«

Tischners reservierte Haltung lockert sich. Er beugt sich herüber. »Wir sind fix und fertig«, murmelt er gerade so laut, dass es nur Hajek hören kann. »Jeder Tag, den wir noch kämpfen, ist Wahnsinn. Du kannst jetzt hingehen und mich melden, Martin. Als Offizier bist du dazu verpflichtet!«

»Quatsch doch keinen Unfug«, erwidert Hajek. »Oder denkst du, ich glaube noch an Siegesparolen?«

Tischner schaut sich rasch um, und dann sagt er hastig: »Das ist der letzte Haufen, bei dem ich Dienst mache, Martin. Ich warte nur noch ab, wohin wir kommen. Ich bin in Lünen daheim. Wenn du mal den Befehl kriegst, mich zu suchen, kannst du mich irgendwo bei Lünen finden.«

Zwei Dienstgrade gehen grüßend am Tisch vorüber. Hajek nickt, während Tischner mit der Zigarette spielt. Als die Luft wieder rein ist, sagt er:

»Sie haben meinen Vater eingezogen. Zum Volkssturm. Er ist 61, Martin, hat Rheuma, dass er kaum noch geradestehen kann, aber er muss den Schießprügel in die Hand nehmen und unser schon halb totes Vaterland verteidigen. Sag selber, Martin, ist das nicht ein Verbrechen? Und schau dir das Gemüse an, das eine Kompanie sein soll!« Tischner spricht lauter; sein Gesicht ist dunkler geworden. »Kinder hat man in Uniformen gesteckt! Und so was soll einen Feind besiegen, der schon am Rhein und fast an der Elbe steht! Hitler ist ein …«

»Sei still!«, zischt Hajek und packt Tischners Handgelenk. »Behalt es für dich, Helmut.«

Tischner scheint einen Wutanfall zu bekommen. Er schüttelt Hajeks beschwörenden Griff ab und steht so brüsk auf, dass der Stuhl umfällt. Man schaut von der Theke herüber. Man schaut vom Tisch herüber, an dem zwei Feldwebel und zwei Unteroffiziere sitzen.

»Ist denn niemand da«, schreit Tischner, »der diesem Verbrecher das Handwerk legt? Sollen wir denn ganz ausbluten? Hölle und Teufel, wir Deutschen sind die feigsten Hunde, die es gibt!« Hajek ist aufgesprungen und versucht, Tischner zum Schweigen zu bringen. Der Gefreite in der weißen Jacke, der hinter der Theke hantiert, verschwindet. Die anderen vier, die am Tisch sitzen, rühren sich nicht, wagen es nicht mehr, zu dem anderen Tisch zu schauen.

»Ich sag es!«, schnaubt Tischner. »Ich schreie es jetzt heraus, was für feige Hunde wir alle sind! Sie sollen mich dafür aufhängen! Hitler ist ein … « Da schlägt Hajek zu. Seine Faust trifft Tischners Kopf, dass er zur Seite und an einen Tisch gefegt wird.

»Er hat einen Kopfschuss, Leute!«, ruft Hajek den Gaffern böse zu. »Er ist nicht zurechnungsfähig.« Dann packt Hajek die am Boden liegende Gestalt, zerrt sie hoch, schüttelt sie, bis Tischner wieder zu sich kommt.

»Na, mein Junge«, sagt Hajek in gemacht väterlichem Ton. »Ausgerappelt? Komm an die frische Luft, die wird dir gut tun.« Als Hajek den auf wackeligen Beinen gehenden Tischner hinausführt, taucht drüben an der Theke die weiße Jacke auf. Hajek bringt Tischner in die Baracke.

In Hajeks Bude sinkt Tischner mit einem ächzenden Laut auf die Bettkante nieder, betastet seine rechte Gesichtshälfte und murmelt dann: »Dank schön, Martin, vielen Dank, aber es werden doch alle gehört haben.«

»Freilich haben sie es gehört. Du warst laut genug. Mach dich darauf gefasst, dass sie dich holen.«

»Mir egal, Martin … mir vollkommen Wurscht!« Tischner fährt mit der Hand durch die Luft. »Es muss doch mal von wem gesagt werden … man kann es doch nicht immer in sich hineinfressen.«

Eine Viertelstunde lang sitzt Unteroffizier Helmut Tischner, der mit den Nerven fertige Frontsoldat, in Hajeks Bude. Dann kommt die rächende Nemesis näher. Im Marschtritt. Festen Schrittes. Die Tür wird aufgerissen. Ein Oberleutnant, anscheinend der OvD., den Stahlhelm auf dem Kopf, steht auf der Schwelle.

»Sie da«, schreit er, auf Tischner zeigend. »Mitkommen! Aber 'n bisschen dalli!« Hinter dem Oberleutnant stehen weitere Stahlhelme, unter denen unbewegliche Gesichter hängen. »Sie wissen doch, warum, wie?«, fragt der Oberleutnant.

»Na klar«, erwidert Tischner und steht auf, gibt Hajek die Hand, blickt ihn grinsend an und murmelt: »Hast Recht, Martin, ich bin ein Idiot! Jetzt hab ich, ich weiß nicht, wie viel tausend Tage ausgehalten und alles in mich reingefressen, und in den letzten paar Tagen geht es mit mir durch.« Hajek nickt und wendet sich an den Offizier.

»Ich stelle mich als Zeuge zur Verfügung. Dieser Mann da ist mit den Nerven fertig, Oberleutnant ... ähm ... wie ist Ihr Name?«

»Oberleutnant Adametz«, stellt er sich vor.

»Das ist ein alter Frontkamerad von mir«, sagt Hajek. »Wir haben uns erst heute wieder getroffen und etwas getrunken. Unteroffizier Tischner ist erst vor Kurzem aus dem Lazarett entlassen worden. Schauen Sie sich ihn an, Herr Oberleutnant. Dieser Mann ist mit den Nerven fertig. Ich schlage vor, die Äußerungen des Unteroffiziers Tischner nicht auf die Waagschale zu legen.«

»Lass nur, Martin«, wendet Tischner ein, »mir ist Wurscht, was daraus wird.«

»Kommen Sie mit auf die Wache«, sagt der Oberleutnant; es klingt nur noch halb so dienstlich wie vorhin. Und zu Hajek, indem er grüßt und die Hacken zusammenklappt: »Tue nur meine Pflicht, Herr Kamerad.« Der Oberleutnant winkt Tischner, doch bevor dieser hinausgeht, hält Hajek ihn zurück und sagt:

»Helmut, nicht kopfscheu werden; das wird sich alles ausbeulen lassen. Ich verspreche es dir.«

Tischner gibt Hajek die Hand. »Ich hab mich trotzdem gefreut, dich wiederzusehen, Martin.«

»Hast mich für 'nen Drückeberger gehalten?«

»Nee, das nicht ... bestimmt nicht, Martin, aber mir schien es, als wärst du anders geworden. Du bist nicht mehr der, der du mal warst, und das hab ich gespürt. Mach's gut!« Er grüßt und geht hinaus. Die Marschtritte entfernen sich im Barackengang. Unteroffizier Tischner geht einem ungewissen, wenn nicht gar finsteren Schicksal entgegen.

Leutnant Martin Hajek kommt nicht mehr dazu, in der Sache Unteroffizier Tischner etwas »auszubeulen«, und er kann auch nicht für ihn eintreten, denn Tischner erhängt sich in der folgenden Nacht in seiner Zelle.

Am nächsten Morgen rückt das Ersatzbataillon aus und wird in den Transportzug verladen. Niemand kennt das Ziel. Der Zug fährt im Morgengrauen ab Richtung Westen.

Seit Beginn der britischen Offensive am 8. Februar 1945 südöstlich von Nijmwegen drängen die Briten mit starken Kräften auf den Rhein zu. Auch die Amerikaner kommen gegen den mehr oder weniger heftigen Widerstand der hastig zusammengestellten deutschen Verbände voran und bereiten jeden Angriff mit unzähligen Bombern vor. Es ist nur noch eine Frage der Zeit, wann der deutsche Widerstand endgültig zusammenbricht und die Kapitulation fällig ist.

Im Osten indessen scheitern die Bemühungen, dem anrollenden russischen Koloss Einhalt zu gebieten. Unerbittlich stoßen die Sowjets gegen Westen vor. Posen, Breslau sind bereits eingeschlossen. Was sich dort alles an Schicksalen zuträgt, ist nicht weniger erregend und grauenhaft als in den Städten, die im Bombenhagel liegen, als auf den Bahnhöfen, wo sich die Flüchtlinge zusammendrängen, auf den Straßen und in den noch unbehelligten Dörfern in deutschen Landen. Und Hitler kapituliert nicht. Er will nicht einsehen, dass der Krieg verloren ist; er gibt weitere Befehle. Junges Blut fließt, Kinder sterben, namenloses Heldentum da und dort. Oft ist es noch das Gift der Propaganda, das in einem der jungen Bürschchen nachwirkt und ihm die Panzerfaust in die Hände drückt, bis das junge Leben ausgelöscht ist.

Ein langer Transportzug voll jungen Lebens hat auf einer Nebenstrecke im Emsland angehalten. Sie steigen aus und hören von fern her das Rummeln eines schweren Bombenangriffs, sie bekommen gesagt, dass hier die Tiefflieger zu einer Plage geworden sind; sie sind schweigsam geworden. Mit blassen, ruhigen Gesichtern marschieren sie in loser Ordnung vom Bahnhof weg dem flachen Moorland zu, das hinter einem friedlich anmutenden Föhrenwald liegen soll. Ein halbes Dutzend Baracken, früher einmal vom Arbeitsdienst bewohnt, heute verlassen und halb verrottet, ist ihr Ziel. Es wird bereits dunkel, als die jungen Soldaten in die Quartiere eingeteilt werden und muffige Barackenräume beziehen. Die übereinander geschichteten Betten knarren, als sie ihre Lasten aufnehmen. Nirgendwo ein Licht. Jede Fensterritze ist sorgfältig verschlossen. Wozu auch Licht? Man ist müde, man hört noch das dumpfe Rollen der Räder, man hat noch das tagelange Gerüttel und Geschüttel der umständlichen Fahrt in den Gliedern.

Was ist das? Was schwillt zu einem mächtigen Dröhnen an? Köpfe fahren hoch, Gesichter horchen ins Dunkel. »Bomber«, sagt jemand. »Was die für Bomber haben! Tausende müssen es sein!« Es sind mehr, die am nächtlichen Himmel dahinfliegen und irgendwo ihre Lasten auf schlafende, auf zertrümmerte Städte sausen lassen werden, es sind viel mehr als tausend, die ins Herz Deutschlands fliegen.

Büsche und Bäume schmücken sich mit schwellenden Knospen, Weide- und Moorland färben sich zaghaft grün: Die Natur erneuert sich in ewig gleichem Rhythmus; nur der Mensch zerstört sich selbst, nimmt nicht teil am Naturwunder und hört nicht das einsame Lied der Amsel, wenn die Sonne am Moorrand versinkt. Tagsüber ist der Himmel scheinheilig blau: Tummelplatz beutegieriger Jabos und Straße riesiger Bomberpulke. Kein Bauer ist vor den Angriffen der Bomber sicher. Ausgebrannte Fahrzeuge liegen am Straßen- oder Wegrand, da und dort geht ein einsamer Hof, ein verstecktes Dorf in Flammen auf. Nachts wummert die Flak in Osnabrück, im zertrümmerten Münster, im Norden des Landes, wo sich die Reste zerschlagener Truppeneinheiten sammeln, um den aus Holland anrückenden Alliierten letzten Widerstand entgegenzusetzen. Niemand glaubt mehr an den Sieg. Die pathetischen Beschwörungsformeln der Rundfunksprecher vermögen nicht mehr, den Siegesglauben zu stärken und das geplagte Volk aus der immer dumpfer werdenden Resignation zu reißen. Die Schicksalsstunde hat zu schlagen begonnen, die Feinde rücken näher und näher und schieben die einstmaligen Eroberer vor sich her wie eine Herde Schafe, die im Schlachthof enden soll.

Die 1. Kompanie wartet auf den Einsatzbefehl. Man vertreibt sich die Zeit mit leichtem Dienst. Die wenigen Alten, die ein gnädiges Kriegerschicksal am Leben erhalten hat, gammeln durch den Tag, streunen über Land und verkaufen Taschenuhren, Schuhwerk, Socken, Unterwäsche gegen den selbstgebrannten Rübenschnaps, gegen eine Handvoll Eier oder ein Stück Speck. Die Bauern geben ebenso gern, wie sie nehmen. Leutnant Hajek versucht noch eine Weile, so etwas wie einen Dienst aufrechtzuerhalten. Ohne Drill, ohne Kasernenhofgeschrei: Man macht ein bisschen Geländedienst, buddelt Deckungsgräben und Schützenlöcher rings ums Lager und hält die Waffen und Ausrüstungsstücke in Ordnung. Unter den jungen Burschen macht sich jene Stimmung breit, die aus einem Gemisch von Gleichgültigkeit und Bereitschaft besteht. Die einen sind wurstig, die anderen spielen mit den Waffen, freuen sich des Besitzes und fühlen sich wie Männer, einen Hauch von Heldentum und versunkener Gloriole. Sie sitzen in den Barackenstuben und prahlen davon, wie sie einen Britenpanzer fertigmachen wollen – mit der neuen Panzerfaust, die man ihnen in die Hände gedrückt, und die man bisher nur im Unterricht kennengelernt hat. Die anderen, die ein dumpfes Ahnen von sinnlosem Tod verspüren, schreiben nach Hause, schreiben beruhigend:

»Es ist nicht viel los hier, Mutter. Ich glaube nicht, dass wir noch zum Einsatz kommen …«

Hauptmann Reger kümmert sich nur noch wenig um seinen Haufen. Im Dorf drüben, das unter grünenden Buchen liegt, macht Herr Stefan Kotthaus gute Geschäfte. In seinem Gasthaus »Zum Krug« wird Rübenschnaps ausgeschenkt, dessen penetranten Nachgeschmack man mit Dünnbier hinunterspült. Hauptmann Reger sitzt jeden Tag im »Krug« in der Küche, trinkt doppelt destillierten und daher besseren Rübenschnaps und lässt sich von der blonden Tochter des Wirts Bratkartoffeln vorsetzen. Auch bei Reger werden jene Zerfallserscheinungen deutlich, die mit dem Anrücken des Feindes eine einstmals siegreiche und straffe, zuchtvolle Wehrmacht kennzeichnen. Hauptmann Reger hat vergessen, wer er ist, und wenn er genügend betrunken ist, unterhält er sich mit dem Wirt ganz offen über den verlorenen Krieg.

»Stefan, ich bin ein Verbrecher«, sagt er auch heute lallend und der Wirt sitzt ihm gegenüber und grinst. »Ja, ich bin ein Verbrecher, weil ich meine Kompanie nicht heimschicke. Jawoll, Stefan, heimschicken sollte ich alle! Der Krieg ist aus!«

»Nicht so laut, Herr Hauptmann«, ermahnt der Wirt, weil in der Gaststube Landser sitzen. »Es kann noch ein Wunder geschehen, Herr Hauptmann.«

Da lacht Reger und schlägt sich auf die Knie. »Ja, ein Wunder«, grölt er, »ein Wunder wär's, wenn wir nicht alle krepieren … wir alle, Stefan, du und ich und die, die noch immer in Hitler den großen Feldherrn sehen!«

»Hat uns ganz schön fertiggemacht«, meint der Wirt. »Bin gespannt, wie er sich mal verantworten wird.«

Reger streckt den Zeigefinger vor, drückt ihn sich an die Schläfe und sagt: »So, Stefan ... so wird er sich der Verantwortung entziehen, und nicht er allein! Deshalb mache ich nicht mehr mit, Stefan ... ich mustere ab ... meine Kompanie mustert ab! Jetzt gleich ... zahlen!«

»Noch einen trinken, Herr Hauptmann«, sagt der Wirt, und der Hauptmann Reger, der früher nur selten getrunken hat, besäuft sich sinnlos und schläft am späten Nachmittag im Nebenzimmer seinen Rausch aus. Jeden Tag!

Hajek weiß, wo er seinen Vorgesetzten zu finden hat, und da heute vom Bataillon der Befehl gekommen ist, sich abmarschbereit zu halten, fühlt er sich verpflichtet, in den »Krug« zu gehen und Hauptmann Reger zu holen, der wieder in der Küche sitzt.

»Herr Hauptmann, der Befehl zum Abmarsch ist da. Kommen Sie jetzt, Herr Hauptmann.« Reger stiert Hajek an, sitzt mit wirrem, grauem Haar und glasigen Augen da, die Uniform aufgeknöpft, die Hose mit Bier und Schnaps bekleckert.

»Wann ... wann ist der Befehl gekommen, Hajek?«

»Vor zwei Stunden, Herr Hauptmann. Die Kompanie rückt wahrscheinlich nachts ab.« Da schiebt sich Reger hoch; er muss sich an der Tischkante festhalten.

»Einen Dreck wird abmarschiert, Hajek! Einen Dreck! Lassen Sie die Kompanie antreten ... hierherkommen, Hajek! Ich gebe den Befehl, dass der Krieg aus ist! Verloren und aus, Hajek! Ich schicke das Gemüse heim zu Muttern! Ich tu's, Hajek! Verdammt, glotzen Sie mich nicht so dämlich an: Ich will die Kompanie heimschicken!« Der Wirt steht verlegen in der Stubenecke, die Tochter drückt sich ängstlich an den Vater. Was wird der Leutnant tun? Hajek lächelt, knöpft dem Hauptmann wortlos die Feldbluse zu, geht zum Kleiderhaken an der Tür, nimmt das Pistolenkoppel und reicht es ihm.

»Nicht so, Herr Hauptmann«, sagt er gelassen. »Vergessen Sie bitte nicht, wer Sie sind. Kommen Sie jetzt.« Reger steht taumelnd da, starrt Hajek an und sagt kein Wort, schnauft nur; dann nimmt er das Pistolenkoppel und schnallt es mit unsicheren Händen um, torkelt zur Tür und angelt die Feldmütze vom Haken. Hajek weiß nicht, was er tun soll. Er kann doch mit diesem Betrunkenen, der ein Offizier sein soll, nicht auf die Straße gehen!

»Na denn«, nuschelt Reger an der Tür und dreht sich um. »Macht's gut, Leute ... Tschüss, Stefan.« Er salutiert schlapp.

»Bleiben Sie doch, Herr Hauptmann«, sagt der Wirt. »So können Sie doch nicht zur Kompanie zurück.«

»Ich kann's, Stefan«, lallt Reger. »Mir ist alles scheißegal!« Er schneidet mit der Hand durch die Luft und will hinaus. Aber da steht Hajek schon neben ihm. Sein kantiges Gesicht ist erregt, drückt Besorgnis und Ärger aus. Er packt den Hauptmann am Arm und zieht ihn von der Tür weg.

»Schlafen Sie sich erst aus«, sagt Hajek rau. Und zum Wirt: »Wo kann er bleiben?«

»Was fällt Ihnen ein, Hajek!«, lallt Reger. »Ich soll schlafen, während die Pflicht ruft? Sind Sie meschugge, Hajek? Los, kommen Sie!«

Der Wirt hat eine Tür aufgemacht; sie führt ins Nebenzimmer, wo ein altes Sofa steht, auf dem Reger schon öfters seinen Rausch ausgeschlafen hat. Hajek schiebt den Hauptmann hinein, bugsiert ihn zum Sofa hin und nimmt ihm das Pistolenkoppel ab. Reger lässt alles mit sich geschehen. Taumelnd sinkt er aufs Sofa nieder.

»Hajek«, murmelt er, »ich ... ich schäme mich in Grund und Boden ... Aber Sie müssen verstehen ...« Er schaut zu

Hajek auf. Die Augen hinter den Brillengläsern sind trüb. Das Gesicht wirkt alt, verfallen. In diesem Augenblick spürt Hajek nur Mitleid.

»Herr Hauptmann«, sagt er, »legen Sie sich hin.«

»Und was wird aus der Kompanie?«

»Wir haben noch keinen Abmarschbefehl. Wenn wir abmarschieren, kommen wir hier vorbei. Ich werde dafür sorgen, dass Ihre Sachen mitgenommen werden, Herr Hauptmann. Für Sie ist es jetzt wichtig, dass Sie ausschlafen, denn in diesem Zustand können Sie sich nicht vor den Leuten zeigen.« Die Tochter des Wirts steht unter der Tür und beobachtet aufmerksam die Szene. Ein kleines, spöttisches Lächeln spielt um ihren Mund. »Gehen Sie, Fräulein«, sagt Hajek barsch, »lassen Sie uns allein.« Das Mädchen zieht sich wortlos zurück, die Tür schließt sich leise.

Reger hat sich hingelegt; das Sofa ist viel zu kurz, er liegt krumm da, hat die Beine auf die Sofastütze gelegt. Jetzt nestelt er den oberen Blusenknopf auf und zerrt am Kragen; dabei fällt ihm die Brille zu Boden. Ein Glas zerbricht. Eine schlaffe Hand tastet nach der Brille.

»Mist, verdammter!«, lallt Reger. »Jetzt ist sie hin, und ich habe keine mehr. ... Hajek, ich habe keine Ersatzbrille. Die ich hatte, habe ich verloren ... Na schön, auch egal«, murmelt er, »dann marschiere ich eben ohne Brille in den Kampf!« Hajek setzt sich auf den Sofarand. Ein Paar trüber, eigenartig groß wirkender Augen sucht sein Gesicht. »Hajek«, sagt Reger, als dieser die Hand wegnimmt, »ich gestehe Ihnen: Nur betrunken kann ich dieses hundige Dasein noch ertragen ... nur so.« Er hustet. Dann fährt er fort: »Und ich schäme mich nicht einmal. Glauben Sie denn noch an den Endsieg?«, fragt er plötzlich und will sich aufrichten. Hajek drückt den Mann zurück und lässt die Hand schwer auf dessen Schulter liegen.

»Nein, ich glaube nicht mehr daran, Herr Hauptmann.«

»Und warum tun Sie dann noch Ihre Pflicht? Warum sind Sie eigentlich noch Offizier?«

»Weil ich das Ende miterleben will und muss, Herr Hauptmann. Jetzt wegzulaufen käme mir feige vor.« Reger antwortet nicht. Er liegt mit geschlossenen Augen da und atmet asthmatisch. In der Hand hält er die zerbrochene Brille. Hajek nimmt sie ihm weg und legt sie aufs nahe Fensterbrett. »Hajek?«

»Ja, Herr Hauptmann?«

»Ich habe einen Rausch, den schwersten meines Lebens, Hajek ... Dieser Schnaps ist abscheulich.« Reger schmatzt mit den Lippen. »Lassen Sie mich eine Stunde schlafen«, murmelt er, »holen Sie mich, wenn es losgeht, Hajek ... Ich bin so müde ... so fürchterlich ...« Schnarchende Atemzüge werden laut.

Hajek sitzt noch eine Weile auf der Sofakante und studiert das schlaffe Gesicht Regers. Ein gutes Gesicht, in das das Leben seine Runen eingraviert hat. Der sonst so sorgfältig gepflegte Bart ist seit Tagen nicht mehr geschnitten worden, die Wangen hängen schlaff herab, der Mund steht halb offen. Hat Reger sich aus Gewissenskonflikten betrunken? Oder hat er Angst vor dem Einsatz? Ist es Flucht vor sich selbst? Hajek kommt zu keinem Ergebnis; er weiß nur eines: Reger ist ein feiner Kerl, und ohne Brille kann er nicht mitkommen! Er darf nicht blind ins Elend hineinstolpern ... und das Ende naht ...

Als Hajek das Zimmer verlässt, trifft er in der Küche den Wirt und das Mädchen. Sie schauen ihn ängstlich forschend an, fragend.

»Kann er hierbleiben?«, fragt Hajek. Der Wirt nickt.

Da kommt das Mädchen heran, schaut Hajek mit offenem Blick an und sagt halblaut: »Wie lange, Herr Leutnant?«

»Bis er den Rausch ausgeschlafen hat«, erwidert Hajek und geht zur Tür. Das Mädchen folgt ihm.

»Herr Leutnant«, fragt sie, »wie lange dauert der Krieg noch?«

»Schätze, dass wir bald am Ende sind, Fräulein«, antwortet Hajek.

»Sie haben noch einen Einsatz?«, will sie wissen. Er nickt. Und da legt sie ihm die Hand auf den Arm und sagt:

»Es nützt doch nichts mehr, Herr Leutnant. Betrinken Sie sich wie Hauptmann Reger, und legen Sie sich hin ... Verschlafen Sie alles.« Sie lächelt. »Und wenn Sie aufwachen, ist vielleicht schon alles vorbei.«

»Wenn man es sich so leicht machen könnte, Fräulein«, erwidert er. »Nicht jeder kann es sich leisten, sich mit Rübenschnaps zu besaufen, Fräulein!« Er grüßt und lächelt ihr zu. »Passen Sie auf Reger auf«, sagt er. Dann geht er fort.

Das Mädchen schaut der breitschultrigen Offiziersgestalt nach. Mit ernsten Augen. Mit einem kleinen, wehen Lächeln um den Mund. Dann streicht sie sich eine Haarsträhne aus der Schläfe und geht ins Haus zurück.

Stefan Kotthaus sitzt am Tisch und stopft Zigaretten. Er schaut kurz auf, als die Tochter hereinkommt. Sie tritt zu ihm hin, legt ihm die Hand auf die Schulter und sagt leise: »Ich bin sicher, dass er ihn nicht abholen wird, Vater. Was machen wir dann mit ihm?«

Stefan Kotthaus schiebt erst den Zigarettenstopfer in die Papierhülse, zieht ihn vorsichtig zurück, legt die fertige Zigarette in eine kleine Schachtel. Dann schaut er ernst zu seiner Tochter empor und sagt: »Nimm das Fahrrad und fahr zu Steffen. Frag ihn, ob er wieder einen aufnehmen will.« Das Mädchen nickt, geht zur Tür, zieht ein dunkles Tuch vom Haken und verlässt die Küche.

Ein paar Minuten später radelt Grete Kotthaus die schmale Sandstraße entlang, die im Moor endet. Steffen Brockmann, der Moorbauer, wird sicher wieder einen aufnehmen, der die Waffen gestreckt hat und das Ende in einem einsamen Moorwinkel abwarten will.

Es ist schon 22 Uhr. In den Baracken brennt kein Licht, aber man hört gedämpfte Stimmen, und auf dem Viereck zwischen den Baracken stehen Gewehrpyramiden und Marschgepäck. Die Feldküche hat das Feuer gelöscht, der Küchengefreite verschraubt den Deckel des Kessels. Jeden Augenblick kann der Abmarschbefehl kommen.

»Sagen Sie, Herr Leutnant, wo steckt unser Hauptmann?«, fragt der grauhaarige Feldwebel.

»Muss noch beim Bataillon sein«, erwidert Hajek. Die Lüge geht ihm glatt und ruhig über die Lippen. Und der grauhaarige Feldwebel fragt nicht mehr. Es fragt niemand, wo Hauptmann Reger ist. Hajek ist ja da. Die jungen Burschen, die drüben im Finstern sitzen und darauf warten, dass sie an die Front gekarrt werden, reden vom bevorstehenden Kampf. Die Engländer und Amerikaner sollen viele Panzer haben. Jede Menge Panzer. Und jeden Angriff bereiten sie durch Bombenangriffe vor.

»Kann sein, dass wir an die holländische Grenze kommen«, sagt eine junge Stimme. »Die ist ja nicht weit von hier.«

»Bloß nicht marschieren«, erwidert eine andere Stimme.

Worauf eine dritte laut wird und meint: »Nee, wir marschieren bestimmt nicht, sie werden uns mit Lkws an die Front bringen.«

Kurz vor 23 Uhr ist es, als in der Nacht Motorengeräusche ertönen; ein halbes Dutzend Lkws rollt ins Lager. Hajek pfeift die Kompanie aus den Baracken.

»Los, aufsitzen!« heißt es. »Beeilung, meine Herrschaften, Beeilung!« Ein Oberfeldwebel, der den Lkw-Konvoi befehligt, drängt zur Eile. Bevor der letzte Mann auf den Wagen geklettert ist, fragt Feldwebel Schrader noch einmal:

»Herr Leutnant, und was ist mit Hauptmann Reger? Wo bleibt er nur?«

»Wird beim Vorauskommando sein«, sagt Hajek. »Irgendwo werden wir ihn schon treffen.«

Die Kompanie ist verladen. Sechs mit Landsern vollgepfropfte Lastwagen holpern den Sandweg entlang, schnurren durch das kleine, schlafende Dorf unter den Bäumen. Hajek fährt im vordersten Wagen. Als das Gasthaus »Zum Krug« auftaucht, sieht er zwei Gestalten unter der Haustür stehen. Helles Haar schimmert im Dunkel. Nein, die beiden winken nicht, als die Lkws vorüberrollen. Hajek sitzt steif neben dem Beifahrer und starrt geradeaus. Ich kann es verantworten, denkt er, ohne Brille ist er verloren. Auf einen mehr oder weniger kommt es auch nicht mehr an. Wenn er wirklich der ist, der er sein möchte, wird er nachkommen und wenn nicht … nun ja, dann muss er es mit sich selber ausmachen.

»Zigarette, Herr Leutnant?«, sagt eine Stimme neben Hajek, und der Landser hält ihm eine Packung hin.

»Danke«, erwidert Hajek. Es ist eine gute, selten gewordene Zigarette. »Wo haben Sie die denn noch her?« Der Landser lässt verstohlen das Feuerzeug aufflammen.

»Man hat so seine Beziehungen, Herr Leutnant.« Hajek raucht und saugt den blauen Dunst tief in die Lungen. Hoffentlich schläft Reger bis in die Puppen, denkt er. Wenn er aufwacht, sind wir schon wer weiß wo, und kein Hahn kräht nach ihm.

Die sechs Lkws brummen ohne Licht die Straße entlang. Der Mond ist aufgegangen, und der Weg ist gut erkennbar. Wo führt er hin? Wo endet er? Etwa eine Stunde lang dauert die Fahrt; dann erreicht der Konvoi ein kleines Dorf. Alle Fahrzeuge verlassen die Straße und halten zwischen Bauernhöfen und niedrigen Häusern.

»Kompaniechefs zum Bataillon!«, lautet der Befehl. Als Hajek aussteigt und die Wagentür hinter sich zuschlägt, klopft ihm das Herz wie vor einem Sturmangriff. Muss ich jetzt melden, dass Reger nicht mitgekommen ist?, fragt er sich, als er auf eine Gruppe zugeht, die im Schatten eines Hofgebäudes steht. Nein, beschließt er, ich sage nichts, vielleicht fragen sie auch nicht. Und wenn, dann weiß ich eben von nichts und sage, ich hätte angenommen, Reger sei beim Stab.

»Erste Kompanie zur Stelle«, meldet Hajek. Um ihn herum stehen noch ein paar Offiziere und höhere Mannschaftsdienstgrade. Die Dunkelheit lässt keine Gesichter erkennen.

»So, meine Herren«, ertönt eine Stimme; sie gehört dem Bataillonskommandeur. Ein alter Major ist es, den Hajek nur zweimal gesehen und gesprochen hat: Das erste Mal, als er sich beim Bataillon meldete, das zweite Mal, als er Leutnant wurde. »Dass wir per Lkw transportiert werden«, fährt die Stimme des Majors fort, »mag Sie, meine Herren, davon überzeugen, dass wir eiligst gebraucht werden. Unser Marschziel lautet: Kampfraum Enschede. Wir haben die Aufgabe ...« In der Nacht erhebt sich ein näherkommendes Dröhnen. Es wird zu einem hohlen Donnern. Ohne Zuruf, ohne Befehl stiebt der versammelte Haufen auseinander. Irgendwo brüllt jemand: »Flieger!« Ein Riesenschatten taucht am Sternenhimmel auf: ein Nachtbomber oder Aufklärer. Er fliegt sehr niedrig über das Dorf hinweg. Hajek lehnt an der Hauswand und erwartet jeden Augenblick das Fetzen von Bomben. Nichts geschieht. Der einsam am Himmel fliegende Todesvogel verschwindet in westlicher Richtung, das Dröhnen verebbt. Stille folgt … eine unwirkliche Stille. Stimmen werden laut; da und dort zerflattert ein nervöses Lachen.

»Du meine Fresse!«, sagt ein Landser. »Sind das freche Hunde! Fliegen so tief, dass man sie mit der Null-Acht runterholen könnte.«

»Warum hast du es nicht probiert?«, höhnt ein anderer.

Und ein Dritter sagt: »Die haben vor nischt mehr Respekt, die machen, zu was sie lustig sind.«

Im Schatten des Hofgebäudes versammeln sich die Offiziere. Der Major ignoriert den Vorfall und setzt seine abgebrochene Rede fort. Das Marschziel wird noch einmal genannt. Beim matten Schein blauer Taschenlampenlichter wird die Marschroute in der Karte eingezeichnet.

»Wir müssen vor Tagesanbruch am Ziel sein«, sagt der Major. »Jede Kompanie fährt getrennt. Wegen der Flieger Abstand von Fahrzeug zu Fahrzeug mindestens tausend Meter. Und sollte ein Fahrzeug aus irgendeinem Grunde liegenbleiben, dann abwarten und erst bei Dunkelheit nachkommen.« Es folgen noch ein paar Informationen, die zur Kenntnis genommen werden.

Plötzlich sagt der Major: »Hauptmann Reger, Sie fahren mit dem Bataillonsstab und übernehmen Ihre Kompanie am Marschziel.« Hajek spürt, wie ihn Hitze anfliegt, wie sein Herz ein paar wilde, erschrockene Schläge macht. Was soll er jetzt sagen?

»Hauptmann Reger!«, wiederholt der Major ungeduldig.

»Hauptmann Reger ist nicht da, Herr Major«, erwidert Hajek.

»Wo ist er?«

»Austreten, Herr Major«, sagt Hajek. Jemand lacht. »Hat schlimmen Durchfall«, ergänzt Hajek.

»Zu fette Bratkartoffeln gegessen?«, witzelt der Major.

»Anzunehmen«, sagt Hajek. »Er musste unterwegs dreimal halten lassen und verschwinden.«

»Leutnant Hajek«, erwidert der Major, »dann fahren Sie mit dem Stab, um später die Kompanie in die befohlenen Stellungen einweisen zu können.«

»Jawohl, Herr Major.«

Die Besprechung ist zu Ende, und die Offiziere und Dienstgrade kehren zu ihren Kompanien zurück. Hajek soll also mit dem Bataillonsstab fahren, und somit hat die Erste keine Führung. Wirklich, die Ausrede, die Hajek vorhin wegen Hauptmann Reger gebraucht hat, ist nicht gerade delikat gewesen, aber sie hat irgendwie Zeitgewinn gebracht. Regers Fehlen ist noch nicht aufgefallen. Was ist aber mit der Kompanie? Sie kann doch nicht ohne Führung abfahren!

Der Mond ist verschwunden. Wolkenfetzen reiten am Himmel und verdunkeln das, was unten geschieht. Kommandorufe ertönen. Motoren brummen los. Hajek ist noch immer unentschlossen und läuft hinter dem Major her, der noch ein paar Befehle austeilt. Niemand kümmert sich um Hajek. Mit ihm fahren noch ein paar andere Leutnants, die später ihre Kompanien in die Stellungen einweisen sollen. Über dem Ganzen liegt eine unrastige Nervosität. In der Ferne wummert Flak. Ach was, denkt Hajek, ich drücke mich ... ich fahre nicht mit dem Bataillonsstab. Ich muss zur Kompanie zurück, egal, was draus wird!

Und er macht kehrt, und geht zu den wartenden Lkws, auf denen die Landser wie zusammengepferchte Schafe hocken.

»Was ist, Herr Leutnant?«, fragt Feldwebel Schrader.

»Ab geht's«, sagt Hajek. »Los, aufsitzen!« Er geht von Fahrzeug zu Fahrzeug, befiehlt den Fahrern, in Fliegermarschtiefe von tausend Meter zu fahren und schwingt sich in den die Spitze anführenden Lkw. Nein, es kommt niemand, um Hajek zu rufen. Hajek sitzt mit klopfendem Herzen im Wagen, legt die Karte auf die Knie, lässt das

Blaulicht aufflammen. Die beiden Fahrer neben ihm warten auf das Abmarschkommando.

»Herr Leutnant«, sagt der eine, »ich kenne die Strecke, die wir fahren. Bin erst vor acht Tagen denselben Weg gefahren, bloß zurück. Bei Tag ist es 'n lausig gefährlicher Weg.« Hajek murmelt etwas. Er wartet, damit sich der Abstand von der vorausfahrenden Kompanie vergrößert. Jetzt lässt der Fahrer den Motor anlaufen.

»Wollen Sie 'ne Zigarette, Herr Leutnant?«, fragt der Mann neben Hajek.

»Nein, danke«, lehnt Hajek ab. Der Motor läuft. Hinter dem Führerhaus tönen Stimmen. Jemand will ein Lied anstimmen, aber ein paar andere rufen:

»Aus! Halt den Rand, Alfred! Schlafen wir lieber!« Und der Motor brummt weiter.

»Jetzt sollten wir aber losfahren, Herr Leutnant«, sagt der Fahrer, »sonst verlieren wir vielleicht die Verbindung zum Vordermann.« Und Hajek denkt: Je weiter sie voraus sind, umso besser. Ob Reger schon aufgewacht ist? Was wird er machen, wenn er merkt, dass wir fort sind? Wird er versuchen, nachzukommen? Er hat doch keine Ahnung, wohin wir fahren … er hat keine Brille … Bleib, wo du bist, Hauptmann, lass den Krieg aus sein.

»Los«, sagt Hajek zu dem Fahrer. »Abfahren!«

»Abfahren«, wiederholt der bullige Obergefreite und schiebt den ersten Gang ein. Den wievielten Wagen fährt dieser Mann schon? Wo sind die, die er einst fuhr? Die Lkw-Kolonne setzt sich in Bewegung. Man hält den befohlenen Abstand. Als Hajek in den Seitenspiegel blickt, sieht er nur Dunkelheit. Ohne Licht brummt der vollgepfropfte Lastwagen die Landstraße entlang. Schattengleich huschen die Bäume vorbei. Das Land zu beiden Seiten ist flach und dunkel. Am Himmel treiben Wolken.

»Gut, dass es finsterer geworden ist«, sagt der Gefreite neben Hajek. »Wenn es heller wäre, hätten wir den Tommy im Genick.«

»Seid ihr schon öfter hier gefahren?«, fragt Hajek.

»Ja, was denken Sie denn, Herr Leutnant«, lautet die Antwort. »Wir kennen diese Straße genau. Eine Hundsstraße, sag ich Ihnen. Nich, Franz?« Er sagt es zu dem Fahrer. Der hängt über dem Lenkrad, starrt geradeaus und nickt nur, weil er aufpassen muss. »Vor einer Woche war's«, fährt der Nebenmann fort, »da sind wir zu acht von Enschede nach Meppen gefahren. Unterwegs sind wir von den Jagdbombern erwischt worden ... nich, Franz? Das war vielleicht ein Rabatz! Viere hat's erwischt. Wir sind mit der Karre einfach in den Wald gefahren ... mittenrin wie in 'ne Wiese.« Schweigen folgt. Der Motor schnurrt brav. Der Fahrer hängt angespannt über dem großen Lenkrad, bewegt es sicher.

»Wo seid ihr her?« Hajek will reden, will nicht mehr an Reger und das denken, was noch kommen muss.

»Wir gehören zum 5. Pionierregiment«, sagt der Mann nebenan. »Seit Weihnachten machen wir nischt anderes als Taxidienst. Wir haben keine Ahnung, wo unser Haufen ist ... irgendwo am Rhein wahrscheinlich. Die Amerikaner sollen ja schon auf Köln zurollen. Wissen Sie was Genaueres, Herr Leutnant?«

»Nein.« Schweigen.

»Wo haben Sie das Ritterkreuz gekriegt, Herr Leutnant?«, fragt der Gefreite und hält Hajek die Zigarettenpackung hin. Hajek bedient sich, raucht. Das Gesicht des Gefreiten wird kurz hell. Ein breites, gelassenes Gesicht. Er grinst. Dann verschwindet es wieder.

»In Russland«, sagt Hajek. »Wart ihr auch in Russland?«

»Nee, dort nicht«, lautet die Antwort. In Frankreich, Belgien und Holland habe man sich vier Jahre lang herumgetrieben. Mal da, mal dort. Es sei nicht die schlechteste Zeit gewesen. Der Landser neben Hajek erzählt, aber Hajek hört nicht zu. Er schaltet die Taschenlampe ein und studiert die Marschroute. Bald muss eine Straßengabelung kommen. Die Straße, die rechts abzweigt, führt nach Enschede, die nach links in Richtung Bocholt. Da kommt Hajek ein verwegener Gedanke, eine Idee, vor deren Kühnheit er selber erschrickt: Was würde passieren, wenn wir nach links abbögen? Es ist ja Nacht, der Transport kann sich verfahren, und wir kommen woanders an! Niemand wird fragen, wo Hauptmann Reger geblieben ist! Ich bin die Sache los! Eine Kompanie, die feldmarschmäßig ausgerüstet ist, wird überall gebraucht! Jawohl, ich riskiere es, beschließt Hajek. Einen Teufel schere ich mich darum, wo wir landen, bloß nicht beim Bataillon in Enschede! Der Nebenmann schweigt jetzt endlich. Noch eine Viertelstunde, dann taucht die Straßengabelung auf. Der Fahrer tritt langsam auf die Bremse.

»Doch nach rechts weg, Herr Leutnant?«, fragt er, als die Gabelung erreicht ist.

»Nein«, sagt Hajek, und seine Stimme klingt heiser, »nach links weg, mein Freund.«

»Geht's da nicht nach Bocholt?«, lautet die Frage. Hajek bleibt die Antwort schuldig; er steigt aus, atmet die kühle Nachtluft tief ein und wartet, bis die anderen Lastwagen aufgerückt sind. Dann geht er von Wagen zu Wagen und ruft in die Führerhäuschen: »Nach links weg … nach links abbiegen … nach links weg!« Keiner spricht dagegen. Die Türen schlagen dumpf zu. Hajek klettert wieder in sein Fahrzeug und gibt das Kommando zum Weiterfahren. Er ist von seiner Eigenmächtigkeit derart benommen, dass er schweres Herzklopfen spürt. Als der Lkw weiterfährt, denkt Hajek: Jetzt kann ich nicht mehr umkehren lassen, jetzt rollt das Ganze weiter. Wohin? Wie soll ich das verantworten? Ich handle wie ein Deserteur! Noch eine Weile hält das zwiespältige, fast angstvoll empfundene Gefühl an, dann flaut es ab. Gleichgültigkeit überkommt Hajek, eine sture Bereitschaft, alles auf sich zu nehmen, was kommt, und was durch dieses eigenmächtige Handeln ausgelöst wird. Schweigende Fahrt. Der Nebenmann ist eingeschlafen; sein Kopf ruht an Hajeks Schulter. Der Fahrer sitzt stur hinter dem Lenkrad und starrt unbewegt und angespannt auf die Straße. Hinterher rollt die Kompanie im befohlenen Abstand.

Nach etwa einer Stunde sagt der Fahrer: »Ich muss auftanken, Herr Leutnant. Kann ich im nächsten Kaff halten?«

»Natürlich«, murmelt Hajek. Das nächste Dorf liegt an der Straße: ein paar Bauernhöfe unter hohen Bäumen. Nirgendwo ein Licht. Alles ist dunkel und duckt sich scheu im Schatten der Nacht. Der Lkw fährt zwischen zwei Höfe und hält. Hajek steigt aus und geht auf die Straße zurück, um die nachfolgenden Fahrzeuge anzuhalten und einzuweisen. Nach und nach kommen sie an wie Elefanten, als brummende Schattengebilde. Sie halten. Man fragt, was los ist. Hajek befiehlt, die Fahrzeuge verstreut im Dorf unterzustellen, aufzutanken und auf neue Anweisungen zu warten. Feldwebel Schrader kommt heran und fragt missmutig:

»Herr Leutnant, was liegt an? Es wird bald hell, dann können wir nicht mehr weiter wegen der Jabos.«

Nur kurz überlegt Hajek, dann sagt er entschlossen: »Wir bleiben vorläufig hier.«

»Quartiermachen?« Es klingt wie ein Vorschlag.

»Ja, meinetwegen«, murmelt Hajek.

»Wo sind wir eigentlich, Herr Leutnant?«

»Etwa fünfzig Kilometer vor Bocholt«, gibt Hajek Auskunft. Schweigen. Der alte Feldwebel schneuzt sich.

Dann die Frage: »Sollten wir nicht in Richtung Enschede weiter, Herr Leutnant? Mir ist, als hätte ich so was gehört!«

»Habe mich verfranzt«, sagt Hajek. »Habe es zu spät bemerkt. Ich muss mal sehen, wie es weitergeht, Schrader.« Die Ausrede hört sich flau und unsicher an. Hajek wendet sich zum Gehen, aber da hält Schrader ihn am Arm zurück und sagt gedämpft:

»Ich glaube nicht, dass Sie sich verfranzt haben, Herr Leutnant. Sie sind absichtlich in die andere Richtung gefahren, wie?«

»Kümmern Sie sich nicht darum, Schrader«, erwidert Hajek gequält. »Sorgen Sie dafür, dass die Leute in Quartiere kommen.«

»Gut«, murmelt Schrader. Er versucht, Hajek ins Gesicht zu schauen. »Es geht mich nichts an, Herr Leutnant«, sagt er, »Sie führen die Kompanie. Ich schlage aber vor, dass Sie die Lkws wegschicken ... wegen der Sicherheit der Leute und des Dorfes. Wenn es hell wird, sind die Jabos da, und machen schnell aus, wo ein Haufen Lkws beisammensteht.« Hajek schweigt. Zum ersten Mal in seinem bewegten Soldatenleben weiß er nicht mehr, was er tun soll, und was Recht, was Unrecht ist. Er kommt sich vor, als sei er über einen breiten Bach gesprungen, mit großer Anstrengung, mit letzter Kraft, und jetzt schaut er hinüber und sieht einen anderen da drüben stehen: den alten, den pflichtbewussten, den guten, braven Soldaten Martin Hajek. Der hier am Fleck steht, ist ein anderer Hajek. Er ist es nicht mehr, seit er lügt und eine Kompanie in die Irre geführt hat. Ringsum tönen halblaute Stimmen. Irgendwo klappert ein Benzinkanister. Die Nacht riecht nach Sprit und Öl. In den dunklen Häusern rührt sich nichts mehr, aber die Bewohner sind wach und hören die fremden Geräusche.

»Was war mit dem Hauptmann, Herr Leutnant?«, fragt der Feldwebel. »Er ist doch zurückgeblieben, nicht wahr?« Hajek kann jetzt nicht mehr lügen.

»Ja«, sagt er dumpf, »seine Brille ist kaputt, und er war total besoffen, Schrader. Er hat Dinge gesagt, die er auch der Kompanie gesagt hätte.«

»Ihm ist klar geworden, dass alles Wahnsinn ist?«

Hajek gibt keine Antwort, er geht weg und hört, wie Schrader mit den Leuten redet, sie auffordert, sich Unterkünfte zu suchen und möglichst beisammen zu bleiben. Ein fremder Unteroffizier, der den Lkw-Konvoi befehligt, taucht vor Hajek auf, tut überrascht und stellt die Frage:

»Bleiben wir hier, Herr Leutnant? Oder was liegt an? Ich kenn mich jetzt gar nicht mehr aus. Wir sollten die Kompanie doch nach Enschede bringen.«

»Meine Kompanie hat andere Befehle erhalten«, sagt Hajek rau. »Sie können mit den Lkws verschwinden, Unteroffizier.«

»Dann also zurück nach Osnabrück?« Es klingt nicht unfroh.

»Ich weiß nicht, wo euer Stall ist«, erwidert Hajek. »Jedenfalls brauchen wir euch nicht mehr. Wir erwarten hier neue Befehle.« Der Unteroffizier meldet sich ab, und wenig später sind die sechs Lkws verschwunden. Das Brummen stirbt in der langsam hell werdenden Nacht.

Die Kompanie hat sich in die umliegenden Höfe einquartiert, in den Scheunen und Torfschuppen. Hinter den Verdunklungen der Fenster brennt karges Licht. Die Bewohner des Dorfes sind wach und sorgen sich begründet über die Einquartierung; denn wo Militär liegt, tauchen auch bald die Jabos auf: wie Wespen, die eine Honigspeise wittern.

Hajek hat den Bürgermeister des Ortes herausgeklopft. Erst nach längerem Warten hat sich die Haustür aufgetan.

Ein großer, breitschultriger Mann, nur mit Hemd und Hose bekleidet, steht auf der Schwelle und zeigt sich über den Zuwachs im Dorf wenig erfreut.

»Was?«, sagt er mit tiefer, entrüstet klingender Stimme. »Gleich 'ne ganze Kompanie? Können Sie nicht wo anders Quartier nehmen, Herr Major?«

»Ich bin Leutnant«, erwidert Hajek. Und das Ritterkreuz am Hals funkelt matt und beeindruckt den Mann unter der Haustür, sodass er etwas freundlicher sagt:

»Entschuldigen Sie, Herr Leutnant, aber Sie müssen verstehen. Wir leiden unter den Fliegerangriffen. Erst vorgestern ist der alte Hesseke auf seinem Hof erschossen worden beim Mistfahren.«

Hajek spürt, dass langsam Zorn in ihm aufsteigt. Sechs Jahre lang hat er, auch für diese Leute hier, gekämpft – jetzt will man ihm eine Scheune, einen Holzschuppen verweigern! »Hören Sie«, sagt Hajek heftig, »wir sind deutsche Soldaten, und ich belege jetzt Plätze für meine Kompanie!«

Der Bauer beeilt sich zu erwidern: »Ja, ja, schon gut, Herr Leutnant … schon recht. Ich wollte ja nur darauf hinweisen, dass hier kein sicherer Platz ist wegen der Flieger.«

Hajek lässt den Mann stehen und geht, um nachzuschauen, wo seine Leute sind. Sie haben sich in den Höfen verteilt. Zugweise. Die Unteroffiziere melden Hajek das Quartier.

»Wie ist's denn, Herr Leutnant?«, fragt einer. »Die Feldküche kommt wohl nicht nach?«

»Wir müssen uns selber verpflegen, Köhler«, erwidert Hajek. »Ich werde sehen, dass wir morgens von irgendwem Kaffee gekocht kriegen.«

Als Hajek wieder am Hof des Bürgermeisters vorbeikommt, ruft eine tiefe Stimme: »Herr Leutnant, Sie können bei mir bleiben. Kommen Sie herein.« In der Stube, die von dem Licht einer tropfenden Kerze erhellt ist, sitzen zwei scheu blickende Frauen, eine ältere und eine jüngere. Bäuerin und Tochter. Sie nicken grüßend. Der Bürgermeister öffnet die Tür zu einer Kammer.

»Sie können hier schlafen«, murmelt er. Und mit einem Blick auf das Ritterkreuz: »Sind Sie hungrig?«

»Nein, danke«, murmelt Hajek. In diesem Augenblick ertönen drei scheppernde Uhrenschläge. 3 Uhr morgens.

»Werden Sie länger bleiben?«, fragt der Mann.

»Nein. Wir marschieren morgen Abend weiter, wenn es dunkel geworden ist.«

Der Bauer nickt. »Sagen Sie nur Ihren Leuten, dass sie sich tagsüber nicht zeigen sollen. Die Jabos sind schnell da, Herr Leutnant.«

Hajek geht in die Kammer; sie riecht nach Geräuchertem, aber es ist keines zu sehen. In den Ecken stehen Säcke. Ein Wandregal ist da, auf dem Töpfe mit Eingemachtem, mit Pergamentpapier abgedichtet, in Reih und Glied stehen. Nein, den Bauern geht es nicht schlecht, sie haben noch etwas, aber sie geben nur ungern etwas von den letzten Vorräten her. Hajek legt sich angekleidet auf das knarrende Bett. Hinter der Kammertür hört er leise Stimmen. Die Dielenbretter knarren. Weiß der Himmel, worüber der Bauer mit den beiden ängstlichen Frauen spricht; vielleicht verfluchen sie jetzt in breitem Plattdeutsch den Krieg und alle, die noch für ihn kämpfen.

Hajek kann nicht schlafen. Die Ungewissheit, ein Gefühl von feiger Unentschlossenheit hält ihn wach. Unablässig grübelt er darüber nach, wie das begonnene Abenteuer weitergehen soll – denn es ist ein Abenteuer, das Leutnant Hajek, der alte Frontsoldat, auf sich genommen hat. Er muss an die jungen Burschen denken, deren Schicksal ihm anvertraut ist, und die sich ihm willig unterstellen, ihm folgen wie einem Schafhüter. Den wievielten haben wir denn heute?, grübelt Hajek, während draußen in der Stube Töpfe leise klirren und ein Ofentürchen misstönend in den Angeln kreischt. März ist es, weiß Hajek. Irgendein Tag im März ... der 29. oder der 30. ... Es ist ja Ostern! Frohe Ostern, denkt Hajek. Er hat die Augen geschlossen; er spürt, dass ihm die Gedanken entgleiten und durcheinanderwehen wie Spreu im Wind. Elsa, denkt er noch, Elsa, du wirst mir wieder geschrieben haben, aber ich werde keinen Brief mehr von dir bekommen. Ich bin für deine Briefe unerreichbar geworden ...

Das Dröhnen eines Motors, das verdächtige Klirren von Panzerketten reißt ihn aus dem kaum begonnenen Schlaf. Hajek fährt hoch. Er muss sich erst zurechtfinden. Zum Teufel, wo ist er denn? Was ist draußen los? Die Mütze aufsetzend, das Koppel zurechtrückend, eilt er aus der Kammer. Die Küche ist leer und warm. Kein Mensch da. Als Hajek hinaustritt, sieht er im frühen Morgengrauen einen Panzer auf dem Hof stehen. Zwei Gestalten in wattierten Tarnjacken und mit schwarzen Baskenmützen auf den Köpfen stehen neben dem im Leergang laufenden Fahrzeug. Köpfe ragen über den Panzerplatten hinaus, ein MG richtet den Lauf steil gegen den trüben Morgenhimmel. Aus der Scheune drüben kommt Feldwebel Schrader, hinter ihm drein schauen ein paar verschlafene Gesichter.

»He, Sie da!«, ruft einer der beiden Panzermänner und kommt auf Hajek zu. »Was ist das für ein Haufen, der hier herumlungert? Sind Sie für diesen Gammelverein verantwortlich?« Hajek saust ein Zittern in die Glieder. Eine Sekunde lang denkt er an die anderen, die ohne die Erste in Enschede angekommen sind. Ist das bereits die Fahndung? Der Mann in der wattierten Tarnjacke ist nur durch ein wenig Silber auf der Baskenmütze als Offizier zu erkennen. Ein Paar dunkler, nervös blickender Augen heftet sich auf Hajek, ein übernächtigtes Gesicht, mit bläulichen Bartstoppeln überwuchert, flößt Respekt ein. Mit vorgeschobenem Kinn steht der Offizier, ein Major, wie sich später klärt, vor ihm. Hajek stellt sich mit Hand an der Mütze vor und meldet.

»Wir sind per Lkw hierher gebracht worden«, sagt er. »Als es Tag wurde, habe ich die Kompanie ins Quartier geschickt. Mit wem spreche ich, bitte?«

Der Offizier sieht Hajeks Ritterkreuz, legt die Hand an die Mütze und stellt sich vor: »Major Herbst.« Die Hand sinkt herab. »Wo sind die Fahrzeuge, mit denen Sie gekommen sind?«

»Kurz vor Hellwerden wieder zurück, Herr Major.« Die dunklen Augen haften scharf auf Hajeks gelassen wirkendem Gesicht.

»Mir schleierhaft, wieso und warum Sie hier sind, Leutnant«, schnarrt die Stimme, und Hajek ahnt, dass dieser Mann misstrauisch ist. »Ihr Soldbuch, bitte«, sagt er dienstlich. Misstraut er dem Ritterkreuz? Misstraut er allem, was er hier wahrnimmt? Ist er auf einen Haufen gestoßen, der sich drücken will?

Während Hajek das Soldbuch hervorzieht und es ihm überreicht, kommen nach und nach die Leute aus Scheune und Schuppen heraus. Die am Panzerwagen rauchen und sehen neugierig zu Hajek herüber.

Der Major studiert sehr lange und aufmerksam das Soldbuch, besonders die Seite, auf der der Eintrag des Ritterkreuzes zu lesen ist. Dann reicht er das Soldbuch zurück.

»Danke, Leutnant«, sagt er etwas lockerer. »Freue mich, Sie kennenzulernen. Ich verstehe nur nicht, was Sie hier sollen, und warum man Sie hierher geschickt hat.«

Hajek wagt es, mit den Schultern zu zucken. »Befehl ist Befehl, Herr Major«, sagt er.

Und der andere grinst jetzt und erwidert: »Na schön. Wie stark ist Ihre Kompanie?«

Hajek meldet die Stärke des Kompaniehaufens.

Der Major nickt. »Gut so. Sie sind mit Ihrer Kompanie ab sofort meinem Kommando unterstellt. Rücken Sie unverzüglich ab, Leutnant. Straße geradeaus, bis Sie von meinen Leuten eingewiesen werden.«

»Wo steht der Feind?«, fragt Hajek.

Der Major schwenkt die Hand gegen Westen. »Ziemlich überall. Britische Panzereinheiten stoßen auf den Raum Bocholt vor. Wir versuchen schon seit Tagen, den Vormarsch der Briten zu stoppen und haben den Befehl, alles, was sich auf den Straßen herumtreibt, aufzufangen und einzusetzen.« Hajeks Augen werden schmal; sein hageres Gesicht spannt sich.

»Mit Erfolg, Herr Major?«, fragt er. Das andere Gesicht verfällt, zeigt Müdigkeit, offene Resignation. Und wieder schwenkt die Hand durch die Luft.

»Wir sind Soldaten, Leutnant«, sagt er, »wir empfangen noch Befehle. Los, lassen Sie Ihren Haufen antreten und setzen Sie ihn in Marsch, bevor es Tag wird. Ich fahre voraus, Sie folgen so rasch Sie können.«

Ein kurzer Blick, ein Gruß, dann geht der Major zu dem Panzer zurück, sagt etwas zu den wartenden Männern, schwingt sich in eine Luke und verschwindet. Der Motor jault ein paarmal auf. Hajek setzt die Trillerpfeife an die Lippen. Zehn Minuten später streunt die Kompanie links und rechts der Straße in Richtung Südwesten davon. Der Panzer fährt langsam voraus, und die Luke ist offen. Ein Mann ragt aus ihr heraus und beobachtet den heller und heller werdenden Morgenhimmel. Unter der Tür seines Hauses steht der Bürgermeister des kleinen Dorfes und schaut der davontrottenden Kompanie nach.

»Frau«, sagt er zu der neben ihm stehenden Gestalt, »mich freut es nicht, dass sie fortgehen, aber es ist besser so. Hast du gesehen, wie jung die Kerle noch sind?«

»Halbe Kinder«, murmelt die Frau. Und seufzend schickt sie hinterher: »Gott gebe es, dass alles bald zu Ende ist!«

Der Tag zieht grau und kühl herauf. In den Höfen fängt die Arbeit an, und man schaut ängstlich zum heller werdenden Himmel empor, der für die Menschen zu einer ständigen Gefahr geworden ist. Voraus der mit hässlichen Farbklecksen bemalte Panzer, und links und rechts der Straße trotten Soldaten entlang. Das Schrittgeräusch vermischt sich mit dem Klirren der Ausrüstung. Die Mienen der jungen Menschen sind bang, erwartungsvoll. In der Ferne grollt die Stimme des Kampfes. Sie marschieren den ganzen Vormittag über – oft genug in panischer Flucht in den Wald, ins freie Feld, in den Graben springend, wenn am Horizont das Tosen nahender Jabos ertönt; das Dröhnen dicht über der Erde; das wilde Hämmern der Bordwaffen, das den Acker zerfetzt und tanzende Einschläge auf der Straße entfacht. Ist der jaulende Spuk vorbei, geht es weiter. Wortlos, ins Schicksal ergeben, dem wie einen scharfen Herdenhund vorausfahrenden oder am Straßenrand wartenden Panzerwagen folgend. Noch fehlt keiner, noch reden sie miteinander und erwarten den Kampf als Abenteuer. Nur den wenigsten wird es bewusst, dass sie im Vaterland kämpfen, und dass die nächsten Befehle das Ende bringen können.

Hajek spricht wenig. Wenn er stehenbleibt, um die Leute an sich vorbeiziehen zu lassen, wird sein Mund schmal, und in seinen Augen ist ein mitleidiger Ausdruck. Ostern ist, denkt er. Osterspaziergang. In den Wahnsinn hinein! Wie Lämmer! Und ich kann es nicht verhindern! Ich bin machtlos. Noch ein Wald. Dann taucht eine Ortschaft auf. Sie liegt zwischen Wiesen- und Ackerland. Büsche und Bäume behindern den Blick in die Ferne. Der Horizont ist hügelig. Ein grauer Himmel hängt über dem Land, trostlos und hoffnungslos wie der feine Regen, der die Straße rutschig macht.

Am Rande der Ortschaft zeigt sich militärisches Treiben. Unter Bäumen stehen Fahrzeuge. Ein Trupp Nachrichtenmänner streut über die Felder und legt einen Telefondraht. Voraus hält der Panzer; ruckartig macht er kehrt. Wie zufällig richtet sich der Lauf des MG auf die herantrottende Kompanie. Der Major springt herab und winkt Hajek zu sich.

»Sie werden jetzt eingewiesen«, sagt er knapp und nimmt die Kartentasche in die Hand. »Ihre Kompanie bezieht hier Stellung ...« Und er fährt mit dem Bleistift eine Linie entlang. Dann folgt die Orientierung über den Geländeabschnitt. »Halbrechts drüben«, sagt der Major, »wo Sie die beiden Gehöfte auf freiem Feld sehen, sind drei Sturmgeschütze in Bereitschaft. Melden Sie sich bei Oberleutnant Schirmer, dem Kommandanten, und halten Sie durch Melder die Verbindung zu meinem Gefechtsstand aufrecht. Er befindet sich im Dorf, im ersten Bauernhof rechts der Straße.« Die dunklen Augen des Majors blicken scharf. »Ihre Kompanie ist jetzt dem 3. Panzerjägerregiment unterstellt, also mir.«

»Jawohl, Herr Major«, erwidert Hajek. Der Major grüßt kurz und klettert wieder in den Panzer. Dann klirrt das Fahrzeug mit beschleunigtem Tempo davon, dem Dorf entgegen. Die Kompanie steht im Nieselregen und wartet. Feldwebel Schrader kommt heran und grinst.

»Was jetzt, Herr Leutnant?«

»Ein Melder zu mir«, sagt Hajek. Und als der Mann dasteht: »Sie melden sich beim Regimentsstab, der dort drüben im Dorf liegt, Gabler. Im ersten Hof rechts der

Straße. Wir liegen dort drüben.« Hajek weist auf die beiden einsam im Feld liegenden Höfe. »Wenn was los ist, werden Sie uns schon finden.« Der junge Bursche lächelt, wiederholt seinen Befehl und setzt sich in Trab.

Wenig später marschiert die Kompanie einen aufgeweichten, von Panzerketten zerwühlten Feldweg entlang. Er führt zu den beiden Höfen. Schrader, der neben Hajek geht, sagt plötzlich:

»Herr Leutnant, ich hab so das Gefühl, als ob uns der Major auf dem Kieker hätte. War 'ne Art Heldenklau, nicht wahr?«

»Ich bin mir im Klaren, Schrader, dass unsere Dienstzeit noch nicht zu Ende ist. Oder dachten Sie es?«

»Ehrlich gesagt: Ja. Wir hätten uns abseits der Straße einquartieren sollen, Herr Leutnant.«

Hajek schüttelt den Kopf. »Nee, Schrader, so weit ist es noch nicht.«

»Aber Sie sind doch froh, dass wir nicht in Enschede gelandet sind?«, fragt Schrader.

»Sie meinen wegen Hauptmann Reger?«

Der Feldwebel nickt und grinst. »Genau«, murmelt er. »Ich hätte es an Ihrer Stelle auch so gemacht, Herr Leutnant.«

»Schwamm drüber, Schrader«, schlägt Hajek vor.

Die Kompanie erreicht die beiden Gehöfte. Die drei Sturmgeschütze stehen getarnt hinter den Scheunen. Auf dem Hof treiben sich die Besatzungen herum. Ein paar Landser waschen sich an einem Pumpbrunnen.

»Hö!«, ruft einer, als die Kompanie angetrottet kommt. »Was sehen meine entzündeten Augen! Das sind doch ... du meine Fresse: Das sind doch deutsche Vaterlandsverteidiger! Nicht zu glauben!«

»Guck mal, Hein«, sagt ein anderer, »der dort ... hat der nicht 'n Ritterkreuz?«

»Tatsächlich, er hat eins! Ein Held stößt zu uns und verhilft uns zum Endsieg!« Es fallen noch mehr witzelnde Bemerkungen, besonders als Hajek die Kompanie aufrücken und dann wegtreten lässt.

Den Oberleutnant, bei dem er sich melden soll, findet er in der Schlafstube der Bauernfamilie. Ein untersetzter, braungesichtiger Mann liegt, die Beine auf einen Stuhl, im Bett und schläft. Hajek muss den Offizier erst ein paarmal rütteln, ehe er aufwacht.

»Was ist los?«, fragt er und hebt den Kopf. Als er Hajeks Auszeichnung sieht, steht er langsam auf. Hajek stellt sich vor.

»Bin Ihnen zugeteilt, Herr Oberleutnant«, sagt er. »Wir sind 25 Kilometer von hier von Ihrem Major aufgegabelt worden, als wir in einem Dorf Rast machten.«

»Zu welchem Verein gehören Sie?« Ein kurzes Frage- und Antwortspiel entspinnt sich. Als Hajek erzählt, auf welche Weise seine Kompanie kassiert wurde, lacht der Oberleutnant und sagt: »Ja, das ist typisch Vater Felix! Der weiß schon, wie man zu Fußvolk kommt. Will damit nichts gegen Sie sagen, Kamerad.« Er klopft Hajek auf die Schulter und geht mit ihm in die Stube. Ein ältliches Mädchen ist da, das verlegen grinst.

Oberleutnant Schirmer sagt: »Emma, mach mal was Warmes für die Neuen!« Aus dem vertraulichen Ton schließt Hajek, dass der Kamerad Schirmer schon länger hier einquartiert ist. »Schon acht Tage liegen wir hier in Auffangbereitschaft«, teilt er Hajek mit, während das Mädchen Kaffee für die Kompanie kocht. »Der Tommy hat uns von Nijmwegen aus abgedrängt. Bei Lochham sind wir dann ganz plötzlich heim ins Reich abkommandiert worden, und seither gammeln wir hier in der Gegend herum. Sie ist übrigens recht fruchtbar.« Schirmer grinst. Schrader, der hereinkommt, erhält Anweisung, Brote und ein paar Käsekonserven für die Kompanie zu empfangen. Auf seine Frage, ob die Kompanie hierbleiben oder irgendwo in Stellung gehen soll, antwortet der Oberleutnant:

»Sobald Sie die Leute versorgt haben, ziehen Sie Leine ... links und rechts der beiden Höfe. Aufgabe: absichern gegen Westen. Einen Kilometer von hier weg verläuft die Straße. Sicherungsposten ausschicken und Verbindung hierher halten. Alle Unklarheiten beseitigt? Gut so. Wegtreten, Feldwebel. Ihr Leutnant bleibt noch 'ne Weile bei mir.« Hajek fühlt sich freier. Das beklemmende Gefühl, abseits gestanden und etwas Ungeheuerliches getan zu haben, flaut ab. Der Oberleutnant ist ein heiterer Geselle und lässt durch Emma Spiegeleier mit Speck auffahren; dazu trinken sie saure Milch. Schirmer duzt den Leutnant und unterhält ihn mit Vergangenem.

»Weißt du, Kamerad«, sagt Schirmer, »das ist alles nur noch ein letztes Hin und Her, ein Gezappel. Gerade so, wie ein Karnickel zappelt, das man an den Löffeln hält und gleich eins ins Genick schlagen wird, sodass es hin ist. Das Regiment hat noch ganze vier Sturmgeschütze! Vier von einstmals knapp fünfzig! Frag mich nicht, wo der Rest geblieben ist! Alles schiet, sag ich dir! Ich bin nur noch dabei, um mir meinen Humor am Leben zu erhalten. Wenn der mal in die Binsen geht, Kamerad, dann ist's auch bei mir zappenduster und ich hau in den Sack.«

Hajek wird durch diesen Mann an einen anderen erinnert: an Oberleutnant Gustav Pretsch. War vom selben Kaliber, hatte denselben rauen, ehrlichen Ton.

Die gebratenen Eier schmecken, das Brot ist kernig und duftet nach Anis. Das Mädchen Emma bringt noch einen Topf Sauermilch. Im Gespräch mit dem Oberleutnant vergeht eine Stunde, die Hajek wie etwas Langentbehrtes genießt. Da sitzt endlich wieder ein alter Kämpe, ein Frontschwein vor Hajek und redet, wie ihm

der Schnabel gewachsen ist. Redet im rauen, aber unver-
fälschten Jargon des Landsers und kriegt es fürwahr zustande, dass Hajek für kurze Zeit an Kameradschaft und
Zusammenhalt in schwerster Stunde glauben kann. Auch
er erzählt von Erinnerungen und Zeiten des Sieges, auch
er gibt zu, dass Deutschlands Sterne im Verblassen sind.
Und als Oberleutnant Schirmer plötzlich aufsteht, eine
flachbauchige Schnapsflasche heranbringt, zwei Gläser
einschenkt und mit Hajek anstößt, begegnen sich zwei
ernste Gesichter, zwei Augenpaare, die ineinander haften
bleiben.

»Kamerad«, sagt der Oberleutnant, »wir wissen jetzt,
dass wir den Krieg verlieren werden. Mag sein, dass wir es
so verdient haben. Die Zeit nachher wird es zeigen. Im
Augenblick glaube ich an nichts anderes als an unser
Deutschland. Prost auf unser geschundenes Land!« Sie
trinken feierlich. Draußen am Hof jault ein Motor auf
und verstummt wieder. Hajek muss sich jetzt um seine
Kompanie kümmern.

»Wir sehen uns noch, Kamerad Schirmer.«

»Doch, doch«, erwidert der andere und tauscht mit Hajek einen Händedruck. »Wir sehen uns, wenn ich mit meiner Panzerarmee dem Tommy entgegenfahre. Das wird
ein Spaß mit vier Sturmgeschützen und je dreißig Schuss
Munition, die manchmal in die verkehrte Richtung losgeht! Oder weißt du nicht, dass jeder zweite Schuss Pan-
zermunition im Rohr oder dicht davor krepiert? Nee?
Nun, dann weißt du's jetzt. Tschüss, Kumpel!«

Als Hajek den Hof verlässt und einem Winkzeichen
weit drüben folgt, ist ihm zumute, als hätte er kurze Zeit
in einer warmen, behaglichen Klause gesessen und jemanden reden hören, der die richtige Lebensart und Auffas-
sung vom verlorenen Kampf hat. Wie soll man auch sonst
damit fertigwerden? Wie es durchstehen?

Die Kompanie ist entlang eines etwa anderthalb Kilometer breiten Geländestreifens in Stellung gegangen. Zwei Fahrwege mit einigermaßen festem Untergrund führen weiter drüben in einen lichten Mischwald hinein. Die Chaussee liegt weiter südlich und schlängelt sich, wie Hajek auf der Karte feststellt, von Südosten nach Nordwesten hinter dem Mischwald entlang.

Als es dunkel wird, setzt starker Regen ein. Die Schützen- und MG-Nester werden zu höchst unbehaglichen Aufenthaltsplätzen; die Landser versuchen, den Regen durch Zweige und Zeltbahnen aufzuhalten. Vergeblich. Und so steht die Kompanie die ganze Nacht lang im Freien und trampelt auf der Stelle, um der klammen Kälte Herr zu werden, die durch die nassen Klamotten in die Glieder kriecht.

Gegen Morgen brummt ein Beiwagen-Krad den verschlammten Feldweg heran und bringt vier Kanister dünnen, aber heißen Tee, der hochwillkommen ist.

»Soll Ihnen 'n Gruß vom Herrn Oberleutnant ausrichten«, teilt der Fahrer Hajek mit. »Kann sein, dass der Herr Oberleutnant tagsüber mal vorbeikommt.«

»Grüßen Sie ihn von mir«, gibt Hajek dem Kradfahrer auf. Gegen zehn erscheint der Melder und überbringt den Befehl, dass die Kompanie bis an die Chaussee vorgehen und dort Stellung beziehen soll.

»Der Tommy hat seine ersten Panzerspitzen bis Alsdorf vorgeschickt«, berichtet der Grenadier Gabler aufgeregt. »Wir müssen damit rechnen, dass …« Weiter kommt Gabler nicht. Ein Brausen schwillt an, ein Orgeln und Dröhnen. So schnell, dass kaum noch Zeit bleibt, in die Löcher zu springen. Dann ist die wilde Jagd auch schon da. Im Tiefflug. Das Dröhnen der Maschinen – es mögen ein Dutzend sein, die wie Raubvögel auf die beiden Höfe zustürzen – wird zu einem Höllenlärm. Nur matt hört man das

Klopfen der Bord-MG. Messinghülsen regnet es plötzlich, die sich in den weichen Erdboden bohren. Und dann kracht und schmettert es dort, wo die beiden Höfe liegen. Grelle Bombenblitze zucken im Grau des Tages. Rauch schießt hoch. Dem ersten Dutzend Jabos folgt schon das nächste. Mit gleicher konzentrierter Wucht und Schnelligkeit. Die beiden Höfe stehen in Flammen. Immer größer wird der Rauchpilz dort drüben.

Hajek liegt mit dem Gesicht in der klebrigen Erde und hält die Hände über den Kopf. Aus, denkt er, drüben ist alles aus. Sie hauen alles kurz und klein! Da bleibt nichts übrig! Das hat doch keiner überlebt! Wenig später weiß er, dass von den vier Sturmgeschützen drei zerfetzt und ausgebrannt sind, das vierte steht hinter dem massiven Stallgebäude mit offener Luke, verlassen. Der Stall brennt, die Flammen lecken aus den Fensterhöhlen. Kein Brüllen. Das Vieh ist längst im Rauch erstickt.

Auf dem Hof verstreut liegen ein paar verkrümmte Gestalten mit angesengten, zerfetzten Tarnjacken. Auch der Nachbarhof brennt nieder. Eine dicke Rauchwolke, die der Wind nach Osten schiebt, verrät, dass das Werk der Vernichtung vollkommen ist. Von Menschen keine Spur. Die Hausmauern, soweit sie noch stehen, sind mit unzähligen Einschlägen bedeckt.

Noch irren Hajek und seine Leute bei den brennenden Höfen umher und nehmen den Toten die Kennmarken ab, als es hinter dem Wald zu rumoren und poltern und klirren beginnt.

»Panzer!« Natürlich! Was sollte es sonst sein? Die Jabos haben ihre Vorarbeit getan, jetzt rollen die Panzer heran. Unbekümmert! Genau nach Plan. Unschlagbar! Was tun? Weiterkämpfen? Stellungen beziehen und mit einer Handvoll angstschlotternder, bleicher Knaben dem Feind Widerstand leisten? Hajek setzt die Trillerpfeife an die

Lippen und ruft zum Sammeln. Im Schutze einer zerbröckelten Gartenmauer, über die brandiger Gestank und Qualmfetzen hinwegziehen, bespricht er sich mit den Truppführern im Beisein der jungen Burschen.

»Wir versuchen jetzt, zu dem Haufen, der noch im Dorf ist, Anschluss zu kriegen«, sagt er. »Es wird gruppenweise und in weiten Abständen marschiert.«

»Hat es denn überhaupt noch Sinn, Herr Leutnant?«, bemerkt Schrader. Ein seltsamer Blick von Hajek antwortet.

»Wir sammeln uns im Dorf«, fährt Hajek fort, »dann sehen wir ja weiter. Vorerst können wir nichts anderes tun, als Anschluss zu suchen.« Man fügt sich wortlos. Die jungen Burschen, denen die Angst und der Schrecken die Gesichter grau und fahl gemacht hat, nehmen die Maschinengewehre und Karabiner auf und folgen stumm den Gruppenführern. In Abständen von 500 Metern streut die Kompanie in Richtung des Dorfes los, verfolgt von jenen drohenden Geräuschen, die aus dem Wald dringen, durch den die Chaussee führt. Hajek geht als Erster, gefolgt von Schrader und dessen Leuten.

Auch das Dorf ist von Jabos heimgesucht worden. Ein paar Häuser brennen. Auf dem Feldweg, der zum Dorf hinführt, liegt ein toter Landser, das Gesicht im Acker, die Arme vorgestreckt – so, wie der Tod ihn hingeworfen hat. Die grauen, schlotternden Gestalten, die an dem Toten vorbeitrotten, werfen scheue Blicke nach links; einige schauen gar nicht hin. Ein stummes Grauen hält den lang auseinandergezogenen Haufen umfangen, und die Füße schlurfen hastig; die Knobelbecher, die verdreckten, patschen hastig durch Pfützen und weiche Erde. Hajek bleibt öfters stehen und horcht zurück. Der Feind rummelt noch auf der Waldstraße. Hajek, der mit dem Fernglas die Straße entlang schaut und deren Verlauf verfolgt, sieht noch keine Panzer, noch keine sich tastend voranbewegende Vorhut.

Zehn Minuten später hat die Kompanie das Dorf erreicht. Es ist leer und still. Man hört nur das Prasseln der Brände. Über der Straße liegt der brandige Gestank des Krieges. Wo sind die Kameraden? Wo ist der schneidige Herr Major, der hier dem Feind Widerstand entgegensetzen wollte? An einem Haus, dessen Front von Einschlägen zerfressen ist, hängt eine Fahne. Sollte es die Kommandeursflagge sein? Dieser jämmerliche rötliche Fetzen?

»Kompanie in Deckung wegtreten!«, befiehlt Hajek, als der Haufen angekommen ist und ratlos wie eine Herde verängstigter Schafe entlang der Häuserreihe steht. Die Gruppenführer geben den Befehl weiter, und alles verzieht sich zwischen die Häuser. Ein paar Landser wagen es, durch Fenster zu schauen, und sehen leere Stuben. Die Bewohner des kleinen Dorfes sind wohl in die umliegenden Wälder geflüchtet. Aber wie lange werden sie noch darauf warten müssen, in ihr Dorf zurückkehren zu können? Und wie wird es dann ausschauen?

»Herr Leutnant«, sagt Schrader, »wir sind allein auf weiter Flur. Wollen wir am westlichen Dorfrand in Stellung gehen, oder ...?« Schrader deutet flüchtig in die entgegengesetzte Richtung, was »absetzen« heißen soll. Hajek schweigt und starrt zur Kirche hinüber. Dort steht ein zerlöcherter Lkw mit offener Tür und hochgehobener Motorhaube. Irgendetwas Längliches, Dunkles liegt vor dem Kühler. Ein Toter.

»Tja, Schrader«, sagt Hajek und zuckt hilflos die Schultern, »da gibt es wohl nur noch eins: Zurück, marsch, marsch!«

»Bis ins nächste Dorf, Herr Leutnant«, grinst Schrader, »und dann wieder ins nächste zurück ... so lange, bis Zapfenstreich geblasen wird!«

Hajek nickt. »Wir werden ihn nicht überhören, Schrader, es sei denn, wir hören ihn überhaupt nicht mehr ... Sie ... ich ... die anderen.«

»Ich möchte gern überleben, Herr Leutnant ... ich meine«, fügt er mit einem laschen Grinsen hinzu, »wenn sich's irgendwie machen ließe.«

»Wir ziehen uns ...« Weiter kommt Hajek nicht. Im Westen baut sich wieder jenes übel bekannte Dröhnen und Brausen auf. Die nächste Welle Jabos scheint im Anflug auf das Dorf zu sein, in dem der Feind den Feind vermutet, und das er sicherheitshalber noch einmal mit Bomben und Bordwaffenbeschuss heimsuchen will.

»Deckung!«, brüllt Hajek noch, dann ist die wilde Meute auch schon da. Im Tiefflug orgelt sie heran, schon von Weitem schießend. Das Rattern der Bordkanonen wird vom sekundenschnellen Rauschen und Pfeifen der Bomben übertönt. Dann bebt die Erde. Dann schießen grelle Blitze hoch und tanzen die kurze Dorfstraße entlang. In Sekunden ist der totenstille Häuserfleck die Hölle. Irgendwo schreit jemand hoch und schrill. Gestalten tauchen auf und rennen in irrer Flucht quer über die Straße, verschwinden. Hajek, der sich an eine Hauswand gepresst hat, schiebt sich hoch, muss wieder nieder, weil es hinter den Häusern zum zweiten Male zu dröhnen und zu jaulen anfängt. Dort, wo Schrader liegt, spritzen winzige Fontänen hoch und irren im Zickzack auf Hajek zu. Kurz vor einem Paar dreckbedeckter Stiefel bricht der Kugeltanz ab.

»Aaaah ...«, brüllt es irgendwo. Dann wieder. Und dann nicht mehr. Hajek steht plötzlich auf den Beinen. Er sieht eine Gestalt heranrennen, schaut in ein verstörtes Gesicht.

»Herr Leutnant«, keucht der Landser, »Herr Leutnant ... Panzer! Auf der Straße ... jede Menge Panzer! Dort ...!« Sein Arm zeigt nach hinten.

»Ab!«, hört Hajek sich antworten. »Junge, hau ab! Renn doch schon!« Er schubst den Burschen in die Fluchtrichtung. Dort laufen schon die anderen. Ein kopflos gewordener Haufen grauer Gestalten. »Raus, Leute!«, schreit Hajek, als auf der anderen Seite ein paar Landser zwischen zwei brennenden Häusern auftauchen und herüberspringen wollen. »Absetzen! Raus aus dem Nest!« Hajek läuft zu Schrader, der noch immer auf dem Bauch liegt; er bückt sich, dreht den Feldwebel auf den Rücken und schaut in zwei glasig aufgerissene Augen. Hajek zerrt die Gestalt von der Straße, legt sie an eine Hauswand, drückt Schrader die Augen zu. Sie sollen ihn nicht breitwalzen, denkt er. Das hat er nicht verdient ... nein, das nicht!

Am Westeingang des Dorfes brummt und klirrt es; dann flackert MG-Feuer auf. Eine Kugelgarbe zischt die Dorfstraße entlang. Hajek sieht zwei nebeneinanderfahrende Panzer, deren Kanonenrohre tastend hin und her schwenken, ein Ziel suchend. Aber es ist kein Widerstand da, der schmale Dorfplatz ist leer. An der rechten Häuserreihe rennt eine Gestalt. Hajek verlässt das Dorf; er hat die Trillerpfeife zwischen den Zähnen, die beim Laufen schwache Pfiffe erzeugt – so, wie die Lungen atmen. Hinter Hajek prasseln kurze MG-Stöße; dann bauzen zwei Abschüsse, und die Panzergranaten krepieren links drüben in einem Haus. Ein Stück hinter dem Dorf, wo ein schlammiger Feldweg von der Straße abbiegt und auf einen bewaldeten Hügel zuführt, dort tauchen sechs ... acht ... zehn Landser auf. Unteroffizier Merwig, der heftiges Nasenbluten hat, winkt Hajek zu: »Hier, Herr Leutnant! Am besten hier lang!« Er zeigt auf einen Feldweg.

»Was ist mit Ihnen passiert?«, fragt Hajek.

»Bin auf den Rüssel gefallen«, grinst der Unteroffizier und versucht, sich mit einem unsagbar schmutzigen Taschentuch das Nasenbluten zu stillen.

»Wo sind die anderen?«, erkundigt sich Hajek.

Man zuckt die Schultern; jemand sagt: »Weg.«

»Wir gehen hier lang«, entscheidet Hajek, setzt sich an die Spitze der zehn Mann und hastet den Fahrweg entlang, schaut sich manchmal um, was im Dorf los ist.

»Jetzt sind sie drin«, schnauft ein junger Kerl, der hinter ihm herläuft. Hajek nickt nur stumm. Was ist aus seiner Kompanie geworden? Seiner letzten, wahrscheinlich. Zersprengt, auseinandergelaufen wie eine Herde Schafe, in die der Blitz eingeschlagen hat! Jetzt hasten nur noch elf Mann von einstmals über achtzig im Gänsemarsch den dreckigen Feldweg entlang und haben den kleinen Hügelwald als Ziel. Im Dorf hinter ihnen rumort Fahrzeuglärm, klirren Panzerketten. Aber es fällt kein Schuss mehr, und auch der graue Himmel über dem Land bleibt ruhig.

Hajek und die zehn Mann erreichen unbehelligt den Wald auf dem Hügel und verschwinden zwischen zart knospenden Büschen und Birken. Der Wald nimmt den Rest einer Kompanie auf, und niemand weiß, wie es weitergehen soll. Der bewaldete Hügel liegt etwa zwei Kilometer vom Dorf entfernt, das jetzt vom Feind besetzt ist. Am höchsten Punkt des Hügels, zwischen Birken und Jungkiefern versteckt, steht ein winziges Blockhaus, das vor dem Krieg einem Jagdherrn als Aufenthaltsort gedient hat. Das Vorhängeschloss an der Tür ist verrostet und lässt sich leicht beseitigen. In dem engen Raum stehen zwei übereinander liegende Bettkästen mit feuchten Strohsäcken, ein Klapptisch mit zwei stabilen Bauernstühlen und ein alter Küchenherd. In einem Wandschränkchen liegt etwas Geschirr. Eine Büchse Salz, steinhart geworden, ist das Ergebnis der Nahrungssuche; aber als man eine Bodenluke findet und in ein finsteres, muffig riechendes Kellerloch steigt, findet man unten einen Haufen keimender Kartoffeln. Salz und Kartoffeln! Welch ein herrliches Mahl gäbe das, wenn man Feuer anmachen dürfte! Natürlich darf kein Feuer gemacht werden, der Rauch würde verraten, dass sich hier deutsche Soldaten versteckt halten.

»Legt euch hin und schlaft«, sagt Hajek zu den Jungen, die sich um ihn drängen, als sei er ihr Vater, der Verantwortliche für alles, was mit ihnen geschieht, der letzte und einzige Halt. Keiner fragt, was aus den anderen geworden sein könnte; sie sind einfach nicht mehr da; vielleicht halten sie sich in einem anderen Wäldchen versteckt; vielleicht sind sie auch schon auf eine deutsche Resttruppe gestoßen und von dieser einverleibt worden, in Gefangenschaft geraten oder gefallen. Merwig, dessen Nasenbluten endlich aufgehört hat, sorgt dafür, dass Posten gestellt werden. Hajek hat sich auf das untere Bett gelegt und weiß, dass über sechs Jahre Soldatenzeit zu Ende gehen. Sechs lange, schwere Kriegsjahre, sechs Jahre Kampf und Not und Tod, und das ist das Ende: eine elende Hütte in der Heimat, ein muffig riechender Strohsack, auf dem einem klar wird, dass man umsonst gekämpft hat! Hajek greift an den Hals, zerrt das Ritterkreuz mit einem Ruck herunter und schiebt es in die Tasche. Aus, denkt er, vorbei! Ich trag es keine Stunde mehr!

Die Hüttentür steht offen. Draußen wird leise gesprochen. Dann kommt Merwig herein, nimmt den Stahlhelm ab, legt ihn auf den Klapptisch und wirft einen stummen Blick auf die im Bett liegende Gestalt.

»Herr Leutnant, mir scheint, der Krieg ist für uns zu Ende. Oder meinen Sie, dass wir mit einem MG, vier Kästen Munition, drei Panzerfäusten und ein paar Karabinern noch weitermachen können?« Hajek schweigt und starrt zu dem über ihm hängenden Bettboden hinauf. Er spürt erst jetzt, dass er bleischwer müde ist, und dass er nichts anderes als schlafen möchte.

»Den Schrader hat es ja nun auch erwischt«, murmelt der Unteroffizier, »der arme Kerl ... noch so kurz vor Torschluss! Dazu noch ein paar andere, ich weiß nicht wie viele es sind, Herr Leutnant. Als die Jabos da waren, sind sie alle ...« Merwig wischt sich übers Gesicht, schaut die dreckverkrustete Hand an und murmelt: »Wenn man sich bloß mal waschen könnte. Es graust einem vor sich selber.« Er steht ächzend auf und klettert in das obere Bett; es kracht in den Fugen, als er sich ausstreckt.

Draußen ist es still geworden. Die Landser haben sich Gruben gemacht, Zweige hineingelegt, sich in die Zeltbahnen gerollt und schlafen. Von den Bäumen tropft die Nässe; sie tropft aufs Dach der Blockhütte; wenn ein Windstoß die Bäume schüttelt, geht ein leises Prasseln durch den Hügelwald.

Am südlichen Waldrand, mit Blick über öde Weide- und Ackerstreifen bis zum Dorf hinüber, liegt ein MG in Stellung. Der Posten, ein junges, schmales Kerlchen mit flaumbärtigem, schmutzigem Gesicht, liegt hinter dem MG und kämpft verzweifelt mit dem Schlaf. Weit drüben, gut zwei Kilometer entfernt, rumoren die Sieger im Dorf. Unbekümmert. Auf der Straße schieben sich immer mehr Fahrzeuge zusammen und bilden eine lange Kolonne. Panzerspähwagen rollen vorsichtig auf der nach Osten verlaufenden Straße, verschwinden, kommen nach einiger Zeit mit offenen Luken zurück. Kradfahrer wimmeln zwischen den Fahrzeugen, die Straße verstopft sich immer mehr, und der Lärm der vielen Motoren füllt den grauen Frühlingstag bis zum Abend. Wenn der Wind sich dreht, bringt er den Geruch von verbranntem Öl und Benzin herauf. Hajek erwacht und schaut auf die Leuchtziffern seiner Armbanduhr: Es ist kurz vor

22 Uhr. Klamme Kühle weht zur offenen Tür herein und treibt ihn vom Lager. Das Schnarchen im Oberstock bricht jäh ab, und eine erschrockene Stimme fragt: »Geht's weiter?«

»Mal sehen«, erwidert Hajek und tritt ins Freie. Der Himmel hat aufgeklart, Sterne blinzeln durch die Baumkronen. Der Nachtwind surrt in den Kiefernnadeln. Irgendwo im Dunkeln hüstelt jemand. Hajek sieht Karabiner und Stahlhelme an Ästen baumeln. Jetzt kommen Schatten heran.

»Herr Leutnant, saukalt ist's«, sagt eine zähneklappernde, junge Stimme.

»Bewegt euch, meine Herren«, schlägt Hajek vor; er fühlt sich nach dem Schlaf erfrischt, das dumpfe Resignieren ist verschwunden, neue Zuversicht ist erwacht.

»Ich hab vielleicht 'n Kohldampf«, sagt der andere Landser. Jetzt tauchen noch mehr Gestalten auf und drängen sich um Hajek.

»Herr Leutnant, bleiben wir noch, oder marschieren wir weiter?«

»Wie ist die allgemeine Meinung?«, erkundigt sich Hajek und lacht.

»Belämmert, Herr Leutnant«, erwidert jemand. »Vielleicht schauen wir, dass wir irgendwo einen Bauernhof finden und dort was zum Futtern organisieren können.«

»Mensch«, lässt sich eine dritte Stimme vernehmen; »ich hab eben 'ne rohe Kartoffel gegessen ... mir ist ganz schlecht.«

»Wo ist der Posten aufgestellt?«, fragt Hajek.

»Unten, wo der Weg anfängt«, kommt die Antwort. »Gleich rechts. Der Dietz hat Wache.«

Hajek stolpert durch den Wald und findet den Dietz erst, als er ein paarmal leise gepfiffen hat. Ein Rascheln verrät, wo der Posten liegt.

»Keine besonderen Vorkommnisse, Herr Leutnant«, meldet der Landser. »Der Tommy ist drüben im Dorf.« Hajek späht durch das Dunkel, strengt das Gehör an, vernimmt aus Richtung des Dorfes und von der Straße her verworrene Geräusche. Einzelfahrzeuge müssen es sein, die unterwegs sind, wahrscheinlich Spähwagen, die zu den vorgestoßenen Kampfeinheiten Verbindung halten. Denn im Dorf liegen die Nachhuten der Engländer, Verpflegungskolonnen und was sonst noch zum Heerbann des Siegers gehört.

»Herr Leutnant, bleiben wir noch hier, oder ...?« Dietz hat es halblaut und schüchtern gefragt.

»Wirst es bald erfahren, mein Junge«, murmelt Hajek und geht zur Hütte zurück. Er will sich mit Merwig besprechen und anhand der Karte die Lage peilen. Denn länger hierzubleiben, hat keinen Sinn. In dieser Nacht muss etwas geschehen. Am nächsten Morgen könnte schon alles anders kommen; ein Jaboüberfall, ein Gefecht, bei dem man immer den Kürzeren zöge. Auch Merwig ist dafür, dass man versucht, ein Loch zum Durchschlüpfen zu finden und Richtung Heimat weiterzukommen. Beim Schein einer Blaulichtlampe studiert man die Landkarte. Man entnimmt daraus, dass dieser Ort »Wend« heißt, und dass die Straße nach Coesfeld weiterführt.

»Nach Norden kommen wir nicht durch«, meint Hajek. »Da besteht die Gefahr, dass wir den Engländern blindlings in die Arme laufen.«

»Also nach Südwesten«, schlägt Merwig vor.

»Scheint mir das Beste zu sein«, murmelt Hajek.

»Wo mögen die Unseren sein?«

Hajek schweigt. Er ist bereits entschlossen, nach Südwesten durchzustoßen und irgendwo auf einem einsamen Gehöft das Ende abzuwarten. Die Erinnerung an die auf der Straße liegenden Toten ermahnt ihn, den Rest der jungen Menschen, die ihm noch verblieben sind, vor solch sinnlosem Ende zu bewahren. Er selbst hat auch nicht mehr die Überzeugung, dass man noch Widerstand leisten soll. Der Krieg ist aus! In der Hütte wird halblaut gesprochen. Die Landser stehen vor der offenen Tür und warten auf das, was entschieden wird. Nach kurzer Besprechung tritt Hajek zu den jungen Burschen und sagt:

»Also, hört her: Wir wagen den Durchbruch. Wir wollen versuchen, in Richtung Coesfeld durchzukommen. Waffen und Geräte bleiben zurück. Sollte was schiefgehen, keinen Widerstand leisten! Gefangen nehmen lassen! Ist das klar?«

»Klar«, murmeln sie im Chor.

Aber dann meldet sich eine piepsige Jungenstimme: »Wäre es nicht gescheiter, wir lassen uns hier gefangen nehmen?«

Aber eine andere ruft sofort: »Dann hau doch ab, du feiger Hund!« Unter den Bäumen wird halblaut weiterdebattiert. Hajek will den Haufen in zwei Gruppen die Straße überqueren lassen. Als Treffpunkt wird der etwa vier Kilometer von der Ortschaft entfernt liegende Hügelrücken vereinbart. Dann gibt er den Befehl, die Waffen abzulegen. Er schnallt sein Pistolenkoppel ab, aber als er es auf einen Ast hängen will, tut ihm plötzlich die Null-Acht, die er jahrelang getragen hat, leid, und er nimmt sie aus der Pistolentasche und schiebt sie in den Stiefelschaft. Die Landser machen sich einen mehr oder weniger großen Spaß daraus, die noch vorhandenen Karabiner gegen den Baum zu schlagen, die Schlösser in großem Bogen in die Büsche zu werfen, das MG in einer Mulde zu vergraben und die Gasmaskenbüchsen an die Äste der Bäume zu hängen. Als dies geschieht, verliert Hajek die gute Laune; er kommt sich feige und wie ein Verräter vor. Aber was soll man anderes tun? Man muss damit rechnen, von den

Engländern gefasst zu werden, und dann ist es besser, man trägt keine Waffen bei sich. Die Null-Acht, die in seinem Stiefelschaft steckt, wird dann ebenfalls im Acker oder in einem Gebüsch verrosten.

Es ist kurz vor 23 Uhr, als Hajek mit fünf Mann den Wald verlässt und quer über die Felder auf die Chaussee zustrebt. Merwig soll in zehn Minuten folgen und die Durchbruchstelle selber auskundschaften. Je weniger Leute, desto größer die Chance, unentdeckt zu bleiben. Die Nacht ist gefährlich hell. Die Sterne leuchten. Nur noch kleinere Wolkenfetzen reiten am Himmel dahin. Der feuchte Ackerboden, der dann in ein Stoppelfeld übergeht, verschluckt die Schrittgeräusche. Im Gänsemarsch und in Abständen von fünf Metern pirschen die Sechs sich an die Straße heran. Hajek bleibt öfters sichernd stehen, horcht, gibt dann durch einen Wink des Armes das Zeichen zum Weitergehen. Er ist völlig ruhig und hat das Gefühl, als ob alles klappen würde. Die Landser hinter ihm sind stumm. Nur ab und zu ertönt ein matter Schnaufer, ein leises Stolpern. Jetzt haben die Sechs ein Gebüsch erreicht, hinter dem die Straße vorbeiführt. Nirgendwo ist ein Posten zu sehen. Es herrscht Ruhe. Hajek winkt seine Leute nach rechts ein und geht geduckt voran. Nur das Rascheln der um die Beine flatternden Mäntel ist zu hören. Wenig später haben sie die Straße erreicht; sie ist mit dicht hintereinanderstehenden Lastwagen vollgestopft. Von irgendwo ertönt leise Radiomusik.

»Mensch, hier riecht es nach Bohnenkaffee«, raunt einer der Landser, als man wieder anhält und auf die langen dunklen Wagenkolonnen starrt.

»Halt die Schnauze!«, flüstert der Vordermann. Hajek und die anderen Fünf hocken jetzt hinter einem niedrigen Busch. Vom Dorf her kommt ein Brummen, das wieder verstummt. Hinter den Lastwagen hört man Schritte, dann ein näselndes Sprechen. Zwei Posten unterhalten sich.

»Wartet hier«, flüstert Hajek, »ich sehe mal nach, wo wir am besten durchkommen.« Er schleicht geduckt voran, versucht, jedes Geräusch zu vermeiden, und nähert sich einer Kolonnenlücke. Hier können wir durch, denkt Hajek. Aber er bleibt horchend stehen, hört den eigenen Herzschlag und dann auch plötzlich ein gedämpftes Schnarchen, das aus einem der Lastwagen dringt. Die Sieger schlafen unbekümmert; sie können es sich ja leisten. Es gibt hier keine deutsche Wehrmacht mehr, die vernichtend zuschlagen könnte!

Was noch in der Nacht herumschleicht, sind hasenscheue, flüchtende Reste einer auseinandergesprengten deutschen Kompanie, sind Menschen, die nach Hause wollen, die eine Lücke suchen, um durchzukommen. Der Grenadier Bertram, der um den Busch herum späht, glaubt eine winkende Bewegung zu erkennen und gibt leise das Zeichen zum Aufstehen. Geduckt laufen die Fünf zur Straße. Dann erhebt sich Hajek und schleicht durch die Lücke der Fahrzeugkolonne. Ihm folgen die anderen. Links und rechts ist niemand zu sehen. Die dunkle Wagenschlange reicht weit nach beiden Seiten, scheint endlos zu sein. Mit ein paar lautlosen Sprüngen sind die Sechs durch und rennen jetzt, so schnell sie können, übers Feld. Jeden Augenblick kann hinter ihnen ein Posten losbrüllen, können Schüsse krachen … Aber es bleibt still, es schreit kein Posten, es krachen keine Maschinenpistolen. Nur im Dorf rumort es. Im Dauerlauf erreichen sie einen Bach, springen hinüber und landen drüben in aufgeweichtem Wiesenboden. Sie lachen und freuen sich des winzigen Sieges, den man mit ein bisschen Frechheit errungen hat.

»Junge, Junge, das ist aber leicht gegangen!«, lacht der Grenadier Möbius, der vorhin, als man durch die Kolonnen schlich, wildes Herzklopfen hatte.

»Die pennen ja alle«, meint ein anderer. »Denen kann man ja die Strohsäcke unterm Hintern wegstehlen!« Hajek steht da und horcht mit fliegendem Atem zur Straße hinüber. Ob auch Merwig mit seinen Leuten gut durchgekommen ist? Um Hajek herum stehen die jungen Kerle und freuen sich wie Kinder, schlagen einander auf die Schultern und glauben, eine wilde Heldentat vollbracht, ganz England ein Schnippchen geschlagen zu haben.

»Wir hätten denen was Fressbares klauen sollen«, sagt der junge Brechtel gerade, als plötzlich an der Straße Schüsse patschen und Lärm losbricht.

»Mensch, die sind geschnappt worden!«, stammelt jemand. Das Schießen verstummt wieder. Dann steigt eine Leuchtkugel hoch, taumelt eine Weile, grelles Licht verstreuend, am Himmel, sinkt langsam herab und erlischt. Und kaum, dass sie verlöscht ist, tasten ein paar Handscheinwerfer über die Wiesen. Blitzschnell werfen sich die Sechs, die zur Straße hinüberstarren, hin.

»Verflucht! Ich bin pitschnass!«, schimpft einer.

»Was ist schon dabei?«, sagt ein anderer. »Besser nass sein als eine verpasst zu kriegen.«

»Ob sie in Gefangenschaft gekommen sind?«, fragt Bertram, sich erhebend. Niemand gibt Antwort. Das Schicksal der Gruppe Merwig scheint vorhin, als die Schüsse fielen, entschieden worden zu sein.

Hajek befiehlt, weiterzugehen. Er klimmt den Hang hinauf, bis zum Waldrand. Dort sagt er zu den Leuten:

»Wir bleiben bis zum Hellwerden hier. Wir warten, vielleicht kommen die anderen doch noch nach.« Aber er glaubt ebenso wenig daran, wie es die anderen tun. Merwig ist mit seiner Gruppe wahrscheinlich in Gefangenschaft geraten. Hoffentlich hat es keinen erwischt, als vorhin geschossen wurde! Sie hocken den Rest der Nacht am Rande des Mischwaldes und dösen und warten auf die Kameraden. Aber sie kommen nicht.

Als der Morgen heraufdämmert und die Kälte die Glieder steif gemacht hat, gibt Hajek das Kommando zum Abmarsch. Sie gehen durch den Wald, rutschen einen feuchten Hang hinunter, traben über Wiesen und klebrige Äcker durch den grauen Morgen. Die Mägen knurren, die kurze Freude ist wieder verloschen. Wortlos trollen die Jungen hinter Hajek her. Ohne zu fragen, ohne wissen zu wollen, wohin er sie bringt. Dann erreichen sie eine unbefestigte, schmale Straße, die quer durch mooriges Land auf eine große Baumgruppe zuführt. Unter den hohen Bäumen liegt ein Hof, etwas abseits steht eine Scheune, der sie sich von hinten nähern. Schlafen wollen sie, ausruhen, neue Kräfte sammeln und dann versuchen, etwas Essbares zu kriegen. Hajek reißt ein Brett aus der Scheunenwand und kriecht als Erster hinein. Drinnen liegt ein großer Heuhaufen. Bald liegen sie nebeneinander darin und strecken die Glieder, und dann sagt plötzlich der Grenadier Möbius:

»Wenn ich das meinem Vater erzähle, wird er es nicht glauben.«

»Was wird er nicht glauben?«, fragt eine schläfrige Stimme.

»Na ja, dass wir mitten durch die Tommy sind, und dass uns nichts passiert ist.«

»Dafür ist es den anderen passiert«, bemerkt Brechtel, der neben Hajek liegt. »Herr Leutnant, es war doch gut, dass wir uns zu Ihrer Gruppe gemeldet haben!«

»Wenn du meinst«, murmelt Hajek.

»Recht schönen Dank, Herr Leutnant«, sagt eine andere Stimme.

»Wofür?«

»Dass Sie uns durchgebracht haben. Sie sind halt doch ein alter Fuchs, das hat man heute genau gemerkt.«

»Nun ja, man lernt Verschiedenes, Lörres.« Sie reden noch eine Weile. Das Heu raschelt. Dann wird es still in der Scheune. Draußen kräht ein Hahn, aber es hört keiner mehr.

Leutnant Martin Hajek schläft mit seinen fünf Landsern im Heu eines deutschen Bauern, der nach dem Hahnenschrei aufwacht und seine Frau mit den Worten wachrüttelt:

»Tina, es ist an der Zeit! Aufstehen!« Lorenz Röttges, der an diesem Morgen mit seiner Frau wie gewohnt in den Stall geht, um die vier Kühe und die beiden Ziegen zu melken, weiß nicht, dass er Einquartierung hat. Er merkt es erst, als er mit der Forke ins Heu sticht und plötzlich jemand aufschreit: »Auaa …« Gleichzeitig sausen sechs Köpfe aus dem Heu, starren sechs Paar Augen den zu Tode erschrockenen Bauern Röttges an.

»Ja, zum Donnerlittchen! Was ist los?«, stottert er und erkennt, dass es deutsche Soldaten sind. »Da könnt ihr nicht bleiben«, meint er, »dann krieg ich nur Scherereien. Der Tommy ist schon in Wend und in Bockhorst.«

»Können Sie uns wenigstens was zu essen geben?«, fragt Hajek. »Dann verschwinden wir gleich wieder!« Der Bauer mustert die sechs Soldaten, und er denkt jetzt wahrscheinlich: Das ist aus ihnen geworden! Aus einer siegreichen Wehrmacht sind Bettler geworden!

Laut sagt er: »Bleibt hier, ich bring euch was. Aber dann müsst ihr auch gleich weg!« Eine Viertelstunde später hocken Hajek und seine fünf Leute im Heu, kauen kerniges Bauernbrot und trinken kuhwarme Milch, die die Bäuerin aus einem Topf schöpft und in sechs Emailbechern herumreicht.

»Dankeschön«, murmelt man. »Herzlichen Dank!« Und der Bauer Röttges steht mit besorgtem Gesicht am Scheunentor und schaut den Weg entlang, ob auch niemand kommt. Gestern waren drei Panzerspähwagen mit einem Haufen Engländern hier, die er nicht verstanden hat, und die, ohne ihm den Hof anzuzünden oder auch nur ein Huhn zu stehlen, weitergefahren sind.

»Achtung!«, schreit der Bauer plötzlich und fuchtelt mit den Armen in der Luft herum. »Es kommen welche! Tina, lass den Topf nicht sehen! ... Soldaten, verkriecht euch!« Die Bäuerin steckt den Milchtopf, in dem noch etwas ist, ins Heu und läuft aus der Scheune, und die sechs Soldaten wühlen sich in den Haufen, schieben Heu über die Kopfe und halten den Atem an, um zu hören, was draußen geschieht.

Ein Spähwagen und zwei schwere Panzer lärmen heran und halten auf dem Hof. Die Hühner flattern angstvoll davon, die Bäuerin rennt zitternd ins Haus und schließt sich in der Schlafstube ein, und der Bauer steht auf dem Hof, grinst und winkt grüßend den Engländern. Ob deutsche Soldaten vorbeigekommen sind, will man wissen. Ob der Bauer welche versteckt hält. Ein Engländer, der ein Stöckchen unter dem Arm geklemmt hält und recht gut Deutsch spricht, stellt die Fragen. Er habe weder deutsche Soldaten gesehen, noch welche auf seinem Hof versteckt, sagt Röttges, aber ob er englische Zigaretten bekommen könnte, fragt er. Gegen Eier natürlich oder gegen Speck. Die Engländer nehmen Eier und Speck und geben dafür Zigaretten; sie pumpen Wasser und füllen damit Kühler und große Aluminiumkanister auf, und dann ist der Spuk wieder vorbei.

Eine halbe Stunde später streunen sechs graue Gestalten, Brot kauend, über die Weidekoppeln und verschwinden im nächsten Kiefernwald. Drei Tage treiben sich Hajek und seine Leute in der Gegend herum, schlafen in leeren Ställen oder in abgelegenen Scheunen, gehen in einsame Höfe, um Brot zu betteln, und treffen auf Dörfer, in denen es von Engländern und Amerikanern wimmelt. Aber die Sechs werden nicht erwischt; man schenkt ihnen Brot und Speck, bloß damit sie weitergehen. Nur nicht bleiben! Die Bauern erzählen haarsträubende Geschichten, die wahr sein können oder auch nicht. Jedenfalls will niemand die sechs deutschen Soldaten aufnehmen.

Das Wetter ist warm geworden. Entlang der Bachufer blühen die ersten Butterblumen, und die Wiesen sind schneeweiß von weiten Gänseblümchenteppichen. Als der Weg aus dem Wald tritt, steht ein Hof im freien Gelände. Es ist niemand zu sehen. Vom Giebel des Wohnhauses herab hängt ein weißer Fahnenfetzen. Hajek ist stehengeblieben und beobachtet den Hof. Die Fünf stehen hinter ihm. Sie schweigen und schauen misstrauisch auf den Hof.

»Wartet hier«, sagt Hajek, »ich sehe mal nach.« Und dann geht er langsam weiter, mit schlurfenden Schritten und baumelnden Armen. Bald hat er den Hof erreicht. Totenstille liegt über dem Anwesen. Die weiße Fahne hängt schlaff vom Fenster des Hausgiebels herab. Ein paar Hühner hocken auf einer Wagendeichsel und putzen sich ihr Gefieder. Nur die Spatzen lärmen streitsüchtig auf dem Strohdach. Hajek betritt das Haus. Die Tür ist unverschlossen und führt unvermittelt in eine große Küche, in der es nach Sauermilch und Schmierseife riecht. Die Stühle stehen ordentlich um einen großen Ecktisch, darauf steht eine buntbemalte Vase mit frischen Butterblumen. Eine alte Uhr tickt an der Wand. Am Fenster hängt ein Vogelbauer, in dem ein grasgrüner Zeisig mit leisem Gepiepse herumhüpft und an den Gitterstäben zupft. Hajek schaut sich um. Unwillkürlich muss er an eine andere, ähnlich saubere und ordentliche Stube denken. Sie liegt so weit, so unendlich weit weg! Was tut Elsa? Was macht das Kind? Spielt es vor dem Hause in der Sonne? Sitzt Elsa auf der Bank und schaut auf die Straße, auf der Martin Hajek heimkommen wird?

»Hallo«, ruft Hajek. Niemand zeigt sich. Er geht durch ein paar Räume, aber auch dort ist niemand. Eine bedrückende Stille liegt über dem Bauernhaus. Wo sind die Menschen, die hier wohnen? Geflüchtet in den nahen Wald? Haben sie Angst vor dem, was noch nicht über ihr Haus gekommen ist? Soll der weiße Tuchfetzen schützen? Als er das Haus verlassen will, ohne in die Speisekammer geschaut zu haben, ertönt hinter ihm ein leises Geräusch. Er fährt herum. Eine alte Frau mit einem Kind an der Hand steht da und hebt zitternd die Hand.

»Ich bin allein«, sagt eine furchtsame Stimme, »ganz allein, Herr Soldat. Bitte tun Sie mir nichts ... Ich bin allein mit dem Kind.«

Hajek lächelt. »Keine Angst, ich tue Ihnen nichts. Wo sind Ihre Leute?«

»Fort«, sagt die Alte und hebt das Kind, ein flachsblondes Mädchen mit großen, ängstlich starrenden Blauaugen, auf den Arm. »Es heißt, die Engländer und Amis kämen und würden alles niedermachen. Ich glaube es aber nicht ... Sie sind ein deutscher Soldat, nicht wahr?«

»Ja, ein deutscher Soldat«, erwidert Hajek bitter. In diesem Augenblick kommen von drüben drei Menschen. Ein großer Mann mit struppigem, schlohweißem Haar und einem runden Bauernschädel. Er hält einen Knüppel in der Faust. Hinter dem Mann gehen zwei Frauen, die eine noch jung und hübsch, die andere abgearbeitet und müde aussehend.

»Was wollen Sie?«, ertönt eine raue Stimme. Hajek begegnet einem misstrauischen, hellen Augenpaar. Die Alte fängt in unverständlichem Dialekt zu reden an, und das Kind auf ihrem Arm streckt die Ärmchen aus und strebt zum Großvater hinüber. Er nimmt es nicht, er hält den Knüppel in der Hand und stampft auf den Boden.

»Sind Sie allein?«, fragt er.

»Nein«, sagt Hajek. »Drüben warten noch weitere fünf Mann. Wir sind hungrig, wir haben seit Tagen nichts mehr gegessen.«

»Wo kommt ihr her?«

Hajek erklärt, woher er kommt, und der weißhaarige Alte hört stumm zu, nickt dann und sagt etwas zu den beiden Frauen. Die eine nimmt das Kind auf den Arm, wirft Hajek einen freundlichen Blick zu und geht ins Haus. Die Frauen folgen ihr.

»Ihr seid zu sechst?«, fragt der Alte.

»Jawohl. Können wir etwas zu essen kriegen?«

Der Bauer nickt nur und murmelt: »Hol sie her.« Dann wuchtet er ins Haus hinein.

Eine Stunde später sind die Sechs satt und rekeln sich in der Stube. Der Bauer fragt jeden aus, will wissen, wie alt er ist, woher er kommt, und nickt bei den Antworten. Nur Hajek fragt er nicht; den schaut er nur unentwegt an.

»Der Krieg ist aus«, sagt der Bauer, »überall in den Nachbardörfern sind Tommies und Amis. Schaut zu, dass ihr in Gefangenschaft oder zu Muttern heimkommt.«

»Können Sie die Jungs nicht irgendwo unterbringen?«, fragt Hajek den Bauern. »Sie arbeiten fürs Essen, sie müssen aber andere Klamotten kriegen. Geht das?«

Der Bauer schweigt lange, klopft mit den Fingern die Tischplatte und wiegt den weißen Kopf. Dann schaut er Hajek an und stellt die Frage: »Und Sie? Wollen Sie noch irgendwo weitermachen oder auch andere Klamotten und arbeiten?«

»Andere Klamotten und arbeiten«, sagt Hajek, dem Blick des Alten standhaltend.

»Gut«, murmelt der, »ich will's machen. Alle können natürlich nicht dableiben. Ich werde mit meinen Nachbarn reden.«

In dieser Nacht schläft Hajek in einem ordentlichen Bett, und seine Uniform ist im Küchenofen Stück für Stück verheizt worden, obschon die Bäuerin meinte, die Feldbluse sei noch gut genug, um als Arbeitsjacke zu dienen. Die anderen fünf sind noch am Abend zu Nachbarn gebracht worden und haben sich von Hajek fast verlegen verabschiedet. Und der Lörres hat gesagt:

»Herr Leutnant, schönen Dank, dass Sie uns heil durchgebracht haben. Ich werde es meinen Eltern erzählen, und die werden Ihnen schreiben. Geben Sie mir doch bitte Ihre Heimatadresse.« Die Heimatadresse hat Hajek allen gegeben und dafür fünf andere bekommen, die er sich auf einen Zettel geschrieben hat. Und jetzt schläft der Leutnant Martin Hajek müde in der Knechtekammer des Bauern Heinrich Kleves, der zu seinen Frauen gesagt hat:

»Es ist ein gutes Werk, das wir üben, wenn wir ihn dabehalten, und wir wollen hoffen, dass unser Roland auch hilfsbereite Menschen findet. Wir tun es aus Dank, weil unser Hof heilgeblieben ist.« Und der Hof bleibt weiterhin unbehelligt. Nur einmal noch in den nächsten Wochen taucht auf der Straße ein dunkelgrünes Fahrzeug auf, mit einem weißen Stern auf der Kühlerhaube und mit sechs kriegerisch aussehenden Gestalten. Hajek beobachtet den Besuch vom Waldrand aus, hört Lachen und laute Stimmen und findet, als er später ins Haus zurückkehrt, das Klein-Annchen mit schokoladenverschmiertem Mund vor. Heinrich Kleves raucht mit anerkennendem Kopfnicken eine aromatisch duftende Zigarette und meint grinsend und auf die am Tisch liegende Packung zeigend:

»>Camel‹-Zigaretten, Martin, nimm dir eine. Schmecken gut.« Und Martin Hajek raucht die erste »Camel«-Zigarette, made in USA, und findet ebenfalls, dass sie gut schmeckt.

In den nächsten Tagen erfährt man, dass drei von den fünf als Knechte arbeitenden Landsern sich Richtung Heimat verabschiedet hätten. Nur der Bertram und der ehemalige MG-Schütze Walters sind noch bei den Nachbarbauern und genießen wegen ihres Fleißes bestes Ansehen. Manchmal kommen sie abends auf den Hof von Heinrich Kleves und setzen sich an den Tisch, um sich mit dem Bauern und ihrem Leutnant zu unterhalten. Heinrich Kleves ist gar nicht mehr verschlossen und sagt ganz offen, dass sie alle feine Kerle sind, die ein Glas von seinem Schnaps verdienen. Hajek giert auf Nachrichten und versucht, aus den Bauerngesprächen herauszuhören, ob der Krieg endgültig aus sei. Aber die Kriegsflamme ist noch nicht ganz erloschen, sie flackert im deutschen Land und verzehrt noch viele Opfer.

Der April geht dahin, der Mai steht warm und strahlend in der Zeit. In Berlin rollen die sowjetischen Panzer und stürmen die Roten Brigaden das Reichstagsgebäude. Bei Torgau treffen sich die Verbündeten und sinken einander in die Arme, während in einem Bunker in Berlin der Schuss fällt, mit dem sich Hitler aus der Welt schafft.

Martin Hajek arbeitet bei Heinrich Kleves für Essen und Logis; er trägt Zivilkleider, die ihm leidlich passen. Als der Bauer ihm eines Tages sagt, dass der Krieg endgültig aus sei, dass die Nachricht durch den Rundfunk gekommen wäre und ganz bestimmt – und im Gegensatz zu bisherigen Nachrichten – wirklich wahr sei, bleibt Martin Hajek noch drei Tage.

Ein Mittwoch ist es, als er von der Familie Abschied nimmt und der alte Heinrich ihn noch ein Stück des Weges begleitet. Wo der Fahrweg auf die Straße einmündet, bleibt Heinrich Kleves stehen und reicht Martin die Hand.

»Na denn«, sagt er, »komm gut rüber, Martin. Den Weg kennst du ja, nich?«

»Ja, den kenne ich.«

»Bis Lünne musst du, dann sieh zu, dass du irgendwie weiterkommst. Die Bahn wird ja noch nicht gehen.«

Martin schüttelt die große Hand, die willig geholfen und gegeben hat. »Ich dank dir für alles, Heinrich.«

»War selbstverständlich«, murmelt der weißhaarige Bauer. »Hoffentlich kommt unser Roland auch bald heim.« Sie halten einander noch immer an den Händen fest. »Lass mal von dir hören, wie du nach Hause bist, und wie es dir geht, das wollen wir ja auch gern wissen, Martin.«

»Ich schreib euch bestimmt.«

»Gott mit dir, Martin«, sagt Heinrich Kleves.

»Auf Wiedersehen, wenn alles wieder in Ordnung ist!«, sagt Martin Hajek. Dann geht er. Er schreitet davon, aufrecht, mit festen Marschschritten. Ohne sich umzudrehen, geht er die Straße entlang, und der alte Bauer steht da und schaut ihm nach.

»Ja, so ist es nun mal«, murmelt er, als er zu seinem Hof zurückgeht. »War ein netter Kerl, der Martin.«

Martin Hajek muss ein paarmal von der Straße springen, weil Militärfahrzeuge auftauchen, kommt an diesem Tag aber doch noch nach Lünne und geht zum Bahnhof, um eine Reisemöglichkeit auszukundschaften. Es ist sehr fraglich, ob die Eisenbahn verkehrt, ob Züge in Richtung Frankfurt oder Stuttgart fahren. In dem kleinen Marktflecken gehen nur wenige Menschen zwischen den Häuserruinen umher, der Marktplatz ist fast menschenleer, das Bahngelände, das Hajek scheu betritt, ist mit Kugel- und Bombensplitternarben bedeckt. Der Warteraum ist kahl, die Fahrpläne sind mit Tintenstift kreuz und quer durchgestrichen. »Wir kapitulieren NIE«, hat jemand darauf geschmiert. Der Beamte, der aus dem Schalterfenster schaut, mustert Hajek misstrauisch.

»Nee, Kamerad, fahrplanmäßige Züge gehen nicht«, sagt er, als Hajek fragt. »Aber es kann sein, dass zufällig ein Güterzug kommt und hält. Kommst du aus der Gefangenschaft, Kamerad?«

Hajek schüttelt den Kopf. Der Beamte scheint zu verstehen.

»Verkrümel dich bloß«, rät er, »es sind Militärstreifen unterwegs, die jeden, der Zivilklamotten trägt, mitnehmen. Gestern sind vier Mann kassiert worden.«

»Du weißt also nicht, wann ein Zug ankommt?«

»Nee, das krieg ich erst kurz vorm Eintreffen durchgesagt, Kamerad.« Hajek nimmt den Rucksack, holt ein Stück Speck heraus und schiebt es durch das Schalterfenster.

»Da, nimm es. Gib mir Nachricht, wenn ein Zug ankommt. Ich warte irgendwo auf dem Bahngelände. Du brauchst nur dreimal kurz zu pfeifen, dann weiß ich Bescheid.« Der Beamte schnuppert an dem Speck, grinst, nickt dankend und verspricht, dreimal zu pfeifen, wenn ein Zug kommt. Hajek verlässt den Bahnhof, geht über die Gleisanlage und klettert in das Bremserhäuschen eines von Kugeleinschlägen zerfressenen Viehwaggons, von denen ein halbes Dutzend auf dem Gleis stehen. Über drei Stunden sitzt Hajek auf dem Klappbrett, isst etwas aus dem Rucksack, horcht und wartet auf den Pfiff des Bahnbeamten. Der tote Bahnhof, die Stille wirken bedrückend. Er kommt sich entwurzelt und einsam wie noch nie vor. Fast bereut er es, den Hof verlassen zu haben. Was hindert ihn daran, umzukehren, 35 Kilometer zurückzumarschieren und sich wieder an den Tisch bei Kleves zu setzen? Aber da ist eine Sehnsucht, die ihn warten, die ihn die Stille ertragen lässt: Heim zu Elsa! Heim nach Oberdorf! Heim in das kleine Haus ...

Drei schrille Pfiffe elektrisieren den Mann im Bremserhäuschen; er schnürt den Rucksack zu, zwängt sich in die Riemen, springt vom Waggon. Es nähert sich ein Stampfen und dumpfes Rollen. Eine Lokomotive dampft heran, zieht etwa zwanzig geschlossene und plombierte Güterwagen hinterher und hält langsam. Die Lok faucht und stößt schwarzen Rauch aus dem kurzhalsigen Schlot. Heizer und Lokführer unterhalten sich mit dem Bahnbeamten. Hajek hastet über die Gleise, läuft die Wagen entlang und schwingt sich in ein Bremserhäuschen. Ein paar Minuten später setzt sich der Zug in Bewegung. Hajek winkt versteckt dem Beamten, der grüßend die Hand an die Mütze legt. Dann setzt Hajek sich auf das Sitzbrett, legt den Rucksack auf die Knie, lehnt den Kopf an die Wand des Bremserhäuschens und denkt: Wie weit komme ich? Werde ich es schaffen? Ja doch ... Ich fahre heim zu Elsa und dem Buben ...

Martin Hajek braucht vier Tage, bis er auf abenteuerlichem Wege nach Kempten gelangt. Zweimal ist er um ein Haar von Militärstreifen erwischt worden, konnte aber noch rechtzeitig das Weite suchen. Erst als er sich einen Werkzeugkasten klaute und sich als rußverschmierter Streckenarbeiter tarnte, gelang es ihm, Kempten zu erreichen.

Es regnet. Die Stadt ist grau, und die Menschen tragen unfrohe Gesichter zur Schau. Mit dem Werkzeugkasten unter dem Arm, eine Kreuzhacke über der Schulter, geht der ehemalige Leutnant und Ritterkreuzträger Martin Hajek durch Kempten, von niemandem behelligt. Am

Marktplatz stehen Männer, die miteinander reden und sich Zigarettenstangen oder Konservenbüchsen zustecken. Irgendwo kichert ein Mädchen.

»Hello, Blondy …«, näselt ein GI. Hajek geht mit steinernem Gesicht daran vorbei. Nein, so hat er sich das Ende nicht vorgestellt! So nicht! Er geht rasch und hält den Kopf gesenkt; er schämt sich über irgendetwas, er weiß, dass er in eine andere Welt gekommen ist, die er erst verstehen lernen muss, und die ihm augenblicklich im höchsten Grade zuwider ist.

Er lässt die Stadt hinter sich und geht auf das Gebirge zu. Die Wolken hängen tief, der Regen schnürt gleichmäßig herab, durchnässt seinen Anzug, wäscht ihm das schmutzige, bartstoppelige Gesicht. Ihm wird freier zumute, seine Beine schreiten rascher und rascher. Sein Blick weitet sich, als im auseinanderkochenden Dunst die Konturen eines Berges auftauchen, dessen Gipfel von den Regenwolken verhüllt sind. Elsa!, denkt Hajek. Wenn du wüsstest, wer kommt … nein, du ahnst es bestimmt nicht, dass ich auf dem Wege zu dir bin! Wie lange hast du keine Post mehr erhalten? Es sind ja Monate vergangen … Monate, die jetzt wie Jahre wirken! Aber ich hab sie überstanden, Elsa … Ich komme heim zu dir!

Zu spät hört Hajek hinter sich das Brummen eines Fahrzeugs; zu spät schaut er sich um. Ein mit vier Mann besetzter Jeep kommt herangebraust, überholt, hält.

»Hello, Boy … stop!« Einer der Amis hält wie zufällig eine Maschinenpistole auf Hajek. Ein junger Kerl in Zivil, eine Zigarette im Mundwinkel, die Anzughose in deutsche Knobelbecher geschoben, springt aus dem Jeep und geht auf Hajek zu.

»Die Papiere!«, sagt er und grinst. Hajek riecht eine Schnapsfahne. Die drei im Jeep Sitzengebliebenen unterhalten sich. Einer lacht schallend.

»Ich … ich hab keine Papiere«, sagt Hajek zu dem jungen Burschen. »Ich … ich komme von der Arbeit. Ich bin Bahnarbeiter …«

»So, du bist Bahnarbeiter?« Der Mann grinst noch mehr. »Dann musst du auch einen Ausweis haben. Komm, komm … mach mir nichts vor!«

Hajek schaut dem anderen in die Augen. Dann murmelt er: »Ich bin seit einer Woche unterwegs … heim zu meiner Frau, zu meinem Kind. Wenn du nicht gekommen wärst, wäre ich in einer Stunde daheim.« Einer der Amerikaner ruft etwas, worauf der Zivilist sich umschaut und antwortet. Der Amerikaner, anscheinend ein Offizier, winkt ab.

Der Zivilist nickt, dreht den Kopf und meint grinsend: »Sag wenigstens, wer du bist.«

»Hajek heiß ich, Martin Hajek.«

»SS?«

»Nein. Grenadier bin ich gewesen.«

»Das kann jeder sagen. Beweise es!« Hajek greift in die Brusttasche, holt sein Soldbuch hervor und gibt es dem anderen. Der nimmt es, schlägt es auf, blättert es durch, stutzt plötzlich und schaut Hajek an. »Du bist Ritterkreuzträger?«

»Ich war es einmal«, erwidert Hajek. Der Zivilist ruft den drei Amerikanern zu. Sie springen daraufhin aus dem Jeep und kommen heran. Der Lange sagt etwas, was Hajek nicht versteht.

»Du sollst uns das Ritterkreuz zeigen«, dolmetscht der Zivilist. Hajek greift langsam in die linke Jackentasche und zieht das Ritterkreuz heraus. Es baumelt in seiner Hand. Die Amerikaner schauen es an und reden miteinander. Dann nimmt der Offizier das Ritterkreuz und sagt etwas.

»Sie wollen es behalten«, übersetzt der Zivilist. Hajek schaut in die sorglosen Gesichter der drei Amerikaner. Es sind sympathische Gesichter. Der eine scheint noch keine Zwanzig zu sein und nickt Hajek ermunternd zu. Der, der das Ritterkreuz in der Hand hält, sagt etwas zu dem Zivilisten, und dieser wendet sich an Hajek und erklärt:

»Du kriegst 'ne Stange Zigaretten dafür.« Der Zivilist grinst noch breiter. Hajek weiß nicht, was er sagen soll. Der Zivilist reicht ihm dann das Soldbuch zurück und holt dann eine Stange »Camel« aus dem Wagen. Bevor der Jeep weiterfährt, sagt der Zivilist noch:

»Bleib nicht auf der Straße, geh einen anderen Weg. Oder hast du noch ein paar Ritterkreuze, die du verhökern willst?« Hajek schweigt. Ein Würgen sitzt ihm in der Kehle. Der Zivilist tippt an seine Mütze, die Amerikaner winken, dann braust der Jeep weiter und schlenkert in die Straßenkurve.

Hajek lacht plötzlich, wirft den Werkzeugkasten in den Straßengraben und biegt nach ein paar Schritten auf einen Seitenweg ab. Leise vor sich hin pfeifend, die Daumen unter die Rucksackriemen geklemmt, marschiert er einen Waldweg entlang.

Der Wald ist zurückgeblieben, und der Feldweg führt durch Wiesen, in denen üppig das Schierlingskraut wuchert, auf das Dorf zu. Dunst hüllt es ein, die Berge sind nicht zu sehen. Es nieselt. Pfützen bedecken den Pfad. Kühe grasen auf einer abgezäunten Weide.

Martin Hajek geht achtlos durch die Pfützen, mit gelöstem Gesicht, das der Regen nässt. Sein Blick saugt sich an einem kleinen Häuschen fest, das rechts am Weg in einem Gärtchen unter hohen Fichtenbäumen steht. Rauch kräuselt aus dem Schornstein, das Dach ist bemoost und mit Steinen beschwert. Blumenkästen leuchten am Balkon. Da bleibt er stehen und schaut unverwandt auf das kleine Bauernhaus, und auf einmal ist ihm, als stünde Hermann Klotz vor ihm, untersetzt, breit, eine pitschnasse Zeltbahn umgehängt, den Stahlhelm schief auf dem Kopf, den Riemen übers Kinn geschoben.

»Ich bin Vater geworden. Einen Buben hab ich ... acht Pfund schwer!« Martin Hajek geht nicht weiter; er traut sich keinen Schritt weiter. Und so steht er im Regen und spürt nur, dass Elsa in der Nähe ist und gleich herauskommen muss, um ihn ins Haus zu holen, das einmal dem Hermann Klotz gehörte, der jetzt bei Tscherkassy in der lehmigen Erde ruht.

Eine Frau tritt aus dem Haus und stülpt einen Eimer auf den niedrigen Zaun. Zufällig schaut sie den vom Regenwasser überschwemmten Feldweg entlang. Der Eimer klirrt zu Boden. Die Frau steht eine Weile bewegungslos; dann läuft sie durchs Gartentürchen und rennt dem Mann entgegen.

»Martin! Martin!«

Er lacht. »Ja, ich bin's, Elsa! Ausgedient, abgemustert und ...«

»Sei still«, murmelt sie und fällt ihm um den Hals. Den Arm um Elsa gelegt, so geht Martin Hajek auf den kleinen Bauernhof zu, die Augen weit offen, ein Lächeln um den stoppelbärtigen Mund. »Der Bub schläft«, sagt die Frau, als sie die Haustür öffnet. »Aber ich werde ihn gleich wecken, Martin.«

Der Mann nickt, lässt den Rucksack von den Schultern gleiten, sieht die Frau an und murmelt: »Ich bin so froh, Elsa ... ich bin ...« Er hält inne.

»Komm herein, Martin«, sagt sie und nimmt ihn an der Hand.

Die Nebel steigen langsam, und ein Windstoß schüttelt die hohen Fichtenbäume; Nässe raschelt auf das Dach nieder, und aus einem der offenen Fenster zu ebener Erde dringt das Lachen eines Kindes. Das Tal hellt sich auf, und der Berg zeigt sich im Hintergrund, eine Kuh brüllt drüben im Weideviereck, und vom Dorf her schaukelt ein Bauernwagen, neben dem ein alter Mann hergeht und das Pferd antreibt.

Ein Hauch von Friede liegt über dem Land.

Weitere Bücher der Edition Förg

Unglaubliches überstanden
352 Seiten
ISBN: 978-3-96600-022-2

Als Eberhard Dennerlein 1936 in das Pionierbataillon 47 in München
eintritt, legt er damit den Grundstein für sein weiteres Leben. Er verpflichtet sich, lebenslänglich der Wehrmacht zu dienen. Vom Unteroffizier steigt er auf zum Offizier und ist zunächst mit dem Bau von
Brücken beauftragt, um dem Vormarsch in Polen den Weg zu bereiten.
Bereits mit Anfang zwanzig wird er zum Kompanieführer ernannt.
Nach Einsätzen in Holland, Belgien, Frankreich und später in Russland gerät er in russische Kriegsgefangenschaft. Während all dieser Zeit
hat er in seinem Tagebuch seine Erlebnisse und Gedanken festgehalten,
die so zu einem wichtigen Zeitdokument werden.

Hinter rotem Stacheldraht

272 Seiten
ISBN 978-3-966000-09-3

Als einfacher Soldat wird Josef Sedlmeier in Tschechien von sowjetischen Truppen aufgegriffen und in ein Gefangenenlager verlegt. Für ihn beginnt eine lange Zeit der Ungewissheit, des Hungers und der körperlichen Arbeit. Lager folgt auf Lager, Arbeitskommando auf Arbeitskommando. Kameradschaft, Einfallsreichtum und Humor helfen dem jungen Mann durch die schwere Zeit und lassen ihn die Hoffnung auf Heimkehr nicht aufgeben.

Irgendwie überlebt
256 Seiten
ISBN 978-3-933708-95-3

In den verschiedenen Geschichten geht es meist um junge Männer, die, gerade einmal volljährig geworden, ihre Einberufung zum Wehrdienst erhalten. Beim Reichsarbeitsdienst bekommen sie eine Grundausbildung, um möglichst schnell einsatzbereit zu sein, bevor ihnen der Marschbefehl erteilt wird. Einer von ihnen kämpft in Frankreich gegen Partisanen und gerät in amerikanische Kriegsgefangenschaft. Ein anderer kommt nach Italien zur Luftwaffe, wird an die Ostfront geschickt und muss sich nach Kriegsende alleine zu Fuß bis in die bayerische Heimat durchschlagen. Dass nicht nur Soldaten unter dem Krieg zu leiden hatten, zeigt die bewegende Geschichte einer jungen Norwegerin, die sich in einen in ihrer Heimat stationierten deutschen Soldaten verliebt.

Einsatz über den Wolken

288 Seiten
ISBN: 978-3-96600-019-2

Gerhard Thybens Leidenschaft für das Fliegen wurde schon im Kindesalter geweckt, als ihm sein Vater eines Tages einen Bauplan für ein Modellsegelflugzeug schenkte. Die ersten Erfahrungen in der Luft sammelte er in der Flieger-HJ, bevor er für die Luftwaffe im Zweiten Weltkrieg eingezogen wurde. Als Jagdflieger machte er sich durch 157 Luftkämpfe und über 380 Einsätze im Zweiten Weltkrieg einen Namen und wurde für seine Leistungen etliche Male ausgezeichnet. Beeindruckende Originalfotos und –dokumente bezeugen den faszinierenden Werdegang des jungen Mannes.

Amerikaner in Deutschland
128 Seiten
ISBN: 978-3-96600-005-5

Dieses Buch zeigt eine große Sammlung von Originalfotos der Amerikaner über ihr Eingreifen in den 2. Weltkrieg und die Jahre danach. Die zum Teil unveröffentlichten Fotos zeigen die Luftangriffe der Amerikaner in Deutschland, deren Invasion, aber auch erschütternde Bilder der Gefangenenbefreiung eines Konzentrationslagers. Der Bildband dokumentiert eindrucksvoll den Anteil der Amerikaner am Wiederaufbau Deutschlands, aber auch die Berliner Luftbrücke, bei der spätestens die Amerikaner als Freunde wahrgenommen worden sind. Schließlich dokumentiert der Bildband das GI-Leben in Deutschland bis hin zur Heimkehr der Soldaten nach USA.

Lady Death
400 Seiten
ISBN: 978-3-933708-86-1

Ljudmila Pawlitschenko war eine der erfolgreichsten Scharfschützin-
nen aller Zeiten. Als Hitler im Juni 1941 in Russland einmarschierte,
brach sie ihr Studium ab, um in die Rote Armee einzutreten und ihr
Land zu verteidigen. Innerhalb eines Jahres konnte Pawlitschenko 309
bestätigte Abschüsse vorweisen und erwarb sich damit ihren düsteren
Spitznamen »Lady Death«. Nach ihrem Frontdienst nahm sie an einer
diplomatischen Mission in den Westen teil und freundete sich sogar mit
Eleanor Roosevelt an, der Frau des amerikanischen Präsidenten.
In ihrer mitreißenden Autobiografie kommt diese ungewöhnliche Frau
selbst zu Wort und berichtet vom Alltag an der Front und den Auswir-
kungen, die der Krieg auf ihr Leben und die ganze Welt hatte.

Flucht auf dem Todesmarsch

320 Seiten
ISBN: 978-3-96600-006-2

David Hersch überlebte zwei der berüchtigten Todesmärsche der
Nazis, fünfzig Kilometer lange, meist tödliche Fußmärsche vom KZ
Mauthausen zum KZ Gunskirchen. Ihm gelang die Flucht und er fand
Unterschlupf bei einem österreichischen Ehepaar, das ihn bis zum
Kriegsende versteckte. Sein Sohn, Jack J. Hersch, erfährt durch Zufall
von der tragischen Berühmtheit seines Vaters und macht sich auf, mehr
über dessen Vergangenheit zu erfahren. In diesem Buch berichtet er
von den grausamen Praktiken der Nazis und von einem Menschen, der
ihnen zweimal entkommen konnte.

In der Hölle der Ostfront

288 Seiten
ISBN: 978-3-96600-023-9

Mit 18 Jahren wird Fritz nach der Ausbildung beim RAD und der Wehrmacht an die Ostfront zur Heeresgruppe Nord geschickt. Dort wird er mit den Schrecken des Krieges konfrontiert. Ohne Erfahrung kämpfen er und seine Kameraden ums Überleben. Viele von ihnen werden auf dem Schlachtfeld verwundet oder sterben. Auch Fritz wird lebensbedrohlich verletzt. Doch selbst dann hat das Grauen für ihn noch kein Ende.
In einem bewegenden Zeitzeugenroman schildert der Autor Arno Sauer die wahren Erlebnisse seines Vaters Fritz.

Schreie der Ertrinkenden

224 Seiten
ISBN: 978-3-933708-94-6

Mit 17 Jahren wird Hans Fackler in die Wehrmacht eingezogen und an die Ostfront geschickt. Als Pionier legt er Minen, sieht Tag für Tag seine Kameraden fallen und wird selbst durch Granatsplitter schwer verwundet. Zusammen mit tausenden von deutschen Flüchtlingen soll der Verletzte von der *Wilhelm Gustloff* in die Heimat zurückgebracht werden, doch das Schiff wird torpediert und sinkt. Hans überlebt den Untergang, der später als das verlustreichste Schiffsunglück der Menschheitsgeschichte betitelt wird, doch auch zurück in der Heimat ist er nicht sicher. Als die Russen das Lazarett besetzen, in dem er liegt, muss er fliehen und schlägt sich zu Fuß durch das besetzte Deutschland bis nach Hause. Klaus Willmann schildert den unglaublichen und doch wahren Überlebenskampf des Hans Fackler.

Informationen zu unserem Verlagsprogramm finden Sie unter www.rosenheimer.com